Daniel J. Siegel

Tina Payne Bryson

Präsente Eltern – starke Kinder

AF643517

Daniel J. Siegel
Tina Payne Bryson

Präsente Eltern – starke Kinder

WARUM VERLÄSSLICHKEIT FÜR DIE KINDLICHE ENTWICKLUNG SO WICHTIG IST

Aus dem Englischen
von Christine Sadler

Kösel

Sollte diese Publikation Links auf Webseiten Dritter enthalten, so übernehmen wir für deren Inhalte keine Haftung, da wir uns diese nicht zu eigen machen, sondern lediglich auf deren Stand zum Zeitpunkt der Erstveröffentlichung verweisen.

Hinweise
Aus Gründen der besseren Lesbarkeit wird im Text nur die männliche Form verwendet. Es sind stets alle Geschlechter gemeint.
Die Namen und persönlichen Details in den Fallbeispielen in diesem Buch wurden alle – mit Ausnahme derer, die ihr Einverständnis zur Nennung gegeben haben – geändert, um die Persönlichkeitsrechte zu wahren.

MIX
Papier aus verantwortungsvollen Quellen
FSC® C083411
FSC www.fsc.org

Klimaneutral
ClimatePartner.com/14044-1912-1001
Druckprodukt

Penguin Random House Verlagsgruppe FSC® N001967

Deutsche Erstausgabe
Die Originalausgabe erschien unter dem Titel
The Power of Showing Up bei Ballantine Books, New York.

Diese Übersetzung wird mit freundlicher Genehmigung von Ballantine Books veröffentlicht, einem Imprint von Random House in der Gruppe Penguin Random House LLC

Copyright © 2021 Kösel-Verlag, München,
in der Penguin Random House Verlagsgruppe GmbH,
Neumarkter Str. 28, 81673 München
Copyright © 2020 by Mind Your Brain, Inc.,
and Tina Payne Bryson, Inc.
Redaktion: Antje Korsmeier
Umschlag: Weiss Werkstatt München
Umschlagmotiv: Emely/Cultura/Getty Images
Layout: Liz Cosgrove
Illustrationen: Tuesday Mourning
Satz: Uhl + Massopust, Aalen
Druck und Bindung: CPI Books GmbH, Leck
Printed in Germany
ISBN 978-3-466-34757-5
www.koesel.de

Dieses Buch ist auch als E-Book erhältlich.

DJS: Für Alex und Maddi, die mich jeden Tag dazu inspirieren, als ihr Vater da zu sein, auch während sie in der Welt unterwegs sind, auf der Lebensreise, die wir nach wie vor miteinander teilen; und für Caroline, dafür, wie wir weiterhin füreinander da sind. Ich danke euch allen.

TPB: Für Scott, der für mich da ist, und für meine drei »Sprösslinge« Ben, Luke und JP: Möget ihr tiefe Freude und Sinn darin finden, für andere da zu sein und von Menschen umgeben zu sein, die für euch da sind.

Von Tina und Dan: Für die Eltern und Kinder dieser Welt – ihr seid unsere Hoffnung für die Zukunft und unsere Brücke zu der Möglichkeit, für die Erde da zu sein.

Inhalt

WILLKOMMEN

In unserem letzten Buch *Wie Kinder aufblühen* beantworteten wir eine Frage, die uns ständig von Eltern gestellt wird: Auf welche Eigenschaften sollte ich bei meinen Kindern besonderen Wert legen? In dem Buch sprachen wir darüber, welche Merkmale Eltern ihren Kindern vorrangig anerziehen sollten, damit sie zu Erwachsenen heranwachsen, die ein glückliches, erfolgreiches, beziehungsförderndes und bedeutungsvolles Leben führen.

Das Buch, das Sie jetzt in der Hand halten, beantwortet eine andere Frage – eine, die weniger auf die Qualitäten der Kinder ausgerichtet ist, sondern mehr auf den elterlichen Erziehungsansatz: Welches ist die wichtigste Sache, die ich für meine Kinder tun kann, um ihnen zu helfen, erfolgreich zu sein und sich in der Welt zu Hause zu fühlen? Beachten Sie, dass es bei dieser Frage weniger darum geht, welche Kompetenzen und Fähigkeiten Sie bei *Ihren Kindern* aufbauen wollen, als vielmehr darum, wie *Sie* an die Eltern-Kind-Beziehung herangehen.

Unsere Antwort ist einfach – ihre Umsetzung aber nicht unbedingt leicht: Seien Sie für Ihre Kinder da.

Wir freuen uns darauf, zu erklären, was wir damit meinen, und Ihnen zu zeigen, wie entscheidend es ist, da zu sein.

Wir werden allen Erziehungsdebatten und -kontroversen ein Ende bereiten und die Erziehung auf das eine Konzept reduzieren, das wirklich zählt. Mit ihm helfen Sie Ihren Kindern, glücklich und gesund zu sein, sodass sie Freude am Leben und an Beziehungen haben und in beidem erfolgreich sind.

Wir versuchen immer, vereinfachende Formeln oder sogenannte Patentlösungen zu vermeiden, die den angeblich »einzig richtigen Weg« aufzeigen, Kinder großzuziehen. Tatsache ist, dass Erziehung komplex ist und eine Herausforderung darstellt. Und die Antworten auf die meisten Fragen hängen vom Alter und der Entwicklungsstufe des Kindes ab, von der Gesamtsituation sowie vom Temperament Ihres Kindes und nicht zuletzt von Ihrem eigenen.

Wir werden allen Erziehungsdebatten und -kontroversen ein Ende bereiten und die Erziehung auf das eine Konzept reduzieren, das wirklich zählt. Mit ihm helfen Sie Ihren Kindern, glücklich und gesund zu sein, sodass sie Freude am Leben und an Beziehungen haben und in beidem erfolgreich sind.

Allerdings haben praktisch alle Erziehungsfragen und -dilemmas ihren Ursprung in unserer Vorstellung von Beziehung. Deshalb werden wir uns hier auf dieses Thema konzentrieren. Jene unter Ihnen, die unsere anderen Bücher kennen – *Achtsame Kommunikation mit Kindern*, *Disziplin ohne Drama* und *Wie Kinder aufblühen* –, werden sehen, dass dieses Buch in vielerlei Hinsicht unser Quartett aus Titeln komplettiert. Es führt die verschiedenen Ideen zusammen, die wir zum integrierten Gehirn entwickelt haben, und bringt auf den Punkt, »worum es geht«. Und falls Sie die anderen Bücher noch nicht gelesen haben, kann Ihnen das vorliegende Werk als ausgezeichnete Einführung in alles dienen, worüber wir in den letzten Jahren geschrieben haben.

Danke, dass Sie uns Gelegenheit geben, Ihnen zu zeigen, warum es so wichtig ist, da zu sein.

Dan und Tina

KAPITEL 1

Was es bedeutet, da zu sein

Eine Botschaft, die wir immer wieder vermitteln, wenn wir über Kindererziehung schreiben, lautet: Sie müssen nicht perfekt sein. Niemand ist das. So etwas wie eine fehlerlose Erziehung gibt es nicht. (Jetzt dürfen Sie erst einmal erleichtert aufatmen.) Erheben Sie also ein warmes, im Minivan liegen gelassenes Trinkpäckchen auf uns unvollkommene Eltern.

Irgendwie wissen wir das alle, aber viele von uns – insbesondere engagierte Eltern, die sich viele Gedanken machen und bewusst und gezielt erziehen – fallen immer wieder Gefühlen von Angst oder Unzulänglichkeit zum Opfer. Natürlich machen wir uns Sorgen um unsere Kinder und ihre Sicherheit, aber wir machen uns auch Sorgen, dass wir mit unserer Art, sie zu erziehen, nicht »gut genug« sind. Wir machen uns Sorgen, dass unsere Kinder nicht zu verantwortungsbewussten oder belastbaren oder beziehungsfähigen oder … (ergänzen Sie hier das Entsprechende) Menschen heranwachsen werden. Wir machen uns Sorgen wegen der Male, die wir sie enttäuschen oder ihnen wehtun. Wir machen uns Sorgen, dass wir ihnen nicht genug Aufmerksamkeit schenken oder dass wir ihnen *zu viel* Aufmerksamkeit schenken. Wir machen uns sogar Sorgen, dass wir uns zu viele Sorgen machen!

Wir haben dieses Buch für all die unvollkommenen Eltern geschrieben, die sich mit Hingabe um ihre Kinder kümmern (sowie für unvollkommene Großeltern, Lehrkräfte, Fachleute und alle anderen, die sich um ein Kind kümmern). Und wir haben eine zentrale Botschaft voller Trost und Hoffnung: Wenn Sie sich nicht sicher sind, wie Sie in einer bestimmten Situation mit Ihrem Kind umgehen sollen, besteht kein Grund zur Sorge. Es gibt eine Sache, die Sie immer tun können, und es ist die beste Sache überhaupt. Anstatt sich Sorgen zu machen oder zu versuchen, eine Perfektion zu erreichen, die schlichtweg nicht existiert, seien Sie einfach *da*.

Für seine Kinder da zu sein bedeutet das, wonach es sich anhört. Es bedeutet, *körperlich präsent* zu sein und eine *Qualität* der Präsenz zu bieten. Bieten Sie diese, wenn Sie die Bedürfnisse Ihrer Kinder erfüllen, wenn Sie ihnen Ihre Liebe zeigen, wenn Sie sie maßregeln, wenn Sie mit ihnen lachen und sogar, wenn Sie mit ihnen streiten. Sie müssen nicht perfekt sein. Sie müssen nicht alle Erziehungs-Bestseller lesen oder Ihre Kinder für die richtigen unterrichtsergänzenden Aktivitäten anmelden. Sie müssen keinen engagierten Miterziehenden haben. Sie müssen nicht einmal genau wissen, was Sie tun. Seien Sie einfach da.

Da zu sein heißt, dass Sie Ihr ganzes Sein – Ihre Aufmerksamkeit und Ihr Bewusstsein – einbringen, wenn Sie mit Ihrem Kind zusammen sind. Sie sind in dem Moment mental und emotional für Ihr Kind präsent. In vielerlei Hinsicht gibt es keine andere Zeit als das Jetzt – diesen gegenwärtigen Augenblick. Und es liegt in Ihrer Verantwortung zu lernen, wie Sie auf eine Art und Weise präsent sein können, die Sie als Elternteil deutlich stärkt und die Resilienz (das heißt: die psychische Widerstandskraft und Belastbarkeit) und Robustheit Ihres Kindes fördert. Es ist diese Macht der Präsenz, die es uns ermöglicht, bei unseren Kindern einen starken Geist zu erzeugen – auch wenn wir laufend Fehler machen.

Je nachdem, wo Sie herkommen und welche Art von Eltern Sie selbst als Kind hatten, kann es Ihnen leicht- oder schwerfallen, für Ihre Kinder da zu sein. Vielleicht empfinden Sie es als schwierig. Vielleicht erkennen Sie in diesem Moment sogar, dass Sie *nicht* beständig für Ihre Kinder da sind, weder körperlich noch emotional. Auf den nächsten Seiten werden wir besprechen, wie Sie, unabhängig von Ihren eigenen Kindheitserfahrungen, die Art von Mutter oder Vater sein können – und weiterhin werden können –, die Sie sein wollen.

Die Längsschnittforschung zur Entwicklung von Kindern zeigt eines ganz deutlich: Eine der besten Vorhersagevariablen dafür, wie ein Kind gedeiht, ist die Frage, ob es dadurch Sicherheit erlangt hat, dass mindestens eine Person für es da war. Dies gilt im Hinblick auf seine Zufriedenheit, seine soziale und emotionale Entwicklung, seine Führungsqualitäten, das Vorhandensein bedeutsamer Beziehungen und sogar seinen schulischen und beruflichen Erfolg. Die weltweit und mit verschiedenen Kulturen durchgeführten Studien bieten universelle Erkenntnisse darüber, wie wir gut, wenn auch nicht fehlerfrei, erziehen können.

Natürlich treffen wir alle als Eltern bessere und schlechtere Entscheidungen, und es gibt alle möglichen Fähigkeiten, die wir erwerben können, um unseren Kindern eine optimale Entwicklung zu ermöglichen. Aber wenn man es genau nimmt, geht es bei der Erziehung darum, einfach für seine Kinder präsent zu sein. Wie wir bald erklären werden, zeigt die Längsschnittforschung zur Entwicklung von Kindern eines ganz deutlich: Eine der besten Vorhersagevariablen dafür, wie ein Kind gedeiht, ist die Frage, ob es dadurch Sicherheit erlangt hat, dass mindestens eine Person für es da war. Dies gilt im Hinblick auf seine Zufriedenheit, seine soziale und emotionale Entwicklung, seine Führungsqualitäten, das Vorhandensein bedeutsamer Beziehungen und sogar seinen schulischen und beruflichen Erfolg. Die weltweit und mit verschiedenen Kulturen durchgeführten Studien bieten universelle Erkenntnisse darüber, wie wir gut, wenn auch nicht fehlerfrei, erziehen können.

Und die erfreuliche Nachricht ist, dass diese empirischen Erkenntnisse zusammengefasst und für uns unvollkommene Eltern auf der ganzen Welt zugänglich gemacht werden können. Das ist es, worum es in diesem Buch geht.

Der konkrete Weg: die Vier Schlüssel

Wenn eine Bezugsperson sich auf vorhersehbare (nicht perfekte) Weise um ein Kind kümmert, wird dieses Kind sich sehr gut entwickeln, selbst wenn es erhebliche Widrigkeiten erlebt. Verlässliche Zuwendung, die eine gesunde und stärkende Beziehung unterstützt, verkörpert das, was wir die »Vier Schlüssel« nennen: Sie hilft Kindern, sich (1) *beschützt* zu fühlen – sie fühlen sich behütet und vor Schaden geschützt; (2) *gesehen* zu fühlen – sie wissen, dass Sie sich für sie interessieren und ihnen Aufmerksamkeit schenken; (3) *beruhigt* zu fühlen – sie werden emotional aufgefangen und wissen, dass Sie für sie da sind, wenn sie leiden; und (4) *sicher* zu fühlen – aufbauend auf den ersten drei Punkten vertrauen Kinder darauf, dass Sie ihnen

beschützt

gesehen

beruhigt

sicher

auf vorhersehbare Weise helfen, sich in der Welt »zu Hause« zu fühlen. Dann lernen sie, *selbst* dafür zu sorgen, sich beschützt, gesehen und emotional aufgefangen zu fühlen.

Wenn wir Kindern die Vier Schlüssel bieten und Reparaturen vornehmen, wann immer unvermeidliche Brüche in den Verbindungen mit unseren Kindern auftreten, tragen wir zum Aufbau der sogenannten »sicheren Bindung« bei. Diese ist von entscheidender Bedeutung für eine optimale gesunde Entwicklung.

Wie in unseren anderen Büchern wird alles, was wir Ihnen präsentieren, von der Wissenschaft und der Forschung gestützt. Und wie wir bald erklären werden, leiten sich diese Ideen aus dem Bereich der Bindungsforschung her, in dem seit einem halben Jahrhundert sorgfältige Studien durchgeführt werden. Wenn Sie unsere frühere Arbeit kennen – *Parenting from the Inside Out* (dt. *Gemeinsam leben, gemeinsam wachsen*), die Dan zusammen mit Mary Hartzell verfasst hat, oder unsere Bücher *Achtsame Kommunikation mit Kindern*, *Disziplin ohne Drama* und *Wie Kinder aufblühen* –, werden Sie beim Lesen der folgenden Seiten sofort sehen, dass dieses Buch eine Ergänzung darstellt zu dem, was wir zuvor geschrieben haben. Es dringt tiefer in die Konzepte ein, die wichtig sind für das Verständnis der Wissenschaft, die hinter der von uns empfohlenen Erziehung steht. Diese Erziehung zeichnet sich dadurch aus, dass sie das integrierte Gehirn fördert. Wir haben hier und da auch ein paar neue Ideen hinzugefügt, da unser Verständnis der Erziehung und des Gehirns genauso weiterwächst und sich entwickelt wie der Bereich der Bindungsforschung im Allgemeinen. Leser, die unsere Arbeit gut kennen, werden also sowohl Neues als auch Vertrautes entdecken. Sie werden bekannte Konzepte erkennen und diese gleichzeitig besser verstehen. Wir haben uns große Mühe gegeben, die wissenschaftlichen Informationen so verständlich wie möglich zu präsentieren, damit auch jemand, der sich diesen Ideen zum ersten Mal nähert, ihnen folgen und sie sofort in seinem Leben als Mutter oder Vater anwenden kann.

Neben der Bindungsforschung ist die zweite primäre wissenschaftliche Basis, auf der unsere Arbeit aufbaut, die Interpersonelle Neurobiologie (IPNB). Wir führen die Erkenntnisse aus verschiedenen Forschungsbereichen zu einer Sicht dessen zusammen, was es mit dem Geist und dem seelischen Gedeihen auf sich hat. Die IPNB geht davon aus, dass unser Geist – einschließlich unserer Gefühle und Gedanken, unserer Aufmerksamkeit und unseres Bewusstseins –, unser Gehirn und unser gesamter Körper eng verwoben sind mit den Beziehungen, die wir untereinander und mit der Welt um uns herum haben. Dies hat prägenden Einfluss darauf, wer wir sind. Es gibt im Fachgebiet der IPNB Dutzende von Fachbüchern (zurzeit über siebzig), die die Wissenschaft der psychischen Gesundheit und der menschlichen Entwicklung behandeln. Zu den Bereichen, deren Erkenntnisse die IPNB zu einer Synthese zusammenfasst, gehören die Bindungsforschung und die Hirnforschung. Ein Schwerpunkt liegt auf der Frage, wie sich das Gehirn als Reaktion auf Erfahrung verändert. Dieser Vorgang wird Neuroplastizität genannt.

Die Neuroplastizität ist der Grund dafür, dass sich die physische Architektur des Gehirns an neue Erfahrungen und Informationen anpasst: Aufgrund dessen, was ein Mensch sieht, hört, berührt, denkt, tut usw., organisiert sich die Hirnarchitektur um und erzeugt neue neuronale Bahnen.

Alles, worauf wir unsere Aufmerksamkeit richten, alles, worauf wir in unseren Erfahrungen und Interaktionen die Betonung legen, schafft neue Verbindungen im Gehirn. Wo die Aufmerksamkeit hingeht, feuern Neurone. Und wo Neurone feuern, verdrahten oder verbinden sie sich miteinander.

NEURONE, DIE GEMEINSAM FEUERN, VERDRAHTEN SICH MITEINANDER

Was hat all das damit zu tun, für Kinder da zu sein? Nun, Ihre verlässliche Präsenz im Leben Ihrer Kinder kann erhebliche Auswirkungen auf die physische Architektur und die Konnektivität in deren Gehirnen haben. Sie erzeugt mentale Modelle und Erwartungen hinsichtlich der Art und Weise, wie die Welt funktioniert. Ein mentales Modell ist eine vom Gehirn produzierte Zusammenfassung, eine aus vielen wiederholten Erfahrungen gezogene Verallgemeinerung. Solche mentalen Modelle werden aus der Vergangenheit gebildet und filtern unsere aktuelle Erfahrung. Sie prägen die Erwartungen, die wir an unsere zukünftigen Interaktionen haben, und manchmal sogar die Art, wie wir diese Interaktionen gestalten. Die mentalen Modelle werden innerhalb der Architektur der neuronalen Netze gebildet, die der Bindung und der Erinnerung zugrunde liegen.

Es ist kein Scherz: Die Erfahrungen, die Sie Ihrem Kind hinsichtlich Ihrer Beziehung zu ihm bereiten, werden die physische Struktur seines Gehirns im wahrsten Sinne des Wortes beeinflussen. Diese Verbindungen im Gehirn haben wiederum Einfluss darauf, wie sein Geist arbeiten wird. Mit anderen Worten: Wenn Eltern beständig da sind, erwartet die Psyche ihrer Kinder, dass die Welt ein Ort ist, den sie verstehen können und mit dem sie – auch bei Schwierigkeiten und Schmerzen – sinnvoll interagieren können. Denn die Erfahrungen, die Sie bereiten, prägen die Art und Weise, wie das Gehirn Informationen verarbeitet. Auf der Basis dessen, was zuvor passiert ist, lernt das Gehirn, bestimmte Realitäten zu erwarten. Das bedeutet, dass Ihre Kinder mit dem, was als Nächstes kommt, aufgrund früherer Erfahrungen rechnen werden. Wenn Sie also für sie präsent sind, erwarten Kinder positive Interaktionen – von anderen und von sich selbst. Sie lernen durch ihre Interaktionen mit uns, ihren Eltern, wer sie sind und wer sie sein können und sein sollten, in guten wie in schlechten Zeiten. Das Präsentsein erzeugt in unseren Kindern neuronale Bahnen, die zu Individualität, Charakterfestigkeit, Mut, Stärke und Resilienz führen. Damit bietet es den Kindern die

Wenn Eltern beständig da sind, erwartet die Psyche ihrer Kinder, dass die Welt ein Ort ist, den sie verstehen können und mit dem sie – auch bei Schwierigkeiten und Schmerzen – sinnvoll interagieren können. Das Präsentsein erzeugt in unseren Kindern neuronale Bahnen, die zu Individualität, Charakterfestigkeit, Mut, Stärke und Resilienz führen.

Möglichkeit, nicht nur glücklicher und erfüllter zu sein, sondern auch in emotionaler, zwischenmenschlicher und sogar schulischer Hinsicht erfolgreicher. Dann wird auch die Erziehung viel einfacher, da die Kinder emotional ausgeglichener sind und sich besser im Griff haben, wenn die Dinge nicht so laufen, wie sie es gerne hätten.

Die Vier Schlüssel: eine Einführung

Wir werden die Vier Schlüssel in den folgenden Kapiteln detailliert erklären, wollen Ihnen an dieser Stelle jedoch schon mal eine Vorstellung davon geben, in welche Richtung es gehen wird. Alle vier Schlüssel überlappen oder überschneiden sich bisweilen, denn wenn Kinder sich beschützt, gesehen und emotional aufgefangen fühlen, entwickeln sie eine sichere Bindung zu ihren Bezugspersonen. Diese sichere Bindung ist das Ergebnis, das alle fürsorglichen Eltern im Leben ihrer Kinder anstreben. Eine sichere Bindungsbeziehung ermöglicht es einem Kind, sich in der Welt zu Hause zu fühlen und mit anderen als authentisches Individuum zu interagieren, das weiß, wer es ist. Es nähert sich der Welt mit einem Gehirn, das wir als »Ja-Gehirn« bezeichnet haben. Das heißt, es begegnet neuen Möglichkeiten und Herausforderungen mit einer Haltung der Offenheit, Neugierde und Aufgeschlossenheit statt mit Starrheit, Angst und erhöhter Reaktionsbereitschaft. Sein gesamtes Gehirn ist stärker integriert – was bedeutet, dass es die differenzierteren Funktionen seines Gehirns auch dann zu nutzen vermag, wenn es mit schwierigen Situationen konfrontiert ist, und aus einer Position der Sicherheit heraus auf seine Welt reagieren kann. Es zeigt mehr emotionale Ausgeglichenheit, mehr Resilienz, mehr Einsicht und mehr Empathie. Es gebraucht sein gesamtes Gehirn. Dadurch wird das Kind nicht nur glücklicher sein, sondern auch über eine viel höhere soziale Kompetenz verfügen. Das wiederum bedeutet, dass es besser in der Lage sein wird, sich mit anderen zu verstehen, Probleme gemeinsam zu lösen, Konsequenzen zu bedenken, über die Gefühle anderer Menschen nachzudenken usw. Kurzum: Nicht nur ist ein sicher gebundenes Kind glücklicher und zufriedener, sondern es fällt auch sehr viel leichter, mit dem Kind zusammen zu sein und es zu erziehen. Denken Sie zum Beispiel an den ersten Schlüssel. Eine unbedingte Voraussetzung für das Gefühl der Sicherheit ist das Gefühl, *beschützt* zu sein. Kinder fühlen sich beschützt, wenn sie sich körperlich, emotional und in zwischenmenschlicher Hinsicht behütet fühlen. Dies ist der erste Schritt hin zu einer sicheren Bindung, besteht die oberste Aufgabe von Eltern doch darin, für den Schutz ihrer Kinder zu sorgen. Kinder müssen sich beschützt *fühlen* und sich beschützt *wissen.* Sie müssen glauben, dass ihre Eltern sie vor körperlichem Schaden bewahren werden, sie aber auch in emotionaler und zwischenmenschlicher Hinsicht beschützen werden. Das bedeutet nicht, dass Eltern nie einen Fehler machen dürfen beziehungsweise nie etwas sagen oder tun dürfen, das zu verletzten Gefühlen führt. Wir alle tun das, und zwar viel öfter, als uns lieb ist. Aber wenn wir uns unseren Kindern gegenüber falsch verhalten – oder wenn sie sich uns gegenüber falsch verhalten –, reparieren wir den Schaden, so schnell wir können.

Auf diese Art lernen unsere Kinder, dass wir einander auch dann noch lieben, wenn Fehler gemacht und harte Worte gesprochen werden, und dass wir die Dinge wieder in Ordnung bringen wollen. Diese Botschaft führt, wenn sie beständig vermittelt wird, zu einem Gefühl der Sicherheit. Denken Sie daran, der entscheidende Punkt ist: reparieren, reparieren und abermals reparieren. So etwas wie perfekte Erziehung gibt es nicht.

Beim zweiten der Vier Schlüssel geht es darum, Kindern zu helfen, sich *gesehen* zu fühlen. Ein großer Teil der Erziehung besteht darin, dass wir einfach nur physisch für unsere Kinder da sind: Wir gehen zu ihren Aufführungen, verbringen Zeit mit ihnen, spielen mit ihnen, lesen zusammen und vieles mehr. Gemeinsame Zeit ist wichtig. Klar. Aber ein Kind zu *sehen* ist mehr, als nur körperlich anwesend zu sein. Es bedeutet, dass wir uns auf das einstimmen, was in ihm vorgeht, und unsere Aufmerksamkeit auf seine inneren Gefühle, Gedanken und Erinnerungen richten – auf das, was in seinem Geist abläuft und seinem Verhalten zugrunde liegt. Ein Kind wirklich zu sehen heißt, dass wir seinen Emotionen Beachtung schenken, den positiven wie den negativen. Nicht in jeder Sekunde eines jeden Tages; niemand kann das. Aber wir feiern konsequent die Freuden und die Siege unserer Kinder, und wir leiden mit ihnen, wenn sie die Verletzungen erleben, die das Leben unweigerlich mit sich bringt. Wir stimmen uns auf ihre innere Landschaft ein. Das heißt, emotional und zwischenmenschlich präsent zu sein, für unsere Kinder da zu sein und ihnen zu vermitteln, was es bedeutet, jemanden zu lieben und sich um ihn zu kümmern. So erreichen wir es, dass unsere Kinder sich von uns »gefühlt fühlen«. Sie spüren, dass wir nicht nur ihr äußeres Verhalten beobachten, sondern dass wir fühlen, was in ihnen vorgeht. Wenn sie wissen, dass wir verlässlich da sein werden – nicht auf perfekte Art und Weise und vielleicht auch nicht jedes Mal –, bauen sie jene mentalen Modelle auf, die zu tiefer innerer Sicherheit führen.

Die Forschung hat Folgendes gezeigt: Wenn wir den Geist unseres Kindes sehen, lernt unser Kind ebenfalls, seinen Geist zu sehen. Wir nennen diese Fähigkeit, den eigenen Geist sowie den Geist anderer zu sehen, »Mindsight« (siehe Seite 174). Mindsight ist die Grundlage der emotionalen und sozialen Intelligenz. Sie haben diese Fähigkeit in Ihrem Leben noch nicht kennengelernt? Die gute Nachricht ist, dass Sie auch im Erwachsenenalter noch lernen können, Mindsight zu entwickeln. Dann können Sie Ihrem Kind Gespräche anbieten, die Mindsight zum Ausdruck bringen, damit Ihr Kind das übernehmen kann, was Ihnen selbst als junger Mensch nie möglich war zu lernen. Dies ist also ein Geschenk, das die in Ihrer Familie gängige Interaktion zum Guten wenden kann, und zwar für immer. Wie das geht, werden wir Ihnen noch zeigen.

Wenn sich Ihr Kind von Ihnen gesehen fühlt und mittels dieser durch Mindsight geprägten Verbindungen seinen eigenen Geist kennenlernt, kann es irgendwann auch andere gut verstehen. Und erfährt ein Kind neben dem Gefühl des Gesehenwerdens auch das Gefühl des Beschütztwerdens, ist es auf dem besten Weg zu einem Leben voller Sicherheit, Sinn und Freude.

Unsere Kinder sollen sich nicht nur beschützt und gesehen fühlen, sondern sich auch in den für sie besonders problematischen Situationen *emotional aufgefangen* fühlen. Das heißt nicht, dass wir sie von jedem Schmerz und Unbehagen erlösen – ganz und gar nicht. Schwierige Momente sind selbstverständlich oftmals diejenigen, in denen sie am meisten lernen und wachsen. Wir müssen es unseren Kindern, je nach Alter und Lebensphase, erlauben, jene herausfordernden Situationen zu erleben, in denen Konflikte mit Freunden, Lehrern und anderen entstehen. Anders ausgedrückt, geht es beim Beruhigen unserer Kinder nicht darum, die Wellen zu beseitigen, denen sie im Ozean des Lebens unweigerlich ausgesetzt sein werden. Sondern es geht darum, ihnen beizubringen, auf den Wellen zu reiten, wenn diese heranrollen – und darum, bei ihnen zu sein, wenn sie uns brauchen. Unsere Kinder sollten nie Zweifel daran haben, dass wir in schwierigen Momenten präsent sein werden. Sie sollten in ihrem Inneren wissen, dass wir da sein werden, wenn sie Kummer haben, und selbst wenn sie sich von ihrer schlechtesten Seite zeigen. Wir müssen sie lernen lassen, dass mit dem Leben auch Schmerz einhergeht. Aber diese Lektion sollte von dem tiefen Bewusstsein davon begleitet sein, dass sie niemals allein leiden müssen.

Das Einmaleins des Gesehenwerdens

> Kinder sollten in ihrem Inneren wissen, dass wir da sein werden, wenn sie Kummer haben, auch wenn sie sich von ihrer schlechtesten Seite zeigen. Wir müssen sie lernen lassen, dass mit dem Leben auch Schmerz einhergeht. Aber diese Lektion sollte von dem tiefen Bewusstsein davon begleitet sein, dass sie niemals allein leiden müssen.

Das Gefühl, beschützt, gesehen und emotional aufgefangen zu werden, führt zum vierten Schlüssel, der *Sicherheit.* Diese beruht auf Vorhersehbarkeit. Auch hierbei geht es nicht um Perfektion. Niemand kann erziehen, ohne Fehler zu machen. Vielmehr geht es darum, dass Sie Ihre Kinder wissen lassen, sie können sich stets darauf verlassen, dass Sie da sein werden. Ihre Kinder werden sich sicher fühlen, wenn sie glauben, dass Sie alles tun werden, um sie zu beschützen; dass Sie sich bemühen werden, ihnen das Gefühl zu vermitteln, dass sie gesehen werden, wenn sie zu Ihnen kommen; und dass Sie da sein werden, um sie zu beruhigen, wenn die Dinge nicht so laufen, wie sie es gerne hätten. Die neurobiologische Wirkung der Vier Schlüssel ist ein integriertes Gehirn: ein Nervensystem, das resilient ist und nicht unter anhaltendem Stress steht. Dadurch können Kinder sich dem Leben in der Annahme nähern, dass sie beschützt sind, dass Liebe und Beziehungen in ihrem Leben präsent und beständig sein

> Die neurobiologische Wirkung der Vier Schlüssel ist ein integriertes Gehirn: ein Nervensystem, das resilient ist und nicht unter anhaltendem Stress steht. Dadurch können Kinder sich dem Leben in der Annahme nähern, dass sie beschützt sind, dass Liebe und Beziehungen in ihrem Leben präsent und beständig sein werden und dass sie die unvermeidlichen schwierigen Momente des Lebens bewältigen können. Dies sorgt dafür, dass sie sich in der Welt sicher und zu Hause fühlen.

werden und dass sie die unvermeidlichen schwierigen Momente des Lebens bewältigen können. Dies sorgt dafür, dass sie sich in der Welt sicher und zu Hause fühlen.

Sichere Bindung: das oberste Ziel

Sie sehen, was man damit bewirken kann, für Kinder da zu sein, sodass sie sich beständig beschützt, gesehen, emotional aufgefangen und sicher fühlen. Aber lassen Sie uns eines ganz klar sagen: Da zu sein ist nicht das *Ziel* der Erziehung.

die VORTEILE einer SICHEREN BINDUNG

- HÖHERES SELBSTWERTGEFÜHL
- BESSERE EMOTIONSREGULATION
- GRÖßERER SCHULISCHER ERFOLG
- BESSERE BEWÄLTIGUNG VON STRESSSITUATIONEN
- POSITIVERES MITEINANDER MIT GLEICHALTRIGEN IM VORSCHULALTER
- ENGERE FREUNDSCHAFTEN IM MITTLEREN KINDESALTER
- EFFEKTIVERE SOZIALE INTERAKTIONEN IM JUGENDALTER
- GLÜCKLICHERE UND BESSERE BEZIEHUNGEN ZU DEN ELTERN
- STÄRKERE FÜHRUNGSQUALITÄTEN
- GRÖßERES GEFÜHL DER HANDLUNGSMACHT
- VERTRAUENSVOLLERE, FRIEDLICHERE LIEBESBEZIEHUNGEN IM ERWACHSENENALTER
- MEHR EMPATHIE
- HÖHERE SOZIALE KOMPETENZ INSGESAMT
- STÄRKERES VERTRAUEN IN DAS LEBEN

Vielmehr ist es das *Mittel*, mit dem man sich dem gewünschten Ergebnis nähert. Das eigentliche Ziel ist die sogenannte sichere Bindung. Das ist es, was wir für unsere Kinder wollen. Es gibt nichts Wichtigeres, was wir für sie tun können, als ihnen diese Form der Bindung zu ermöglichen. Eine sichere Bindung sorgt dafür, dass unsere Kinder in ihrem Leben Zufriedenheit und Glück erfahren. Darüber hinaus optimiert sie ihr Identitätsgefühl, die Qualität ihrer Beziehungen, ihren schulischen und beruflichen Erfolg und sogar die Entwicklung ihres Gehirns.

Was das konkret heißt, sehen Sie in der Auflistung auf der vorhergehenden Seite. Eine Studie nach der anderen hat bewiesen, dass Kinder, die sicher gebunden sind, mit größerer Wahrscheinlichkeit eine Vielzahl vorteilhafter Merkmale entwickeln.

Schauen Sie sich diese Liste kurz an. Wenn wir die sichere Bindung als oberstes Erziehungsziel bezeichnen, liegt der Grund hierfür zum großen Teil in diesen Merkmalen. Einfach ausgedrückt: Wenn Kinder sicher an ihre Bezugspersonen gebunden sind, haben sie viel bessere Möglichkeiten, zu gedeihen – in der Schule, in ihren Beziehungen und im Leben.

Und wie sorgen wir dafür, dass sich diese sichere Bindung bei unseren Kindern entwickelt? Richtig – indem wir da sind. Wissenschaftliche Studien haben wiederholt und in Hinsicht auf jede gemessene Größe gezeigt, dass eine der besten Vorhersagevariablen für die Entwicklung eines Kindes die ist, ob es mindestens eine Person gab, die emotional auf das Kind eingestimmt und für es präsent war – die also, wie wir es nennen, für es »da« war. Im Grunde genommen ist es ziemlich einfach – aber, wir sagen es noch einmal, nicht immer leicht:

Um Ihren Kindern die beste Chance auf eine gesunde und optimale Entwicklung zu bieten, müssen Sie ihnen lediglich helfen, sich beschützt, gesehen, emotional aufgefangen und sicher zu fühlen. Und dafür müssen Sie einfach nur für sie da sein – präsent sein. Anders gesagt: Sie sind offen dafür, wer Ihre Kinder sind, und bieten ihnen die Erfahrung von Sicherheit. Sie könnten sich das Präsentsein oder Da-Sein als einen fünften »Schlüssel« vorstellen, der Sie zu den anderen vier Schlüsseln leitet.

Es gibt mehrere entscheidende Gründe, warum eine sichere Bindung diese positiven Ergebnisse hervorbringt. Zunächst einmal fühlen sich Ihre Kinder insgesamt sicher und geborgen, wenn Sie für sie da sind. Was sie tun, tun sie mit einem Gefühl der Zugehörigkeit zur Welt. Dadurch wissen sie, dass es ihnen auch dann gut geht, wenn die Dinge nicht so laufen, wie sie es gerne hätten.

Sie können sich das folgendermaßen vorstellen: Die sichere Bindung dient als vermittelnder Faktor, wenn Kinder mit Hindernissen und Frustrationen konfrontiert sind. Eine sichere Bindung wird Kinder nicht davor schützen, negative Situationen und Emotionen zu erleben. Wir reden hier schließlich über das Leben. Sie werden Schmerz empfinden – ganz zu schweigen von Enttäuschung, Ärger, Unzufriedenheit und so weiter. Ihre Aufgabe als Mutter oder Vater besteht

> Ihre Aufgabe als Mutter oder Vater besteht *nicht* darin, Ihre Kinder vor Rückschlägen und Misserfolgen zu bewahren, sondern darin, sie mit den Werkzeugen und der emotionalen Resilienz auszustatten, die sie brauchen, um die Stürme des Lebens zu überstehen. Und dann besteht Ihre Aufgabe noch darin, an der Seite Ihrer Kinder durch diese Stürme hindurchzugehen.

nicht darin, Ihre Kinder vor Rückschlägen und Misserfolgen zu bewahren, sondern darin, sie mit den Werkzeugen und der emotionalen Resilienz auszustatten, die sie brauchen, um die Stürme des Lebens zu überstehen. Und dann besteht Ihre Aufgabe noch darin, an der Seite Ihrer Kinder durch diese Stürme hindurchzugehen.

Eine sichere Bindung ist also wie eine emotionale Schutzausrüstung, vergleichbar mit einem Skateboardhelm. Das Tragen eines Helms verhindert zwar keinen Unfall, kann aber dafür sorgen, dass ein Sturz erheblich geringere Folgen hat.

Ebenso wird ein sicher gebundenes Kind die vielen Schmerzen und Enttäuschungen, die mit dem Aufwachsen einhergehen, nicht irgendwie umgehen können. Vielleicht fühlt es sich trotzdem abgelehnt, wenn es nicht zur Geburtstagsparty eines Freundes eingeladen wird. Und wenn es älter wird, bricht ihm die erste Person, in die es sich verliebt, möglicherweise dennoch das Herz. Aber wenn diese Herausforderungen auftreten, wird es das schützende emotionale Polster haben, um resilient mit der Kränkung durch das Nicht-Eingeladensein umzugehen und die Qualen des Liebeskummers zu überstehen, ohne dauerhaft sein Selbstgefühl zu verlieren.

> Eine sichere Bindung kann die Dinge für Kinder leichter machen, insbesondere für diejenigen, die mit zusätzlichen Schwierigkeiten wie traumatischen Lebenserfahrungen, Umweltbelastungen, entwicklungsbedingten, gesundheitlichen oder genetischen Herausforderungen oder Lernschwierigkeiten zu kämpfen haben.

Eine sichere Bindung kann die Dinge für Kinder leichter machen, insbesondere für diejenigen, die mit zusätzlichen

Schwierigkeiten wie traumatischen Lebenserfahrungen, Umweltbelastungen, entwicklungsbedingten, gesundheitlichen oder genetischen Herausforderungen oder Lernschwierigkeiten zu kämpfen haben.

Ohne sichere Bindung

Sichere Bindung als emotionale Schutzausrüstung

Eine einfache Wahrheit lautet, dass das Leben für manche Kinder härter ist als für andere. Für diese Kinder kann es sich so anfühlen, als würden sie ständig mit dem Fahrrad einen steilen Hügel hinauffahren. Sie, als Mutter oder Vater, kön-

Für manche Kinder ist das Leben besonders hart.

Wir können es ihnen erleichtern, indem wir für sie da sind.

nen vielleicht nicht die Schwerkraft aufheben oder den Hügel einebnen. Wenn Sie aber die Vier Schlüssel bieten, indem Sie beständig da sind, können Sie zumindest die Steigung so abflachen, dass das Treten nicht ganz so anstrengend ist.

Wir sagen es noch einmal: Es ist nicht so, dass Sie Ihr Kind von den vielen Herausforderungen befreien sollen, mit denen es konfrontiert ist. Aber mit Ihrer Liebe und Präsenz können Sie den Weg glätten und es ihm erleichtern, mit auftauchenden Hindernissen fertigzuwerden. Dann kann es lernen, sowohl für sich selbst da zu sein als auch gesunde Möglichkeiten zu finden, sich auf andere zu stützen. Wenn etwas schwer sein sollte, wird ihm seine innere emotionale Resilienz helfen herauszufinden, was es tun soll.

Das gilt auch für das Treffen schwieriger Entscheidungen. Die Forschungsergebnisse sind eindeutig: Was nach persönlichen, inneren Kompetenzen aussieht – wie Selbst-Bewusstsein und emotionale Resilienz –, sind in Wirklichkeit Fähigkeiten, die sich aus den zwischenmenschlichen Interaktionen der Kinder während ihres Aufwachsens entwickelt haben, aus ihren Beziehungen zu ihren Bezugspersonen und anderen Menschen. Sicher gebundene Kinder sind besser in der Lage, ihre Emotionen zu regulieren und gute Entscheidungen zu treffen. Sie sind fähiger, Konsequenzen zu

Sicher gebundene Kinder sind besser in der Lage, ihre Emotionen zu regulieren und gute Entscheidungen zu treffen. Sie sind fähiger, Konsequenzen zu bedenken, die Perspektiven anderer zu berücksichtigen und sich auf eine Art und Weise zu verhalten, die konstruktiv und nützlich ist statt destruktiv und schädlich. Das macht es selbstverständlich sowohl dem Kind als auch den Eltern leichter und vereinfacht zudem die Beziehung zwischen den beiden.

bedenken, die Perspektiven anderer zu berücksichtigen und sich auf eine Art und Weise zu verhalten, die konstruktiv und nützlich ist statt destruktiv und schädlich. Das macht es selbstverständlich sowohl dem Kind als auch den Eltern leichter und vereinfacht zudem die Beziehung zwischen den beiden.

Es gibt einen letzten Grund, warum eine sichere Bindung so beeindruckende Auswirkungen hat: Sie gibt den Kindern das, was Bindungsforscher eine »sichere Basis« nennen, von der aus sie ihre Welt erkunden können. Sie ermöglicht es ihnen, loszuziehen und zu schauen, was hinter dem Horizont liegt. Als Eltern sind wir nicht nur ein sicherer Hafen; wir sind auch eine Startrampe. Wir werden diesen Punkt auf den nächsten Seiten ausführlicher behandeln. Der Kerngedanke aber ist, dass sich sicher gebundene Kinder der Welt mit einer Geisteshaltung nähern können, die dadurch geprägt ist, dass sie »Ja« zur Welt sagen: Sie begegnen der Welt mit einem Ja-Gehirn. Sie sind emotional ausgeglichen, resilient, verständnisvoll und empathisch. All diese Eigenschaften können sie aufweisen, weil sie sich in der Welt geborgen und wohlfühlen, weil sie zu Hause eine sichere Basis haben.

Klarheit über die eigene Geschichte erlangen

Als Eltern sind wir am besten dafür gerüstet, diese sichere Basis und alles, was damit einhergeht, zu bieten, wenn wir wissen, wer wir sind – wenn wir uns unserer selbst bewusst sind, unsere eigene Entwicklung kennen und wissen, wie unsere Kindheit unser Erwachsenwerden geprägt hat. Deshalb will ein wesentlicher Teil dieses Buches Ihnen dabei helfen, Ihre eigene Geschichte zu begreifen und zu verstehen, welche Form der Bindung Ihre Bezugspersonen Ihnen mit auf den Weg gegeben haben. Die beste Vorhersagevariable dafür, wie gut Sie als Eltern ihren Kindern eine sichere Bindung bieten und für sie da sein können, ist die Antwort auf folgende Frage: Haben Sie über Ihre eigenen Erfahrungen nachgedacht sowie darüber, inwieweit Sie sich bei Ihren eigenen Bezugspersonen beschützt, gesehen, beruhigt und sicher gefühlt haben?

Beachten Sie, dass wir nicht gesagt haben, Eltern müssten selbst eine gute Kindheit gehabt haben, um ihren Kindern eine sichere Bindung bieten zu können. Die Forschung, die zu diesem Thema durchgeführt wird, sendet eine starke Botschaft aus – eine Botschaft der Hoffnung und nicht der Verzweiflung: Auch wenn unsere Bezugspersonen uns selbst keine sichere Bindung ermöglicht haben, können wir sie unseren Kindern trotzdem schenken, *wenn wir über unsere eigene Bindungsgeschichte nachgedacht und sie verstanden haben*. Das sind beglückende, wissenschaftlich belegte Nachrichten!

> Auch wenn unsere Bezugspersonen uns selbst keine sichere Bindung ermöglicht haben, können wir sie unseren Kindern trotzdem schenken, *wenn wir über unsere eigene Bindungsgeschichte nachgedacht und sie verstanden haben*. Sie können Ihrem Kind wirklich ein liebevolles, stabiles Fundament bieten, selbst wenn Sie von Ihren eigenen Eltern keines erhalten haben.

Wir möchten diesen Punkt betonen: Sie können Ihrem Kind wirklich ein liebevolles, stabiles Fundament bieten, selbst wenn Sie von Ihren eigenen Eltern keines erhalten haben.

Zu diesem Zweck ist ein großer Teil des Buches darauf ausgerichtet, Ihnen so viel Klarheit wie möglich über die

Art und Weise zu verschaffen, wie Sie selbst großgezogen wurden und wie Ihre Beziehungen Sie beeinflusst haben. Wenn Sie ein, wie wir es nennen, »kohärentes Narrativ« Ihrer eigenen Vergangenheit entwickeln (siehe Seite 47), können Sie als Mutter oder Vater sehr viel gezielter und beständiger erziehen und auf sehr viel effektivere Art für Ihre Kinder da sein. Deshalb werden wir Ihnen vom nächsten Kapitel an im gesamten Buch Gelegenheit geben zu erkunden, inwieweit Sie sich in Ihrem Leben beschützt, gesehen, emotional aufgefangen und sicher gefühlt haben. Mit dieser tieferen Kenntnis Ihrer eigenen Geschichte und Erfahrungen werden Sie besser in der Lage sein, Ihren Kindern die Vier Schlüssel zu bieten. Das heißt, Sie können für sie da sein – früh und häufig, wie es so schön heißt.

Unsere allgemeine Botschaft ist eine Botschaft der Hoffnung. Ausgehend von den neuesten Forschungsergebnissen in den Bereichen IPNB, Neuroplastizität und Bindungsforschung wollen wir eine inspirierende Aussage herausstreichen: Geschichte ist kein Schicksal. Wir können unsere Vergangenheit *verstehen* und dadurch erreichen, dass sie nicht unsere Gegenwart und Zukunft diktiert. Wir müssen weder vor unserer Vergangenheit fliehen, noch müssen wir uns von ihr zum Sklaven machen lassen. Denken Sie daran: Dort, wo die Aufmerksamkeit hingeht, feuern die Neuronen und wachsen neuronale Verbindungen. Es ist nie zu spät, sich auf das Leben einen Reim zu machen. Dies kann nicht nur Ihre Beziehung zu Ihren Kindern verwandeln, sondern auch die zu Ihnen selbst, da es tatsächlich die Verdrahtung Ihres Gehirns verändern kann.

Man kann sich diesen Prozess als eine Kette von Ereignissen vorstellen. Geht man diese von hinten nach vorne durch, ist der Ablauf wie folgt: Das ultimative Erziehungsziel ist eine sichere Bindung für unsere Kinder. Diese entsteht dadurch, dass wir da sind und die Schlüssel bieten. Hierfür müssen wir uns einen Reim auf unsere eigenen individuellen Geschichten, unsere eigene Beziehungs- und Bindungshistorie machen. Damit beginnt also alles: mit dem Verstehen der Art von Bindung, die wir zu unseren eigenen Bezugspersonen hatten. Die Kette sieht dann so aus:

Wir konzentrieren uns hier in erster Linie auf die Eltern-Kind-Dynamik, wollen aber gleich zu Beginn etwas betonen: Die Ideen, die wir in den nächsten Kapiteln besprechen, gelten für alle Beziehungen. Wenn wir in der Lage sind, für die Menschen da zu sein, die uns wichtig sind, gedeihen unsere Beziehungen, ist unser Gehirn gesünder und integrierter, und wir führen ein sinnvolleres Leben.

Wir haben dieses Buch für Sie geschrieben, wo immer Sie als Mutter oder Vater stehen

Wie in unseren vorherigen Büchern – *Achtsame Kommunikation mit Kindern*, *Disziplin ohne Drama* und *Wie Kinder aufblühen* – liegt unser Schwerpunkt auch in diesem Buch auf dem kindlichen Gehirn. Und wie in den anderen Büchern wollen wir Ihnen neue Wege zeigen, wie Sie den sich entwickelnden Geist Ihres Kindes am besten fördern können. Unterschiedliche Eltern nähern sich diesem Thema möglicherweise aus unterschiedlichen Perspektiven. Beim Schreiben dieses Buches dachten wir an vier verschiedene Arten von Eltern:

Die erste Gruppe besteht aus jenen, die besessen sind von der Sorge, dass sie ihre Sache als Eltern besser *machen* und als Eltern besser *sein* müssten. Sie zermartern sich den Kopf über Fehler und verpasste Gelegenheiten beim Umgang mit ihren Kindern. Sie quälen sich zu Tode mit Gedanken daran, was sie tun »sollten«. Manchmal sind es Gedanken der Reue wie »Ich hätte meinem Kind Spanisch beibringen sollen« oder »Ich hätte diese erste Halbzeit des vierzehnten Fußballspiels der Saison nicht verpassen sollen«. Manchmal sind es Gedanken der Sorge um die Zukunft, zum Beispiel »Ich sollte sie dazu bringen, mehr ehrenamtlich im Tierheim zu arbeiten, damit sie nicht zu verwöhnt aufwächst« oder »Wenn wir im Auto sitzen, sollte ich mehr Zeit damit verbringen, ihm Empathie beizubringen, damit er ein netterer Erwachsener wird«. Und das Schlimmste ist, dass sie sich selbst bestrafen, wenn sie im Umgang mit ihren Kindern Fehler machen, indem sie sich ständig irgendeine Version von »Ich sollte besser sein« erzählen.

Kommt Ihnen das bekannt vor? Falls ja, haben wir eine Botschaft des Trostes: Sie machen es gut. Sie sind da. Das ist das Wichtigste. Sie müssen nicht perfekt sein; das können Sie gar nicht. Wir alle lernen unser ganzes Leben. Seien Sie einfach für Ihre Kinder da. Lieben Sie sie. Nutzen Sie die Momente, in denen Sie Disziplin lehren, als Gelegenheit, Fähigkeiten zu vermitteln und aufzubauen. Seien Sie ein Vorbild an Freundlichkeit, Respekt und Selbstfürsorge. Entschuldigen

Sie sich, wenn Sie es versäumen, eine Verbindung herzustellen, oder andere Fehler machen. Ihre Kinder brauchen nicht jede Form von Unterstützung, und sie brauchen auch keine Supereltern. Sie brauchen einfach nur Sie – den authentischen, fehlerhaften und vollständig präsenten Menschen. Falls Sie zu diesen Eltern gehören, lautet unsere Botschaft, dass Sie etwas nachsichtiger mit sich selbst sein sollten.

Wir wenden uns auch an jene Eltern, die ein Kind haben, das sich schwertut, sich ausagiert oder in einer Krise steckt. Diese Eltern fragen sich schlichtweg, wie sie mit ihrem Kind umgehen sollen, wie sie die überwältigenden Herausforderungen meistern sollen, denen sie jeden Tag gegenüberstehen. Sind Sie mit ähnlichen Problemen konfrontiert? *Da zu sein* wird Ihnen helfen, die grundlegenden und wichtigsten Dinge zu erkennen, die Sie für dieses Kind tun müssen. Wie in unseren anderen Büchern bieten wir auch hier konkrete, praktische Strategien an, die einem Kind helfen können, das nach Liebe und Unterstützung schreit.

Sie machen es gut. Sie sind da. Das ist das Wichtigste. Sie müssen nicht perfekt sein; das können Sie gar nicht. Wir alle lernen unser ganzes Leben. Seien Sie einfach für Ihre Kinder da. Lieben Sie sie. Nutzen Sie die Momente, in denen Sie Disziplin lehren, als Gelegenheit, Fähigkeiten zu vermitteln und aufzubauen. Seien Sie ein Vorbild an Freundlichkeit, Respekt und Selbstfürsorge. Entschuldigen Sie sich, wenn Sie es versäumen, eine Verbindung herzustellen, oder andere Fehler machen. Ihre Kinder brauchen nicht jede Form von Unterstützung. Sie brauchen einfach nur Sie – den authentischen, fehlerhaften und vollständig präsenten Menschen.

Eine dritte Zielgruppe besteht aus frischgebackenen oder werdenden Eltern, die sich bei dem Gedanken, einen jungen Menschen durch die Kindheit und Jugend zu führen, völlig verloren und überfordert fühlen. Wenn Sie zu dieser Kategorie gehören, geben wir Ihnen mit den hier besprochenen klaren, praktischen Theorien und Strategien nicht nur eine allgemeine Erziehungsphilosophie für die erste Elternschaft mit auf den Weg. Sie erlernen zudem spezielle, präzise Schritte, die Ihnen helfen, mit Ihren Kindern auf liebevolle, bewusste und zielgerichtete Weise zu interagieren. Sie können dieses Buch sogar als einen Erziehungsratgeber für Anfänger betrachten, der Sie darin unterstützt, sich auf Ihrem neuen und aufregenden (und ja, oft auch beängstigenden) Weg auf das Wichtigste zu konzentrieren.

Und schließlich sprechen wir gezielt die wachsende Zahl von Eltern an, die im Leben ihrer Kinder immer weniger präsent sind. Manchmal liegt dies an übermäßig langen Arbeitszeiten und den vielfältigen Anforderungen, die an die moderne Familie gestellt werden. Es ist aber auch so, dass Eltern in der heutigen Zeit, in der Bildschirme einen immer größeren Teil unserer Zeit beanspruchen, ihre Aufmerksamkeit zunehmend ihren Geräten schenken – Aufmerksamkeit, die sie früher ihren Kindern gewidmet hätten. Dies sorgt für eine drastische Verringerung der Gelegenheiten für Eltern-Kind-Interaktionen.

Die Aufforderung, da zu sein, ist eine direkte Antwort auf dieses Phänomen – aber sie erfolgt ohne Beurteilung und ohne Schuldzuweisung. Die Realität ist offensichtlich: Wir leben in einer Welt voller Geräte, und der Geist ist bereits aus der Flasche. Bildschirme sind ein wesentlicher und hilfreicher Teil unseres Lebens, und elektronische Geräte haben große Vorzüge, auf die wir alle uns verlassen und die wir gerne nutzen. Wir behaupten nichts anderes. (Viele von Ihnen lesen dieses Buch genau in diesem Moment auf einem Bildschirm, und damit haben wir überhaupt kein Problem!) Aber wir sind *durchaus* in Sorge, wenn die Geräte Eltern davon abhalten, im Leben ihrer Kinder da zu sein. Es ist ein Problem, wenn Eltern zwar körperlich anwesend sind, sich aber nicht im Geringsten auf ihre Kinder einlassen – wenn sie nicht wirklich *präsent* sind. Auf den folgenden Seiten werden wir Ihnen deshalb konkrete Wege vorstellen, wie Sie realistisch und gezielt darangehen können, Zeit mit Ihren Kindern zu verbringen.

Unabhängig davon, zu welcher der genannten Kategorien Sie sich zählen, möchten wir Ihnen sowohl Hoffnung als auch Orientierung bieten. Wir möchten Ihnen bei Ihrer Suche nach Möglichkeiten helfen, die Eltern zu sein, die Sie sein wollen – damit Ihre Kinder zu Erwachsenen heranwachsen, die ein erfülltes, sinnvolles, verbundenes Leben führen.

Eine Anmerkung: Wir reden immer über Eltern, aber wir wissen sehr gut, dass heutzutage viele Großeltern und andere Betreuungspersonen bei der Erziehung der Kinder mithelfen. Alles, was wir hier sagen, gilt auch für deren Beziehungen. Außerdem haben wir großen Respekt vor den zahlreichen Pädagogen und Medizinern, die die Arbeit von Eltern und anderen Bezugspersonen unterstützen. Auch an diese Fachleute haben wir beim Schreiben dieses Buches gedacht: Wir zeigen Prinzipien und Perspektiven auf, die ihre Arbeit leiten können, und Ressourcen, die sie den besorgten Eltern empfehlen können, welche sie in ihren Büros und Praxen aufsuchen.

Wer immer Sie sind und was immer Sie dazu motiviert hat, dieses Buch zur Hand zu nehmen: Sie sollen wissen, wie sehr wir es schätzen, dass Sie uns mit einbeziehen auf diesem Weg zur Verbesserung des Lebens der Kinder, die Sie lieben. Allein dadurch, dass Sie dieses Buch lesen, tun Sie einen großen Schritt in Richtung Da-Sein. Und genau darum geht es.

KAPITEL 2

Warum sind manche Eltern da und andere nicht?

Eine Einführung in die Bindungsforschung

Was macht eine gute Mutter oder einen guten Vater aus? Wenn Sie Leuten diese Frage stellen, bekommen Sie eine Reihe von Antworten. Einige Menschen nennen als entscheidenden Faktor die Erfahrungen, die sie mit ihren eigenen Eltern gemacht haben; andere ihren Wissensstand, insbesondere in Bezug auf Erziehungsphilosophien. Manche betonen die Bedeutung einer religiösen Erziehung oder der Frage, wie moralisch und ethisch Eltern sind – oder wie hart sie daran arbeiten, verlässlich, freundlich, geduldig und so weiter zu sein.

Sämtliche genannten Faktoren können definitiv Einfluss auf unser Verhalten als Eltern haben. Wie wir in Kapitel 1 erklärt haben, liefern uns jedoch Jahrzehnte intensiver Forschung eine konkrete Antwort auf die eingangs gestellte Frage. Und diese Antwort ist zutiefst ermutigend. Wenn wir verstehen wollen, warum Kinder im Leben gut zurechtkommen (in emotionaler, zwischenmenschlicher, sozialer, schulischer Hinsicht usw.), sollten wir untersuchen, ob sie zu wenigstens einer Bezugsperson, die beständig für sie da ist, eine sichere Bindung entwickelt haben.

Und die beste Vorhersagevariable dafür, dass Bezugspersonen diese sichere Bindung bieten können, ist ihre »elterliche Präsenz«. Eltern mit Präsenz haben über ihre eigene Geschichte und Bindungshistorie nachgedacht und sich einen Reim darauf gemacht. Selbst wenn diese Geschichte schwierig war, so befähigt das Verstehen ihres eigenen Lebens sie doch dazu, das offene und empfängliche Bewusstsein der Präsenz zu haben, das es ihnen ermöglicht, verlässlich für ihre Kinder da zu sein.

Was bringt Kindern tiefgreifenden und dauerhaften Erfolg?

Eine sichere Bindung an eine Bezugsperson, die für sie da ist.

Wie bieten wir diese sichere Bindung?

Indem wir als Erstes ein kohärentes Narrativ entwickeln, das unsere eigenen frühen Lebenserfahrungen erklärt.

Um es noch einmal so einfach wie möglich zu formulieren: Kinder werden am ehesten zu resilienten, fürsorglichen und starken Menschen, wenn ihre Eltern für sie da sind. Wir müssen nicht perfekt sein, aber die Art und Weise, wie wir da sind (oder nicht da sind), hat Einfluss darauf, wer unsere Kinder werden und wie ihre Gehirne verdrahtet werden.

Natürlich gibt es noch andere Faktoren – zufällige Ereignisse, angeborene Temperamentsmerkmale, vererbte Anfälligkeiten –, die wir nicht ändern können und die die Entwicklung unserer Kinder ebenfalls beeinflussen. Aber wenn es darum geht, was wir tun *können*, um ihr Wachstum zu prägen, sind die Forschungsergebnisse eindeutig. Präsente Eltern sind diejenigen, die sich auf ihre eigenen Lebenserfahrungen einen Reim gemacht haben, die ein »kohärentes Narrativ« erzeugt haben und in der Lage sind, elterliche Präsenz zu bieten. Sie sind für ihre Kinder da, innerlich und äußerlich: Zum einen verstehen wir in unserem Inneren, wie die *Vergangenheit* uns zu dem gemacht hat, der wir in der *Gegenwart* sind. Dadurch wird es uns möglich, der zu sein, der wir jetzt und in der *Zukunft* sein wollen. Und zum anderen lernen wir, nach außen hin ein offenes, empfängliches Bewusstsein zu haben – *elterliche Präsenz* zu haben –, sodass sich unser Kind gefühlt, verstanden und mit uns verbunden fühlt. Verständlich auftreten und präsent sein: darum geht es beim Da-Sein. Deshalb werden wir

> Verständlich auftreten und präsent sein: darum geht es beim Da-Sein. Deshalb werden wir Ihnen als Erstes helfen, darüber nachzudenken, wie gut Sie sich auf Ihre Erfahrungen mit Ihren eigenen Eltern einen Reim gemacht haben und wie Sie im Leben Ihrer Kinder präsent sein können.

Ihnen als Erstes helfen, darüber nachzudenken, wie gut Sie sich auf Ihre Erfahrungen mit Ihren eigenen Eltern einen Reim gemacht haben und wie Sie im Leben Ihrer Kinder präsent sein können.

Wie viel haben Sie schon darüber nachgedacht, auf welche Weise Ihre Kindheitserfahrungen Ihre Entwicklung beeinflusst haben und damit auch die Art, wie Sie mit Ihren Kindern umgehen? Inwieweit haben diese Erfahrungen Ihren Umgang mit Ihren Kindern vorausbestimmt? Wie wirkte sich Ihrer Ansicht nach Ihr damaliges Familienleben auf die Entwicklung Ihres Gehirns als Reaktion auf diese Erfahrungen aus – entweder direkt oder dadurch, dass Sie angesichts der herausfordernden Ereignisse lernen mussten, sich anzupassen, was für Sie vielleicht gefühlt eine Frage des Überlebens war?

Wie viel haben Sie schon darüber nachgedacht, auf welche Weise Ihre Kindheitserfahrungen Ihre Entwicklung beeinflusst haben und damit auch die Art, wie Sie mit Ihren Kindern umgehen? Inwieweit haben diese Erfahrungen Ihren Umgang mit Ihren Kindern vorausbestimmt?

Die gute Nachricht lautet: Wenn Sie bereit sind, sich mit Ihrer Vergangenheit auseinanderzusetzen, kann die Wissenschaft Ihnen helfen, Ihre eigene Bindungsgeschichte zu verstehen. Und mehr noch: Auch wenn Sie keine optimale Erziehung genossen haben – weil Ihre Eltern abwesend waren, Sie schlecht behandelten, Sie nicht verstehen konnten oder wollten oder aus irgendwelchen anderen Gründen –, können Sie den Mut bewahren, denn Ihre Bindungsstrategie ist nicht in Stein gemeißelt. Geschichte ist kein Schicksal.

Geschichte ist KEIN Schicksal. Indem Sie sich auf Ihre eigene Geschichte einen Reim machen, können Sie die Art von Mutter oder Vater sein, die Sie sein wollen – unabhängig davon, wie Sie selbst erzogen wurden.

Wenn Ihre Eltern für Sie nicht oder nur gelegentlich da waren oder Ihnen gegenüber ein beängstigendes und schädigendes Verhalten gezeigt haben, bedeutet das nicht, dass Sie für Ihre eigenen Kinder nicht auf gesunde und konstruktive Weise da sein können. Es bedeutet aber, dass Sie möglicherweise noch einiges zu tun haben – dass Sie über Ihre eigene Bindungsgeschichte reflektieren und entscheiden müssen, welche Art der Bindung Sie Ihren eigenen Kindern bieten wollen. Sie können in der Tat *wählen*, in welchem Umfang Sie für Ihre Kinder da sind, und ja, Sie können Ihre Fähigkeit, da zu sein, aufbauen, indem Sie Ihre Geschichte untersuchen und verstehen.

Was die grundlegende Bindungsforschung für Sie als Mutter oder Vater bedeutet

Lassen Sie uns mit einer Einführung in die Grundlagen der Bindungsforschung beginnen. Wenn Sie unsere anderen Bücher kennen, sind Sie bereits mit einigen wesentlichen Punkten in Berührung gekommen. Im weiteren Verlauf des Buches werden wir diese besprechen und das bereits Gesagte ergänzen. Das Gebiet der Bindungsforschung wächst kontinuierlich, da neues Wissen – aus Bereichen wie der Evolutionstheorie, der Genetik und der Epigenetik – seine zentralen Aussagen unterstützt und erweitert. Auf den kommenden Seiten werden wir neue Möglichkeiten vorstellen, über das Selbst und über Beziehungen nachzudenken. Außerdem werden wir diese Informationen auf die Konzepte anwenden, die wir im vorangegangenen Kapitel vorgestellt haben. Wir denken, Sie werden dies alles ebenso faszinierend finden wie wir, und hoffen, es wird Ihre eigenen Erfahrungen erhellen – sowohl die, die Sie früher mit Ihren Eltern gemacht haben, als auch die, die Sie jetzt mit Ihren Kindern machen.

Das Wissen, das wir in den letzten Jahrzehnten auf dem Gebiet der Bindungsforschung gewonnen haben, hat unser Verständnis von Erziehung und Kindesentwicklung stark beeinflusst. Bevor Dan das klinische Ausbildungsprogramm für Kinder- und Jugendpsychiatrie an der UCLA (University of California, Los Angeles) leitete, erhielt er ein Forschungsstipendium des National Institute of Mental Health, um das Phänomen der Bindung zu untersuchen. Tina konzentrierte sich während ihrer Promotion und darüber hinaus auf die Bindungswissenschaft und die praktische Anwendung der

Ergebnisse, alles unter dem Gesichtspunkt der interpersonellen Neurobiologie. Die Forschung in diesem Bereich ist umfangreich und verlässlich, und wir können ihre Erkenntnisse in einer Vielzahl von Kulturen und Familiensituationen anwenden, um die kindliche Entwicklung zu optimieren. Glücklicherweise wirkt dieses Wissen heute nicht mehr annähernd so ungewohnt wie noch in der jüngsten Vergangenheit.

Kurz und bündig lautet die Bindungstheorie wie folgt: Kinder, die schon sehr früh starke Bindungen – sichere Bindungen – zu ihren Eltern eingehen, führen ein viel glücklicheres und erfüllteres Leben. Diese Bindungen entstehen, wenn Eltern auf die Bedürfnisse ihrer Kinder eingehen und ihnen verlässlich Trost spenden, sie zum Beispiel hochnehmen, wenn sie weinen, oder halten und beruhigen, wenn sie aufgewühlt sind. Erleben Kinder diese Art von verlässlichem Verhalten und zuverlässiger Verbindung, können sie lernen und sich entwickeln, ohne Aufmerksamkeit oder Energie zum Überleben aufwenden zu müssen. Auch müssen sie nicht ständig hyperwachsam sein und auf kleine Veränderungen in ihrer Umgebung oder bei ihren Bezugspersonen achten.

Wir alle kommen mit dem angeborenen Drang zur Welt, eine Verbindung einzugehen. Wenn diese Verbindung verlässlich hergestellt wird und als Antwort auf Beziehungsbrüche Reparaturen vorgenommen werden, kann das Gehirn optimal wachsen. Wird Kindern eine sichere Bindung zu ihren Hauptbezugspersonen geboten, reduzieren diese vorhersehbaren und daher verlässlichen Erfahrungen ihr Stressniveau und erlauben es ihnen, Vertrauen und Selbstvertrauen zu entwickeln. Sie lernen, mit ihren Gefühlen umzugehen und ihr eigenes Verhalten zu steuern. Dies ermöglicht es ihnen, aufzublühen und zu gedeihen.

Wir wissen, es klingt erstaunlich, aber es ist dennoch wahr: Durch die Art, wie wir unsere Verbindung zu unserer Bindungsfigur erleben, lernen wir, der zu werden, der wir sind, und sogar zu *wissen*, wer wir sind. Was Sie vielleicht für eine persönliche und innere, private Erfahrung gehalten haben – wie z. B. das Spüren und Regulieren Ihrer Emotionen oder dass Sie sich Ihrer Erinnerungen an bestimmte Ereignisse bewusst sind –, entsteht in Wirklichkeit aus Ihren sozialen Beziehungen zu wichtigen anderen Personen in Ihrem Leben. Wir sind zutiefst soziale Wesen, und unsere Beziehungsverbindungen prägen unsere inneren neuronalen Verbindungen. Der kindliche Geist entwickelt sich mit dieser *interpersonellen* (d. h. zwischen Eltern und Kind ablaufenden) Prägung des *intrapersonellen* Gefüges (d. h. dessen, was innerhalb des Kindes stattfindet). Dazu später mehr. Dies ist der Grund, warum eine sichere Bindung so mächtig sein kann, was ihren Einfluss auf die gesunde Entwicklung angeht.

> Wird Kindern eine sichere Bindung zu ihren Hauptbezugspersonen geboten, reduzieren diese vorhersehbaren und daher verlässlichen Erfahrungen ihr Stressniveau und erlauben es ihnen, Vertrauen und Selbstvertrauen zu entwickeln. Sie lernen, mit ihren Gefühlen umzugehen und ihr eigenes Verhalten zu steuern. Dies ermöglicht es ihnen, aufzublühen und zu gedeihen.

Findet diese Form der Bindung hingegen nicht statt, lernen Kinder diese entscheidenden Lektionen und Fähigkeiten nicht. Dadurch sind sie einer erhöhten Gefahr vielfältiger Probleme ausgesetzt: Aggression, Trotz, Hyperaktivität, schlechtere Sprachentwicklung, schwächere Exekutivfunktionen und noch weniger Resilienz angesichts systemischer Probleme wie Armut, familiäre Instabilität sowie Stress und Depressionen der Eltern.

Das klingt logisch, nicht wahr? Die Kinder, die sich geliebt und unterstützt fühlen, die darauf zählen können, dass ihre Eltern körperlich und emotional für sie da sind, werden im Leben erfolgreicher sein. Selbst wenn ein Elternteil es versäumt, da zu sein, eine andere Bezugsperson jedoch die Art von Beständigkeit und Vorhersehbarkeit bietet, die ein Kind braucht, wird dieses Kind viele der Vorteile genießen, die mit einer sicheren Bindung einhergehen.

Die Wissenschaft, die hinter dieser fundamentalen Realität steht, ist faszinierend und ziemlich einfach zu verstehen. Wir möchten Sie in einige Grundlagen der Bindungsforschung einführen und Ihnen zeigen, wie wichtig sie für das Verständnis Ihrer selbst und für Ihren Umgang mit Ihren Kindern sein können. Wir beginnen mit der Betrachtung einer bahnbrechenden Forschungsstudie, die ein neues Verständnis von Entwicklung begründete. Übrigens: Falls Sie Interesse haben, tiefer in diese Wissenschaft einzutauchen, sollten Sie einen Blick in Dans Buch *The Developing Mind: How Relationships and the Brain Interact to Shape Who We Are* (dt. *Wie wir werden, die wir sind*) werfen. Es ist mehrfach aufgelegt worden und betrachtet Tausende wissenschaftlicher Studien, die dieses Forschungsergebnis sowie weitere, auf die wir uns in diesem Buch stützen, untermauern.

Eine Anmerkung, bevor wir fortfahren: Wir haben versucht, die folgenden Erklärungen so klar und eindeutig wie möglich zu formulieren (und dabei immer der Wissenschaft treu zu bleiben), damit jeder Laie sie verstehen kann. Wir ermuntern Sie dazu, den Rest des Kapitels zu lesen, wenn Sie die Grundlagen der Bindungsforschung auf einer tieferen Ebene verstehen möchten. Falls Sie an den wissenschaftlichen Details jedoch weniger interessiert sind, können Sie gern direkt zu Kapitel 3 springen, in dem es um die praktischen Auswirkungen all dessen geht, was wir hier besprechen.

Die Bindungsforschung und der Fremde-Situations-Test

In den 1960er-Jahren entwickelten Wissenschaftler einen faszinierenden und aufschlussreichen Test, den sie mit Kindern und ihren Bezugspersonen am ersten Geburtstag des Kindes durchführten. Während des gesamten ersten Lebensjahres des Kindes machten geschulte Beobachter Hausbesuche, um die Interaktionen zwischen Mutter und Kind anhand einer standardisierten Bewertungsskala zu beurteilen. Am Ende des Jahres wurde jedes Mutter-Kind-Paar dann für ein etwa zwanzigminütiges Experiment in einen Raum gebracht. Dieser Test ist als der »Fremde-Situations-Test« bekannt, weil er untersucht, was passiert, wenn Kleinkinder von ihren Müttern getrennt und in einer »fremden Situation« zurückgelassen werden – in einem unbekannten Raum, entweder mit Fremden oder allein.

Als sie untersuchten, wie Einjährige darauf reagierten, als ihre Mutter den Raum verließ (Bewältigung von Trennungsstress), und wie sie vor allem auf die Rückkehr ihrer Mutter reagierten, stellten die Forscher fest, dass sie hierdurch viel über das Bindungssystem der Babys lernen konnten – darüber, welche Verbindung sie zu ihrer Hauptbezugsperson hatten und ob sie diese Beziehung als »sichere Basis« nutzten.

Durch die Tausende von Malen, die diese Untersuchungen in vielen verschiedenen Kulturkreisen wiederholt wurden, haben wir gelernt, dass der Schlüssel zur Einschätzung der Beziehung die Phase der Wiedervereinigung ist: wie das Kind die zurückkehrende Mutter begrüßt, wie leicht sich das Kind beruhigt, wenn es getröstet wird, und wie schnell das Kind wieder mit den Spielsachen im Raum spielt. Später wurde das gleiche Experiment mit Vätern durchgeführt; die allgemeinen Ergebnisse waren die gleichen – wir können also sagen, dass sich mit dem Test die Beziehung zwischen Kind und Bezugsperson einschätzen lässt. Sicher gebundene Kleinkinder – das heißt Kleinkinder, deren Beziehung zu dem Elternteil sicher ist – zeigen deutliche Anzeichen dafür, dass sie ihre Mutter vermissen, wenn sie den Raum verlässt; sie begrüßen sie lebhaft, wenn sie zurückkommt, beruhigen sich dann schnell und wenden sich bei Anwesenheit der Mutter wieder ihren Spielsachen und Aktivitäten zu.

Sicher gebundene Kleinkinder – das heißt Kleinkinder, deren Beziehung zu dem Elternteil sicher ist – zeigen deutliche Anzeichen dafür, dass sie ihre Mutter vermissen, wenn sie den Raum verlässt; sie begrüßen sie lebhaft, wenn sie zurückkommt, beruhigen sich dann schnell und wenden sich bei Anwesenheit der Mutter wieder ihren Spielsachen und Aktivitäten zu.

Was die Forscher herausfanden, überrascht nicht: Die sicher gebundenen Kinder sind jene, deren Eltern – wie bei Hausbesuchen beobachtet – einfühlsam sind und feinfühlig auf den Verbindungswunsch des Babys eingehen, die Signale ihres Kindes deuten können und seine Bedürfnisse beständig erfüllen. Mit anderen Worten empfängt die Bezugsperson die Signale des Kindes, versteht, was sie über die innere Erfahrung des Kindes aussagen – über den Geist, der dem Verhalten des Kindes zugrunde liegt –, und reagiert dann rasch auf vorhersehbare, einfühlsame und effektive Weise.

Wie verbreitet ist diese sichere Bindung? Forscher, die den

Fremde Situation: Rückkehr der Mutter bei sicherer Bindung

Kind sucht Kontakt.

Kind spielt wieder.

Fremde-Situations-Test durchführen, stellen regelmäßig fest, dass etwa zwei Drittel der Kinder sicher an ihre primäre Bezugsperson gebunden sind. Sie haben keine perfekten Eltern (was auch immer das heißen würde), aber sie haben Eltern, die immer für sie da sind, wenn sie sie brauchen. Und das führt zu einer sicheren Bindung.

Das andere Drittel der Kinder weist eine sogenannte »unsichere Bindung« zu ihrer Hauptbezugsperson auf. Diese Kinder fallen unter eine von drei Kategorien. Beachten Sie beim Lesen der folgenden Beschreibungen bitte eines: Diese Kategorien sagen etwas über die Beziehung aus sowie über die Art, wie ein Kind sich an diese Beziehung anpasst; sie dienen *nicht* der Bewertung des Kindes allein.

Die erste Gruppe der unsicher gebundenen Kinder demonstriert, wenn in der Fremden Situation beobachtet, eine sogenannte »vermeidende Bindung«. Werden diese Kinder von ihrer Mutter allein gelassen, konzentrieren sie sich höchst aufmerksam auf das Spielzeug im Raum. Sie zeigen praktisch keinen Ausdruck von Kummer oder Wut, wenn ihre Mutter weggeht, und ignorieren oder meiden sie sogar, wenn sie zurückkommt.

Wie Sie vielleicht vermuten, ergeben die zu Hause durchgeführten Beobachtungen, dass die Eltern unsicher gebundener Kinder den Signalen und Bedürfnissen dieser Kinder gegenüber gleichgültig oder unsensibel zu sein scheinen. Sie erfüllen die *körperlichen* Bedürfnisse ihrer Kinder und bieten ihnen Spielzeug und Aktivitäten, *emotionale* Bedürfnisse jedoch werden ignoriert. Infolgedessen lernen die Kinder, das Ausdrücken ihrer Bindungsbedürfnisse selbst bei innerem physiologischem Stress auf ein Minimum zu reduzieren.

Das Bedürfnis, dass die Bezugsperson ihren inneren Zustand oder ihre Emotionen fühlt und beruhigt, scheint »unterzutauchen«. Mit anderen Worten: Das Baby passt sich daran an, dass seine grundlegenden menschlichen Beziehungsbedürfnisse nicht erfüllt werden. Sogar Signale der Not werden ignoriert, wenn das Kind mit einem Elternteil interagiert, zu dem es eine vermeidende Bindung entwickelt hat. Das Kind muss deshalb vermuten, dass die Mutter oder der Vater kein Interesse an seiner Not hat und dass es, wenn es einfach nicht zeigt, dass es aufgewühlt ist, entweder eine bessere Antwort erhält oder einfach keine Energie mehr verschwenden und keine Frustration mehr erleben muss. Im Wesentlichen passen sich diese Kinder mit der sogenannten Verhaltensvermeidung an diese Art von Beziehung an – sie bewältigen die fehlende Einstimmung ihrer Bindungsperson, indem sie zum Ausdruck bringen, dass es ihnen egal ist, ob sich die Mutter im Raum befindet oder nicht.

Falls Sie sich übrigens fragen, ob sich diese Bindungsstrategie auf die Beziehung zu diesem speziellen Elternteil beschränkt: Ja, so ist es. Die Strategie resultiert aus der durch Interaktionen entstandenen Beziehungsgeschichte. Wird die Studie mit anderen Bezugspersonen durchgeführt, kann das Ergebnis ganz anders aussehen. Richtig, ein Kind kann vermeidend an einen Elternteil gebunden sein, aber zugleich eine sichere Bindung zu einer anderen Bezugsperson aufweisen und von allen damit einhergehenden Vorteilen profitieren.

Ein Kind kann vermeidend an einen Elternteil gebunden sein, aber zugleich eine sichere Bindung zu einer anderen Bezugsperson aufweisen und von allen damit einhergehenden Vorteilen profitieren.

Die zweite Gruppe von Kindern mit unsicherer Bindung fällt unter die Kategorie der sogenannten »ambivalenten Bindung«. Die Eltern dieser Kinder bieten weder beständige Zuwendung und Einstimmung noch beständige Gleichgültigkeit und Unsensibilität. Die frühen Lebensjahre dieser Kinder sind stattdessen durch elterliche Unbeständigkeit gekennzeichnet. Sie haben eine Mutter oder einen Vater, die

Fremde Situation: Rückkehr der Mutter bei vermeidender Bindung

Kind ignoriert die Mutter.

Kind spielt wieder.

beziehungsweise der manchmal eingestimmt und einfühlsam ist und feinfühlig auf sie eingeht und manchmal nicht. Im Ergebnis verursacht die Bindungsbeziehung bei diesem Kind große Angst und Ambivalenz hinsichtlich der Frage, ob es diesem Elternteil vertrauen kann.

In der Fremden Situation beispielsweise ist das ambivalent gebundene Kleinkind untröstlich, wenn seine Mutter es verlässt *und* wenn sie zurückkehrt. Anstatt sich wie ein sicher gebundenes Kind wieder den Spielsachen zu widmen, klammert es sich mit Sorge oder gar Verzweiflung an seine Mutter. Offenbar fehlt ihm das Vertrauen, dass die Beziehung verlässliche Zuwendung und Beruhigung bieten wird. Deshalb bereitet dem Kind nicht einmal der physische Kontakt mit der Mutter ein Gefühl der Erleichterung.

Die Geschichte der Unbeständigkeit erzeugt ein inneres Gefühl der Verwirrung, und die Anwesenheit der Mutter nach ihrer Rückkehr scheint diesen ängstlichen und unsicheren Zustand zu aktivieren. Während das oben beschriebene vermeidend gebundene Kind sich nicht auf die Beziehung, sondern häufig ausschließlich auf die Spielsachen konzentriert – und dadurch die Aktivierung des Bindungssystems und den damit einhergehenden Wunsch nach Verbindung auf ein Minimum reduziert –, hat das ambivalent gebundene Kind Angst, seine Aufmerksamkeit von der Mutter wegzulenken. Es fürchtet, sie könnte weggehen, während es nicht hinsieht. Auf diese Weise steigert es die Aktivierung des Bindungssystems auf ein Maximum.

Fremde Situation: Rückkehr der Mutter bei ambivalenter Bindung

Kind lässt sich nicht beruhigen, auch nicht in den Armen der Mutter.

Kind hat Mühe, sich wieder dem Spiel zuzuwenden.

Die dritte, mit den größten Schwierigkeiten einhergehende Form der unsicheren Bindung ist die »desorganisierte Bindung«. Bei dieser hat ein Kind Probleme, zu entscheiden, wie es reagieren soll, wenn die Mutter in den Raum zurückkehrt. Infolgedessen zeigt es ein desorganisiertes, desorientiertes oder chaotisches Verhalten. Vielleicht wirkt das Kind zunächst verängstigt, kommt dann auf die Mutter zu, zieht sich wieder zurück, fällt dann hilflos auf den Boden, weint, und schließlich erstarrt es. Das Kind kann sich sogar an die Mutter klammern und sich gleichzeitig von ihr losreißen.

Desorganisierte Bindung entsteht, wenn Kinder ihre Eltern als *äußerst* uneingestimmt empfinden, wenn die Eltern sie ängstigen und/oder wenn die Eltern selbst verängstigt sind. Im Gegensatz zu den Kindern mit anderen

Fremde Situation: Rückkehr der Mutter bei desorganisierter Bindung

Kind kommt auf die Mutter zu.

Kind vermeidet den Kontakt.

Bindungsstilen, die organisierte Muster – sichere oder unsichere – entwickeln, um auf eine einfühlsame, distanzierte oder unbeständige Bezugsperson zu reagieren und mit ihr umzugehen, hat das desorganisiert gebundene Kind Schwierigkeiten, einen einheitlichen oder wirkungsvollen Weg zu finden, die von einer Bezugsperson verursachte Not zu bewältigen. Bisweilen kann diese Bindungsfigur im Kind schreckliche Angst auslösen.

Was haben die Bindungsmuster aus der Kindheit damit zu tun, wie wir als Eltern sind?

Viele der Kinder, die an den ersten Fremde-Situation-Experimenten teilgenommen haben, wurden über das letzte Drittel des vergangenen Jahrhunderts hinweg und länger beobachtet. Das ist recht bemerkenswert, nicht wahr? Die Kinder, die als Säuglinge und Kleinkinder untersucht wurden, sind heute Erwachsene, viele haben mittlerweile selbst Kinder. Das heißt, dass wir auf der Grundlage von Längsschnittstudien sehen können, wie die Kindheitserfahrungen dieser Teilnehmer ihre Beziehungstendenzen als Erwachsene beeinflusst haben. Die Forscher waren fasziniert von der Entdeckung, dass die überwiegende Mehrheit der Kinder ungeachtet aller Einflüsse in ihrem Leben und aller Erfahrungen, die sie im Laufe ihres Heranwachsens gemacht hatten, bis ins Erwachsenenalter in denselben Bindungskategorien verblieben – sicher, unsicher-vermeidend, unsicher-ambivalent oder unsicher-desorganisiert. Bei denjenigen, deren Bindungsstil nicht derselbe geblieben war, hatten oft Veränderungen in ihren Beziehungswelten stattgefunden. Diese halfen den Forschern, die Veränderungen in ihrer Bindung zu verstehen.

Bindungsforscher haben sich Namen für die Bindungsmuster Erwachsener überlegt, die das Gegenstück zu den Kindheitsmustern darstellen. Achten Sie beim Lesen der Erklärungen der einzelnen Muster darauf, welches davon Ihren eigenen Erfahrungen am nächsten kommt. Denken Sie über Ihre eigene Bindungsgeschichte aus der Kindheit nach sowie darüber, wie sie sich während Ihres Erwachsenwerdens manifestiert hat. Sie können diese Informationen auch nutzen, um Ihren Partner und Ihre Freunde besser zu verstehen. Sie können sie sogar bei der Auswahl Ihrer Babysitter und anderer Betreuungspersonen berücksichtigen oder, sofern dies möglich ist, wenn Sie für Ihre Kinder eine Schule aussuchen.

Ein wichtiger Hinweis, den Sie beim Lesen dieser Kategorien im Hinterkopf behalten sollten: Die meisten von uns vereinen in sich bis zu einem gewissen Grad verschiedene Aspekte der jeweiligen Bindungsmuster. Möglicherweise identifizieren Sie sich also zum Teil mit einer Kategorie und erkennen dann, dass Sie auch in ein anderes Muster passen. Menschen lassen sich normalerweise nicht bloß einer Kategorie exakt zuordnen. Aber höchstwahrscheinlich werden Sie sich beim Lesen der folgenden Beschreibungen mit einem Bindungsmuster mehr identifizieren können als mit den anderen.

Menschen lassen sich normalerweise nicht bloß einer Kategorie exakt zuordnen. Aber höchstwahrscheinlich werden Sie sich mit einem Bindungsmuster mehr identifizieren können als mit den anderen.

Sichere und autonome Bindung

Manche Kinder haben das Glück, zu Erwachsenen heranzuwachsen, die allgemein gute Beziehungen haben, sich von ihren Mitmenschen respektiert fühlen, ihr intellektuelles Potenzial ausschöpfen und ihre Gefühle gut regulieren können. Bindungsforscher haben dieser Erwachsenenversion der sicheren Bindung die Bezeichnung *autonome Bindung* gegeben. Wegen der beständigen Liebe und Aufmerksamkeit, die diesen Personen in ihrer Kindheit entgegengebracht wurde, wurden sie zu Erwachsenen, die über eine uneingeschränkte und selbstbestimmte Autonomie verfügen. Dadurch sind sie in der Lage, ihre Vergangenheit zu betrachten und zu verstehen, in der Gegenwart sie selbst zu sein und in der Zukunft ihren Träumen und Wünschen zu folgen. Auf diese Weise beeinflusst ein Muster der Anpassung an eine Bindungsbeziehung die Art, wie das Individuum lernt, seine Emotionen, sein Denken, seine Erinnerung und sein Selbst-Bewusstsein zu regulieren ebenso wie seine Fähigkeit, zwischenmenschliche Beziehungen mit beiderseitigem Nutzen zu führen. Die Forschungsergebnisse sind eindeutig: Wir entwickeln emotionale und soziale Intelligenz durch die Sicherheit unserer Bindungsbeziehungen.

Kinder mit sicheren Beziehungsmustern machen die Erfahrung, dass ihren Wünschen nach Verbindung einfühlsam nachgekommen wird und Reparaturen vorgenommen werden, wenn unvermeidliche Brüche auftreten. Ihre Bedürfnisse werden wahrgenommen, verstanden und erfüllt. Ihre Eltern sind für sie da. Ein Beispiel: Ein vier Monate altes Baby weint. Der Vater hört seine Tochter, lässt alles stehen und liegen, was er gerade tut, nimmt sie hoch und fragt: »Na, hungrig?« Dann füttert er sie zärtlich.

Ihre Signale der Not wurden wahrgenommen und beantwortet. Der Vater erkannte, was die Tochter brauchte, und ging effektiv, prompt und liebevoll auf sie ein. Kinder, die das Glück haben, so fürsorgliche Eltern zu haben, fühlen sich – insbesondere in Zeiten emotionaler Not – verbunden und beschützt. Dies erzeugt Gefühle der Geborgenheit und eine sichere Basis, von der aus sie die Welt erkunden können.

Eingestimmtes Elternverhalten führt zu sicherer Bindung.

Ist es dann ein Wunder, dass solche Kinder zu Erwachsenen heranwachsen, die aufgrund ihrer sicheren Bindungsgeschichte viel leichter durchs Leben gehen können, die zahlreiche Herausforderungen und Enttäuschungen überwinden und die schönen Momente annehmen und genießen? Diese Erwachsenen schätzen Beziehungen, kommunizieren gut und zeigen Empathie für andere, bleiben aber gleichzeitig unabhängig und autark. Sie sind resilient gegenüber Stress, können ihre Emotionen und ihren Körper regulieren und ihren eigenen Geist und ihr eigenes Verhalten verstehen. Infolgedessen sind sie bereit und in der Lage, da zu sein, wenn ihre Kinder sie brauchen, so wie es der Vater für seine hungrige, vier Monate alte Tochter war.

Damit Sie bei den vielen Begriffen, die wir in diesem Kapitel einführen, den Überblick behalten, haben wir eine Tabelle erstellt.

Kindliches Bindungsmuster	Elterliche Tendenzen	Im Kind »verdrahtete« Annahmen
Sicher	Sicheres Bindungsmuster: einfühlsam, eingestimmt, geht feinfühlig auf den Wunsch des Babys nach Verbindung ein; Fähigkeit, die Signale des Kindes zu deuten und seine Bedürfnisse zuverlässig zu erfüllen; Elternteil ist verlässlich für das Kind da	Meine Eltern sind nicht perfekt, aber ich weiß, dass ich in Sicherheit bin. Wenn ich ein Bedürfnis habe, erkennen sie es und reagieren schnell und einfühlsam. Ich kann darauf vertrauen, dass andere Menschen das ebenfalls tun werden. Meine innere Erfahrung ist echt und ist es wert, ausgedrückt und respektiert zu werden.

Vermeidende und abweisende Bindung

Offensichtlich wird nicht jeder in eine Familie hineingeboren, die ihm sichere Bindungserfahrungen ermöglicht. Kinder mit einem der drei unsicheren Bindungsmuster entwickeln als Erwachsene typischerweise Beziehungen, die bis zu einem gewissen Grad durch Chaos, Starrheit oder beides gekennzeichnet sind.

Kinder mit der ersten Form der unsicheren Bindung, der vermeidenden Bindung, wachsen normalerweise zu Erwachsenen heran, denen es schwerfällt, sich zu verbinden – nicht nur mit anderen, sondern auch mit ihrer eigenen inneren Landschaft. Oft sind sie sich ihrer Emotionen nicht bewusst oder sind sie nicht bereit, sich mit diesen zu beschäftigen. Außerdem haben sie Schwierigkeiten, eine Verbindung zum Geist und zu den Emotionen anderer, mit denen sie in Beziehung stehen, herzustellen. Sie vermeiden es strikt, sich mit der Vergangenheit, ihren Emotionen und zwischenmenschlicher Nähe auseinanderzusetzen. Dies ist angesichts ihrer Kindheitserfahrungen verständlich. Als sie Kinder waren, wurden ihre emotionalen Bedürfnisse weitgehend ignoriert. Zu lernen, ihre Gefühle abzutun, war also einfach eine Überlebensstrategie, die Basis für ein erlerntes Bindungsmuster.

Stellen Sie sich für das oben erwähnte vier Monate alte Mädchen ein anderes Szenario vor. Diesmal merkt ihr Vater eine Zeit lang nicht, dass sie weint, da er ihre Schreie einfach ausblendet und weiter in seinem Buch liest. Als er dann endlich reagiert, ist er gereizt, weil er sich gestört fühlt. In seiner Frustration wechselt er ihre Windeln und setzt sie ärgerlich wieder in ihren Laufstall, aber sie jammert weiter. Noch verärgerter trägt er sie zu ihrem Bettchen, in der Annahme, sie müsse müde sein. Sie weint und jammert immer noch, und schließlich, nach einer hungrigen Stunde, gibt er ihr endlich die Flasche.

Was lernt die Tochter aus wiederholten Interaktionen dieser Art, bei denen die Reaktion des Vaters auf ihre Schreie so verzögert erfolgt und überhaupt nicht damit in Einklang steht, was sie in dem Moment tatsächlich fühlt und braucht? Dass der Vater ihre Signale nicht sehr gut deutet. Dass er sie nicht hört oder nicht versteht. Wenn er es stets versäumt, auf ihre Kommunikationssignale zu achten, lernt sie zu Recht, dass ihr Vater nicht zur Verfügung steht, um ihre Bedürfnisse zu befriedigen oder sich emotional mit ihr zu verbinden. Im Laufe der Zeit kann sie die Erfahrung machen, dass es nie-

Gleichgültiges Elternverhalten führt zu unsicher-vermeidender Bindung.

manden gibt, der sie wirklich auf einer tiefen Ebene *begreift*, dass ihr Vater ihren Geist nicht sieht und dass sie nicht darauf zählen kann, dass andere sich für ihre Bedürfnisse und Emotionen interessieren. Als Anpassung an ihre Umgebung und damit sie von ihrer Bezugsperson die bestmögliche Reaktion erhält, wird sie schließlich auch darauf programmiert werden, Emotionen zu vermeiden und die Bedeutung von Beziehungen abzutun. Mit anderen Worten: Beziehungen waren für sie in der Vergangenheit nicht hilfreich, warum sollte sie sich also in Zukunft in irgendeiner Weise auf sie verlassen?

Lassen Sie uns kurz erläutern, welche neurowissenschaftliche Erklärung es dafür gibt, dass sich das Gehirn eines Kindes auf diese Weise anpassen und lernen kann, Emotionen zu leugnen. In unseren anderen Büchern haben wir gesagt, dass man sich das Gehirn als ein Haus mit einem Ober- und einem Erdgeschoss vorstellen kann, die jeweils mit unterschiedlichen Fähigkeiten und Verantwortlichkeiten ausgestattet sind. Das untere Gehirn, das »Erdgeschoss«, besteht aus dem Hirnstamm und den physisch niedriger gelegenen Teilen des Gehirns, einschließlich des limbischen Systems, welches unsere Emotionen und Triebe steuert. Dieses untere Gehirn ist der Ursprung unserer primitiveren und instinktiver ablaufenden Prozesse, wie der grundlegenden Körperfunktionen, der angeborenen Impulse und der starken Gefühle. Das obere Gehirn, das »Obergeschoss« hingegen, besteht aus dem präfrontalen Kortex und den anderen höheren Teilen des Gehirns. Es ist der weiterentwickelte Teil des Gehirns und verantwortlich für das Denken höherer Ordnung, welches mit Aufgaben wie Vorstellungsvermögen, Entscheidungsfindung, Empathie, persönlicher Einsicht und Moral zu tun hat.

Eine Möglichkeit, zu erklären, wie das Gehirn durch Lernen geprägt wird, ist also folgende: Die inneren Bedürfnisse des Kindes nach Verbindung – die im primitiveren unteren Gehirn angesiedelt sind – bleiben wegen der vermeidenden Bindung so unbefriedigt, dass das Gehirn lernt, die mit diesen Grundbedürfnissen verbundenen inneren Signale vom Eintritt ins Bewusstsein im oberen Gehirn abzuhalten. Als Abwehrmaßnahme werden diese Signale zurückgewiesen und daran gehindert, das obere Gehirn zu erreichen. Es zeigt sich, dass die meisten Signale des Körpers, und sogar viele der Signale aus den unteren limbischen und Hirnstamm-Bereichen, zuerst auf der rechten Seite des Kortex ankommen. Erstaunlicherweise sind, wie Sie vielleicht schon gehört haben, die rechte und die linke Hälfte des Gehirns in vielerlei Hinsicht recht unterschiedlich. Sie unterscheiden sich im

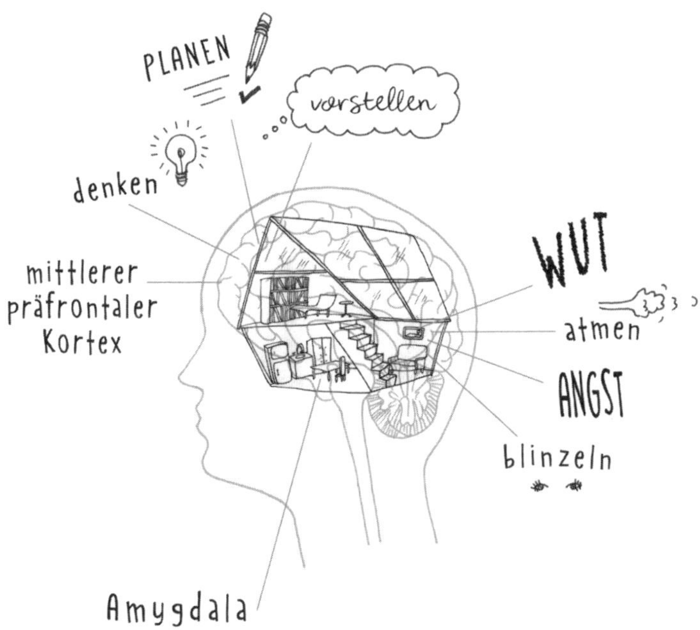

Zeitpunkt ihrer Entwicklung (die rechte entwickelt sich zuerst), in ihrer Struktur (die rechte weist eine stärkere innere Vernetzung auf) und in ihren Funktionen (die rechte hat einen weiten, breiten Aufmerksamkeitsfokus, während der Fokus der linken eng ist; die rechte erhält Input aus den unteren Bereichen, einschließlich des Körpers, während die linke sich eher auf sprachliche Symbole spezialisiert – auf unsere gesprochene und geschriebene Sprache).

Mit diesem Wissen können Sie sich nun Folgendes vorstellen: Wenn Sie Ihr Bewusstsein für das untere Gehirn ebenso abschalten könnten wie den Input, den der Körper an den Kortex sendet – wo das Bewusstsein teilweise entsteht –, dann würde es Sie nicht so aufwühlen, wenn Ihre Eltern Ihre Signale übersehen, mit denen Sie nach Verbindung rufen. Dies ließe sich dadurch erreichen, dass Sie lediglich die linke Kortexaktivität entwickeln und sie von der rechten trennen. Während Ihrer Entwicklung wären Sie sich dann Ihrer inneren Körperzustände sowie der inneren Empfindungen von Sehnsucht und Enttäuschung, die von Ihrem Herzen und Ihrem Bauch verarbeitet werden, nicht bewusst. Sie würden sich buchstäblich vor Ihrer eigenen inneren Welt abschotten.

Wichtige Forschungsdaten – die sowohl Kinder mit vermeidenden Bindungsbeziehungen betreffen als auch die abweisende Bindung ihrer Eltern, über die wir gleich sprechen werden – zeigen: Wenn diese Personen sich mit bindungsbezogenen Problemen konfrontiert sehen, zeigt ihre Physiologie erhebliche Anzeichen von Stress, obwohl ihr äußeres Verhalten eine gleichgültige Haltung vermittelt. In der »Fremden Situation« würde sich dies so äußern, dass ein

Kleinkind sich nicht auf die Mutter zubewegt, obwohl seine psychometrischen Daten (wie die Herzfrequenz) zum Zeitpunkt ihrer Rückkehr Stress erkennen lassen. Sein unteres Gehirn und sein Körper *wissen*, dass Beziehungen wichtig sind, und das zeitliche Auftreten der Stressreaktion zeigt, dass das Bedürfnis nach Verbindung bestehen bleibt – auch wenn die erlernte Bindungsstrategie darin besteht, die äußere Aktivierung des Bindungssystems in Form von Verhalten auf ein Minimum zu reduzieren.

Kurz gesagt, haben drei Systeme im Gehirn Anteil daran, wie die Bindung unsere tiefsten Netzwerke beeinflusst. Das eine ist das Belohnungssystem, das sich vom unteren zum oberen Gehirn erstreckt. Bindung ist lohnend. Das zweite ist das System, das den Körper wahrnimmt und reguliert – und damit fundamental ist für unser Überleben. Das dritte wird manchmal als »Mentalisierungsnetzwerk« bezeichnet. Hier geht es darum, wie wir den Geist unserer Bezugspersonen und letztlich auch unseren eigenen mit einer Fähigkeit wahrnehmen, die wir Mindsight nennen. Die Systeme der Belohnung, der körperlichen Regulation und der Mindsight sind drei verschiedene Netzwerke im Gehirn, die durch Bindungsbeziehungen sowohl in der Kindheit als auch im Erwachsenenleben miteinander verwoben sind.

Schauen wir uns an, wie sich diese Systeme bei Personen mit vermeidender Bindung darstellen.

Befinden sich vermeidend gebundene Menschen in einer Situation, die ihre Bindungsnetzwerke aktiviert, schalten sie in diesem Moment ihren Belohnungskreislauf für Verbindung ab. Hiermit soll vor dem Hintergrund, dass ihre Beziehungserfahrungen mit dieser Bezugsperson in der Vergangenheit nicht für Verbindung gesorgt haben, die körperliche

Regulation aufrechterhalten werden. Ebenfalls abgeschaltet wird jedoch das Mindsight-Netzwerk, das die Befindlichkeit ihrer Bezugsperson und vielleicht sogar ihrer selbst wahrnehmen würde. Wie sich herausgestellt hat, dominiert beim Sehen des Geistes und bei der Regulation des Körpers jeweils die rechte Gehirnhälfte. Diese Erkenntnis gibt Anlass zu der Vermutung, dass Individuen mit einer Bindungsgeschichte, die durch vermeidende Bindung gekennzeichnet ist, ihr Leben mit einer dominierenden linken Gehirnhälfte leben. Ein Resultat dieser adaptiven neuronalen Überlebensstrategie ist dieses: Die Sensibilität für nonverbale Signale – Augenkontakt, Gesichtsausdrücke (einschließlich Weinen), Tonfall bei Kummer, Not, Wut etc., Haltung, Gesten sowie Zeitpunkt und Intensität von Reaktionen – ist bei Erwachsenen mit einem abweisenden Bindungsmuster reduziert, also bei jenen, die in ihrer Kindheit wahrscheinlich eine vermeidende Bindungsgeschichte durchlaufen haben.

Darüber hinaus ist das Narrativ dieser Personen unter anderem dadurch gekennzeichnet, dass sie wiederholt erklären, sie würden sich nicht an ihre Kindheitserfahrungen erinnern. Und dies gilt nicht nur für ihre frühe Kindheit (vor dem dritten Lebensjahr), sondern auch für die Beziehungserfahrungen, die sie in der Grundschulzeit und danach gemacht haben. Wie stehen diese beiden Ergebnisse mit der Vermutung in Einklang, dass bei dieser Strategie die linke Gehirnseite dominiert? Was sagen sie uns? Auch für die Verarbeitung nonverbaler Signale und für das autobiografische Gedächtnis ist vor allem die rechte Seite des Gehirns verantwortlich! Das Ausschalten dieser Gehirnseite würde es einer Person mit diesem Bindungshintergrund ermöglichen, die Not zu vermeiden, die daraus resultiert, dass ihre Bedürfnisse nach Verbindung und Einstimmung in der Vergangenheit nicht erfüllt wurden. Das Problem dabei: Diese Anpassungsstrategie bewirkt, dass in der Gegenwart weiterhin emotionale Abspaltung betrieben wird. Selbst in ihren narrativen Beschreibungen dessen, wie sie das Leben verstehen, streiten die Betroffenen die Bedeutung von Nähe in Beziehungen ab. Sie verfolgen eine »beziehungsabweisende« Strategie.

Wir sehen dieses Muster der Konzentration auf die äußere, physische Welt statt auf die innere Welt des Geistes ständig bei den Jugendlichen und Erwachsenen, mit denen wir in unseren Praxen arbeiten. Sie betrachten die Welt so, als sei das Einzige, was wirklich existiert, deren physischer Aspekt – das, was berührbar, messbar, wägbar ist. Und sie sehen die Realität als etwas, das nur auf dieser äußerlich sichtbaren Ebene der Existenz existiert. Natürlich ist die physische Welt real. Aber ebenso real ist die innere mentale und emotionale Seite, das subjektive innere Meer, das uns mit Gefühlen und Gedanken, Hoffnungen und Träumen, Impulsen, Wünschen und Sehnsüchten erfüllt. Diese werden zwar als subjektiv bezeichnet, aber das macht sie nicht irreal; es macht sie nur zu etwas, das in uns seinen Anfang nimmt. Sie sind vielleicht nicht messbar, aber sie sind wohl einer der wichtigsten Aspekte – wenn nicht sogar der wichtigste –, die in unserem inneren und unserem zwischenmenschlichen Leben Wohlbefinden erzeugen.

Wenn Kinder vermeidend an eine bestimmte Bezugsperson gebunden sind, zeigt diese Bindungsfigur eine erstaunliche Blindheit gegenüber dem Meer in ihrem Inneren: Die Kinder haben es nicht erlebt, dass ihre Bezugspersonen ihre innere Welt sehen und auf sie eingehen. Es ist, als ob ihr inneres, subjektives Selbst nur selten, wenn überhaupt, gesehen, anerkannt oder in sogenannten »reflexiven Dialogen« oder Gesprächen über die innere Natur des Geistes besprochen wird. (Mehr dazu in Kürze.) Welches aber ist das Ergebnis dieser Art von Bindungsbeziehung? Sie scheint in den Kindern eine Blockade zu erzeugen, die sie ebenfalls daran hindert, ihre eigene innere Welt zu kennen. Mindsight ist Mangelware. Die Fähigkeit, das Meer im Inneren zu sehen, ist vorhanden, sie ist nur nicht entwickelt – noch nicht. Und dies gilt erneut sowohl für den Elternteil als auch für das Kind – es ist nie zu spät, diese angeborene Fähigkeit zur Mindsight zu entwickeln.

Deshalb wachsen diese Kinder verständlicherweise zu Erwachsenen mit einer ganz bestimmten »Bindungseinstellung« heran. Dieser Begriff bezeichnet die Art, wie ein Erwachsener seine Strategie der Anpassung an die eigene Bindungsgeschichte in sein Beziehungsleben weiterträgt. In diesem Fall scheint die Strategie dominiert zu werden von einer Art Blindheit für das Meer im Inneren – sowohl für das eigene als auch für das anderer Menschen. Die Bindungsforschung zeigt, dass vermeidend gebundene Kinder dazu neigen, im Erwachsenenalter die sogenannte *abweisende Bindung* zu entwickeln. Sie führen ein durch emotionale Distanz gekennzeichnetes Leben, tun die Bedeutung von Beziehungen ab, vermeiden häufig Nähe und weisen Versuche zurück, auf einer tiefen oder bedeutsamen Ebene eine Verbindung aufzubauen. Sie können in bestimmten Bereichen ihres Lebens immens erfolgreich werden – möglicherweise entwickeln sie in einem öffentlichen Kontext sogar hervorragende soziale Fähigkeiten –, aber aufgrund ihres Unbehagens mit Nähe tun sie die Bedeutung enger Beziehungen im Wesentlichen ab und leben daher persönlich ohne diese tiefere Verbindung. Nach außen hin können sie so tun, als sei ihr Belohnungstrieb für Nähe nicht vorhanden und als seien ihre Mindsight-Netzwerke nicht in Betrieb – aber bei beidem kann es sich um eine Strategie handeln, die dazu dient, ihre körperliche Regulation aufrechtzuerhalten. Als Kind haben sie nicht auf verlässliche Weise die Erfahrung gemacht, Teil eines »Wir« zu werden. Das Leben als Einzelgänger ist also vielleicht die nützliche Anpassung an diesen Mangel an Verbindung früher im Leben. Infolgedessen erleben die Partner dieser Menschen oft Einsamkeit und emotionale Distanz, und die eigenen Kinder werden darauf programmiert, auf genau dieselbe Art mit der Welt in Beziehung zu treten. Der Erziehungsansatz eines Erwachsenen mit abweisendem Bindungsmuster unterscheidet sich also erheblich von dem eines Elternteils mit einem sicheren, autonomen Muster.

Denken Sie jetzt einmal an den klassischen Klopf-Klopf-Witz in etwas abgewandelter Form. Die Pointe verdeutlicht sehr gut das Muster abweisenden elterlichen Verhaltens.

Elternteil: Klopf, klopf.
Kind: Wer ist da?
Elternteil: Buh.
Kind: Buhu?
Elternteil: Hör auf zu weinen.

Die abweisende Antwort resultiert aus der Erfahrung der Eltern, dass ihre eigenen emotionalen Bedürfnisse nie wahrgenommen und befriedigt wurden. Ganz anders hingegen die Antwort von Eltern, die mit Einstimmung und Zuwendung reagieren.

Elternteil: Klopf, klopf.
Kind: Wer ist da?
Elternteil: Buh.
Kind: Buhu?
Elternteil: Oh nein, weinst du? Komm her. Erzähl mir, was los ist.

Mit dieser Antwort werden dem Kind Liebe und Aufmerksamkeit entgegengebracht.

Kindliches Bindungsmuster	Elterliche Tendenzen	Im Kind »verdrahtete« Annahmen
Unsicher: vermeidend	Abweisendes Bindungsmuster: Gleichgültigkeit gegenüber den Signalen und Bedürfnissen des Kindes; mangelnde Einstimmung auf die emotionalen Bedürfnisse des Kindes	Mein Vater/meine Mutter ist zwar viel da, aber es ist ihm/ihr egal, was ich brauche oder wie ich mich fühle. Deshalb werde ich lernen, meine eigenen Emotionen zu ignorieren und es zu vermeiden, meine Bedürfnisse zu kommunizieren.

Ambivalente und präokkupierte Bindung

Das zweite der drei unsicheren Muster, die ambivalente Bindung, führt zu Erwachsenen, die im Hinblick auf ihre Beziehung zu ihren eigenen Kindern vor anderen Herausforderungen stehen. Kinder mit der gerade besprochenen vermeidenden Bindung wachsen typischerweise zu Erwachsenen heran, die mit anderen und ihrer eigenen inneren Welt nicht verbunden sind und aufgrund ihres abweisenden Bindungsmusters Emotionen vermeiden. Hierbei handelt es sich einfach um die Art, wie sie gelernt haben zu überleben. Diese Überlebensstrategie kann Bindung zum Teil dadurch minimieren, dass sie einen neurologischen Rückzug in die logische, sprachliche Prozesse verarbeitende linke Gehirnhälfte darstellt.

Im deutlichen Gegensatz dazu steht die Entwicklung ambivalent gebundener Kinder: Sie werden zu Erwachsenen, in deren Leben viel Chaos, Angst und Unsicherheit herrscht. Sie leben nicht in einer emotionalen Wüste, vielmehr sind ihre Reaktionen auf das Leben typischerweise mit einer emotionalen Flut verbunden. Ihre turbulente Erfahrung resultiert daraus, dass ihre Eltern manchmal für sie da waren und manchmal nicht. Diese »intermittierende Verstärkung« – diese unbeständige Art und Weise, wie ihre Eltern für sie da waren – kann ihr Bedürfnis nach Bindung verstärken. Sie haben gelernt, sich nicht darauf verlassen zu können, dass ihre Eltern sich auf sie einstimmen, sich mit ihnen verbinden und ihnen bei der Regulation helfen. Diese Unbeständigkeit erzeugte große Unsicherheit hinsichtlich der Beziehung zu den Eltern und der Welt im Allgemeinen. Also passten sie sich an, indem sie zu Erwachsenen wurden, denen in Bezug auf Beziehungen ein klares Gefühl der inneren Sicherheit fehlt. Im Gegensatz zu dem vermeidend gebundenen Kind, das den Drang nach Verbindung minimiert, verstärkt das ambivalent gebundene Kind diesen Drang.

Kehren wir noch einmal zurück zu dem hungrigen vier Monate alten Mädchen und betrachten sie durch die Linse der ambivalenten Bindung. Als sie weint, *möchte* ihr Vater vielleicht für sie da sein und ihre Bedürfnisse erfüllen.

Manchmal tut er das tatsächlich auch. Aber manchmal überwältigen ihn seine Emotionen, und er ist buchstäblich unfähig, effektiv auf seine Tochter einzugehen. Während der abweisende Vater, über den wir weiter oben gesprochen haben, sich seiner Tochter auf emotional distanzierte Weise näherte, wird dieser Vater leicht von Emotionen überflutet. Dadurch ist er durcheinander und verwirrt und nicht in der Lage, sich in sein Kind hineinzuversetzen und angemessen zu handeln. Anstatt sich um den Hunger seiner Tochter zu kümmern, wird er unruhig und hat Angst, sie nicht besänftigen zu können. Er läuft zu ihr und nimmt sie mit verzweifeltem Blick hoch. Der Stress, den er spürt, erinnert ihn an den Stress bei der Arbeit und an die Kritik seines Chefs. Dies wiederum lässt ihn daran denken, wie seine Mutter ihn manchmal beleidigt hat. Da er selbst eine Geschichte ängstlicher, ambivalenter Bindung hat, zweifelt er an seiner Fähigkeit als Vater. Während die abweisende Bindung durch Distanz gekennzeichnet ist, ist das Merkmal der präokkupierten Erwachsenenbindung Verwirrung. Der Vater möchte sich um seine kleine Tochter kümmern, aber er hat Angst, es nicht richtig zu machen. Sie können sich sicher vorstellen, wie in dieser Situation alle drei von der Bindung beeinflussten Netzwerke (Belohnung, Körperregulation und Mindsight) im Gehirn des Vaters aus dem Gleichgewicht geraten. Seine ambivalente Bindungsgeschichte führt zu einer Aktivierung des Belohnungskreislaufs, erhöht die körperliche Erregung und bewirkt, dass die Mindsight-Linse durch die früheren, nicht aufgearbeiteten Probleme aus seiner eigenen Kindheit getrübt wird. All dies geschieht, während das Baby in seinen Armen weint, in sein besorgtes Gesicht hochblickt und die Spannung in seinem Körper spürt. Die Tochter saugt seinen inneren Zustand in sich auf. Da er sich ängstlich und verwirrt fühlt, empfindet sie dasselbe, während sie seine aus der Kindheit verbliebenen Probleme anhaltender Unsicherheit wahrnimmt.

Durch diese und Hunderte anderer Interaktionen lernt die Tochter im Zuge ihres Heranwachsens, dass sie sich nicht darauf verlassen kann, dass ihre Bedürfnisse wahrgenommen oder mit Sicherheit erfüllt werden. Ihr Vater will für sie da sein, und manchmal ist er das auch. Aber meistens ertrinkt er in seiner eigenen emotionalen Welt, sodass er nicht in der Lage ist, ihr die verlässliche und stabile Präsenz zu bieten, die sie von ihm braucht. Das kann ihr Selbstgefühl stark verwirren, wenn sie das Jugend- und Erwachsenenalter erreicht. Auch für sie stehen Belohnung, Körperregulation und Mindsight nicht auf einer soliden Basis. Alles, was sie als vier

Unbeständige Einstimmung führt zu unsicher-ambivalenter Bindung.

Monate altes Baby weiß, ist, dass sie hungrig ist. Aber während sie heranwächst, wird dieser Hunger neurologisch mit Angst und Unsicherheit verbunden, weil sie immer wieder ähnliche Erfahrungen mit ihrem Vater und seiner unbeständigen Präsenz in ihrem Leben macht. Infolgedessen kann auch ihre eigene Lebensweise instabil und chaotisch werden. (Dies setzt voraus, dass sie keine andere wichtige Bezugsperson hat, die ihr eine sichere Bindung bietet, welche die negativen Auswirkungen ihrer ambivalenten Beziehung zu ihrem Vater abschwächt.)

Kinder mit diesem ambivalenten Bindungsmuster entwickeln als Erwachsene einen sogenannten »präokkupierten« Bindungsstil. Dieser ist gekennzeichnet durch die beschriebene chaotische und hochemotionale Art, sich in engen Beziehungen zu verbinden. Während Erwachsene mit einem abweisenden Bindungsmuster die Bedeutung der Vergangenheit sowie ihre eigenen Emotionen und die anderer Menschen im Allgemeinen abtun, geschieht bei Erwachsenen mit einem präokkupierten Bindungsmuster genau das Gegenteil. Sie verbohren sich in die Vergangenheit beziehungsweise beschäftigen sich intensiv mit ihr und sind fixiert auf Beziehungen und Emotionen. Ihr Beziehungsleben ist daher von großem emotionalem Aufruhr und erheblicher Angst geprägt. Wenn sie mit den Menschen zusammen sind, die ihnen wichtig sind, haben sie häufig Schwierigkeiten im Umgang mit ihren Bedürfnissen, und ihren großen Emotionen wie Wut, Groll und Angst aus früheren Beziehungen lassen sie beständig freien Lauf. Es entsteht in ihnen insofern ein Konflikt, als ihr emotionaler Vulkan manchmal eine grundlegende Passivität in ihren Reaktionen auf die Welt hervorrufen kann.

Warum? Weil Gefühle der Scham und des Selbstzweifels für dieses verwirrte Kern-Selbst sorgen. Sie empfinden ein Verlangen nach Verbindung, das andere abstößt und damit eine Rückkopplungsschleife erzeugt, die ihren Eindruck verstärkt, dass andere nicht verlässlich sind. Ihr übertriebener Bindungsdrang ist von Sorge und Verwirrung geprägt. Dann treten vorhersehbarerweise Vertrauensprobleme auf, und der Zyklus setzt sich fort. Hierdurch werden genau die inneren Zustände verstärkt, die zu der Verwirrung beigetragen haben können.

Gehirnscans bestätigen dies. Forscher haben die neuronalen Reaktionen verschiedener Versuchspersonen untersucht, wenn diese mit den Gesichtern und Emotionen anderer konfrontiert sind. Während Menschen mit abweisender Bindung einen geringeren Teil ihrer Aufmerksamkeitsressourcen für Gesichter und Emotionen aufwenden und dadurch weniger fähig sind, andere zu verstehen und sich in sie einzufühlen, sind Menschen mit präokkupierter Bindung genau das Gegenteil. Ihre Scans zeigen, dass sie Gesichtern und Emotionen *viel zu viel* Aufmerksamkeit schenken, was eine Bedürftigkeit erzeugt, die von anderen häufig wahrgenommen wird. Sicher gebundene Menschen finden, wie zu erwarten, ein gesundes Gleichgewicht zwischen den beiden Reaktionen: Sie widmen Beziehungen und den Meinungen anderer ein angemessenes Maß an Aufmerksamkeit.

Der Klopf-klopf-Witz mit einem präokkupiert gebundenen Elternteil würde dessen Unfähigkeit hervorheben, aufgrund seiner eigenen emotionalen Instabilität für sein Kind da zu sein:

Elternteil: Klopf, klopf.
Kind: Wer ist da?
Elternteil: Buh.
Kind: Buhu?
Elternteil: Ist das dein Ernst? Du weinst? Warum bist du traurig? Oh, das ist ja ganz toll. Jetzt bringst du mich zum Weinen!

Kindliches Bindungsmuster	Elterliche Tendenzen	Im Kind »verdrahtete« Annahmen
Unsicher: ambivalent	Präokkupiertes Bindungsmuster: manchmal eingestimmt, einfühlsam und in der Lage, feinfühlig auf die Signale und Bedürfnisse des Kindes einzugehen, manchmal nicht, bisweilen aufdringlich	Ich weiß nie, wie meine Mutter/mein Vater reagieren wird, deshalb muss ich ständig vorsichtig und auf der Hut sein. Ich kann nicht darauf vertrauen, dass Menschen verlässlich für mich da sein werden.

Durch den Vergleich der verschiedenen Bindungsmuster können Sie verstehen, warum eine sichere, autonome Bindung zu so viel Sicherheit und Erfolg in Beziehungen und im Leben führt. Die Autonomie lässt dem Einzelnen die Freiheit, über die Vergangenheit nachzudenken und aus ihr ebenso zu lernen wie aus den eigenen Emotionen und denen anderer. Es besteht keine Notwendigkeit, sich von ihnen abzuspalten (wie es Personen mit einem abweisenden Bindungsmuster tun) oder sich in ihnen zu verstricken (wie es bei einem präokkupierten Bindungsmuster der Fall ist).

Desorganisierte und unverarbeitete Bindung

Die letzte Form der unsicheren Bindung, die desorganisierte Bindung, hat von allen die beunruhigendsten Folgen für die Entwicklung des Kindes. Sie tritt auf, wenn ein Elternteil dem Kind nicht hilft, sich vor einer Bedrohung sicher zu fühlen, sondern vielmehr selbst zur Bedrohung wird. Das Kind erlebt den Elternteil als eine Quelle des Schreckens, macht es doch wiederholt die Erfahrung, dass dieser ein extrem vernachlässigendes und deshalb verängstigendes oder ein übermäßig chaotisches und überwältigendes Verhalten zeigt. Oder dass er bedrohlich, gefährlich oder furchterregend wird. Jede dieser Bedingungen ruft einen Zustand des Schreckens im Kind hervor, der zurückzuführen ist auf die Handlungen – oder das Fehlen derselben – der Bindungsfigur, des Elternteils. Diese Erfahrung der Angst vor der Mutter oder dem Vater führt dazu, dass das Kind zu einem Erwachsenen heranwächst, der Schwierigkeiten hat, seine Gefühle zu regulieren und sich in der Welt sicher zu fühlen. Die anderen Arten von unsicheren Bindungsinteraktionen, die vermeidenden und die ambivalenten, führen zu organisierten Verhaltensmustern, die es den Betroffenen ermöglichen, sich durch die Welt zu bewegen: Abweisende Individuen scheuen wegen ihrer durch die vermeidende Bindung geprägten Geschichte mit ihrer Mutter oder ihrem Vater emotionale Verbindung und Nähe; präokkupierte Menschen erleben normalerweise immer wieder Zustände der Verwirrung und der Not, wobei sie versuchen, die Angst und Ambivalenz, die sie in Beziehungen empfinden, so gut es geht zu reduzieren. Das Entscheidende ist, dass die Minimierung der Bindung bei vermeidendem/abweisendem Muster oder die Maximierung der Bindung bei ambivalentem/präokkupiertem Muster mit einer organisierten Überlebensstrategie vereinbar ist, die zwar nicht sicher oder optimal, aber doch innerlich kohärent ist.

Für Erwachsene aber, die als Kinder verängstigende Eltern hatten und nun ein desorganisiertes Bindungsmuster aufweisen, gibt es keine solche Organisationsstrategie, mit deren Hilfe sie sich durch die Welt bewegen könnten. Sie befinden sich in einer Situation, auf die es keine rationale oder effektive Antwort gibt. Stellen Sie sich die drei Netzwerke der Belohnung, der Körperregulation und der Mindsight vor. Beim Schrecken der desorganisierten Bindung, der durch den Bedrohungszustand ausgelöst wird, tritt körperliche Dysregulation ein. Diese ist damit verbunden, dass man den Geist des verängstigenden Elternteils selbst als verängstigend empfindet. Die Belohnungsbasis der Bindung wird dann wahrscheinlich fragmentiert. Warum? Wenn ein Elternteil für ein Kind zur Quelle des Schreckens wird, erzeugt dies im Kind ein sogenanntes biologisches Paradox, da zwei Gehirnzustände gleichzeitig eintreten. Auf der einen Seite fühlt sich das Kind gezwungen, sich Hilfe suchend an seine Bezugsperson zu wenden, weil es Angst hat. Jahrhunderte der evolutionären Entwicklung haben sein Gehirn gelehrt, dass dies die angemessene Reaktion ist. Seine Bindungsperson soll es beschützen, sein Bestes wollen, ihm Sicherheit und Geborgenheit geben. Auf der anderen Seite aber ist seine Bezugsperson in diesem Fall die *Quelle* seiner Not. Sämtliche Erwartungen, die das Kind aufgrund seines inneren Bauplans in sie gesetzt hat, werden verletzt. Infolgedessen fühlt es sich gezwungen, sowohl die Nähe des Elternteils zu suchen als auch vor ihm zu fliehen.

Um es in neurologischen Begriffen auszudrücken: Die vom tiefen Hirnstamm in Gang gesetzte Überlebensreaktion, vor Gefahr zu fliehen, treibt das Kind dazu an, sich von der Quelle des Schreckens zu entfernen. Die limbischen Bereiche, die im unteren Gehirn etwas höher liegen als der Hirnstamm, sind der Ort, an dem ein Großteil der Funktionen des Bindungssystems entsteht. Dieses Säugetiersystem sagt im Grunde: »Hey! Ich bin hier in Gefahr, alle meine Säugetiervorfahren haben bei ihren Bindungsfiguren Trost und Sicherheit gefunden, also steuere ich jetzt auf eine zu.« Aber die Bindungsfigur ist auch die Quelle des Schreckens. Der vom Hirnstamm ausgehende Drang, sich von dieser Figur *wegzubewegen*, und der vom limbischen Bereich ausgehende Drang, sich auf diese Figur *zuzubewegen*, führen zu einem inneren Konflikt, einem Paradox. Wie kann ein Körper sich gleichzeitig auf ein und dieselbe Person zu- und von ihr wegbewegen? Geht nicht. Daher sind organisierte Wege des Umgangs mit dieser Situation einfach nicht möglich.

Durch die daraus resultierende Fragmentierung der Bewältigungsstrategien des Betroffenen, die sich in Dissoziation und schwerer emotionaler und verhaltensbezogener Dysregulation äußert, wird das gesunde Funktionieren am stärksten beeinträchtigt. Beziehungen stellen eine Herausforderung dar, ebenso das Fokussieren unter Stress und das Bewahren innerer Ruhe angesichts eines schwierigen inneren und zwischenmenschlichen Lebens.

Der Bindungsforscher Peter Fonagy untersucht, wie unser »epistemisches Vertrauen« – unser Vertrauen in unsere Bindungsperson als sichere Informationsquelle, durch die wir die Natur der Realität kennenlernen – insbesondere bei desorganisierten Bindungserfahrungen verletzt wird. Verursacht die Bindungsfigur verängstigende Ereignisse, wird die Natur des Realen in einer Weise geprägt, die unvereinbar damit ist, wie Eltern sich verhalten sollen. Wiederholte Verletzungen dieses epistemischen Vertrauens können den inneren Realitätssinn fragmentieren. Und diese Verletzungen können eine Rolle bei der Fragmentierung des psychischen Lebens, der Dissoziation, spielen, die bei Personen mit desorganisierter Bindungsgeschichte stattfindet. Glücklicherweise sind solche schrecklichen und fragmentierenden Erfahrungen und die bis ins Erwachsenenalter fortbestehende Dissoziation, die sie bei einem Kind auslösen, mit Intervention durchaus behandel- und heilbar. Lässt man diesen desorganisierten Bindungsreaktionen jedoch ihren Lauf, erlebt möglicherweise auch die nächste Generation den Terror durch Eltern, deren Geist fragmentiert und deren Verhalten für ihre Nachkommen verängstigend ist – auch wenn diese Eltern keineswegs die Absicht haben, dass sich die Geschichte wiederholt.

Eltern mit Anzeichen von desorganisierter und desorientierter Bindung wechseln häufig im Zickzackkurs zwischen Chaos und Starrheit hin und her. Dabei stoßen sie auf schwere Probleme, wenn es darum geht, Beziehungen zu anderen herzustellen und ihre Handlungen und Emotionen zu regulieren. Bei diesen Erwachsenen ist im Fall von Bedrohung oder Verlust alles möglich. Ihre Reaktion kann völlig desorganisiert und manchmal sogar gefährlich sein. Mitunter werden sie plötzlich wütend oder bedrohlich und schlagen verbal oder physisch um sich. Sie können sich in ihrer Angst verlieren. Oder vielleicht schalten sie sogar ab und dissoziieren so sehr, dass ihr Identitätsgefühl wechselt oder sie den Überblick über das Geschehen verlieren. Diese unberechenbaren und beängstigenden Reaktionen sind kennzeichnend für das sogenannte »unverarbeitete Bindungsmuster«, das wir bei einigen Erwachsenen beobachten können.

Denken wir noch einmal an den Vater des hungrigen, vier Monate alten Mädchens. Wenn seinem Handeln ein unverarbeitetes Bindungsmuster zugrunde liegt, ist er möglicherweise nicht mehr in der Lage, sich selbst zu regulieren, wenn er sein Baby weinen hört. Stellen Sie sich nur einmal vor, wie es aussieht, wenn sein Belohnungs-, sein Körperregulations- und sein Mindsight-Netzwerk aufgrund seines unverarbeiteten Bindungszustands nicht geordnet funktionieren. Was für die meisten Eltern einfach eine anstrengende Situation sein mag, wird für ihn zu einem beinah traumatischen Erlebnis – in seinem Gehirn werden neuronale Aktivierungszustände hervorgerufen, die denen ähneln, die in seiner eigenen Kindheit auftraten, als Tränen zu schrecklicher Angst führten. Vielleicht eilt er zu seiner Tochter und nimmt sie in angespanntem Zustand abrupt hoch, hält sie dabei zu fest und bringt sie zum Weinen, woraufhin er sie noch fester hält. Möglicherweise geht er in die Küche, um ihre Flasche vorzubereiten, fühlt sich aber angesichts der spannungsgeladenen Situation hilflos, und sein Geist beginnt zu fragmentieren. Als die Schreie lauter werden, überkommt ihn Panik, und die Erinnerungen an die Misshandlung durch seinen alkoholkranken Vater überfluten ihn und lassen sein Herz immer schneller schlagen. Er verliert sich in der Erinnerung daran, wie sein Vater ihn an den Haaren packte. Bald merkt er, dass er angefangen hat, seine Tochter anzuschreien: »Sei still! Ruhe! Ich halte das nicht mehr aus!« Und dass sie aufgehört hat zu weinen. Sie starrt nun einfach nur wimmernd ins Leere. Beide sind erschüttert, und das Mädchen liegt ausdruckslos da.

Diese Ausdruckslosigkeit ist die Antwort des Kindes auf den Schrecken, den es empfindet, während es die Handlungen seines Vaters beobachtet. Der Vater ist sowohl verängstigt als auch verängstigend und löst damit das biologische Paradox aus, dass das Kind den Drang verspürt, gleichzeitig zu seiner Bezugsperson hin und von ihr weg zu flüchten. Diese Situation ist selbstverständlich problematisch und verwirrend für den Geist des Kindes, der fragmentiert werden kann. Es gibt für die Tochter keine Möglichkeit, die Situation zu verstehen oder eine organisierte Anpassung zu entwickeln. Bei den anderen Arten der unsicheren Bindung, den organisierten Formen, finden strategische, adaptive Reaktionen auf das nicht optimale Verhalten der Eltern statt. Das Kind eines abweisenden Elternteils lernt schnell, seine Gefühle zu ignorieren und es zu vermeiden, Ärger zu bereiten oder Bedürfnisse und Emotionen zu kommunizieren. Ebenso erkennt das Kind eines präokkupierten Elternteils, wie wichtig es ist, hyperwachsam zu bleiben und bereit zu sein, sich an eine unberechenbare Bezugsperson anzupassen. Die Beständigkeit dieser Anpassungen zeigt sich darin, wie sehr das Kind diese Art von Beziehungen in der Zukunft neu erschafft. Es tut dies auf der Grundlage der Muster, an die es sich in Reaktion auf die elterlichen Handlungen anzupassen gelernt hat.

In diesem Fall aber, wenn sich die desorganisierten, durch unverarbeitete Erfahrungen geprägten Handlungen der Mutter oder des Vaters auf erschreckende Weise aufschaukeln, ist das Kind nicht in der Lage, eine adaptive Reaktion zu entwickeln, die irgendeinen Sinn ergibt. Es gibt keine organisierte Strategie und keinen Bewältigungsmechanismus, da das Verhalten des Elternteils verängstigend und ohne jede Organisation oder Ordnung ist. Es gibt einfach nur Angst und keine Lösung. Das Ergebnis ist eine Fragmentierung der üblichen Kontinuität des Bewusstseins. Diese ruft die Erfahrung eines dissoziierten Geistes hervor. Infolgedessen wird es für den Betroffenen zur Herausforderung, seine Emotionen zu regulieren, mit anderen Menschen umzugehen, mit Frustration fertigzuwerden und sich manchmal einfach auf kohärente Weise durchs Leben zu bewegen.

Schrecken führt zu unsicherer, desorganisierter Bindung.

Das ist der Grund dafür, warum dieses Bindungsmuster als »desorganisiert« bezeichnet wird. Ein desorganisiertes Bindungsmuster entsteht zum Beispiel durch ein traumatisches Erlebnis. Scans haben gezeigt, dass elterlicher Missbrauch und Vernachlässigung – sogenannte Entwicklungstraumata –

Areale des Gehirns beeinträchtigen, welche die neuronale Integration ermöglichen. Dies mag erklären, warum bei den betroffenen Kindern Probleme mit der Emotionsregulation beobachtet werden sowie unzureichende soziale Kommunikation, mangelhaftes intellektuelles Denken, eine Tendenz zu zwischenmenschlicher Gewalt und andere bei der desorganisierten Bindung auftretende Probleme.

Es dürfte dann kaum überraschen, dass viele Eltern, die (oft unbeabsichtigt) verängstigende, zu einer desorganisierten Bindung führende Verhaltensweisen an den Tag legen – auch solche, welche nicht als Missbrauch oder Vernachlässigung angesehen werden –, in der Regel selbst alle möglichen Arten von Trauma und Verlust erlebt haben, die unverarbeitet blieben. Die Interaktionen solcher Eltern mit ihren Kindern sind eng mit den Erfahrungen verbunden, die sie selbst mit ihren Bezugspersonen gemacht haben.

Nehmen wir zum Beispiel einmal an, ein Kind widersetzt sich, weil es nicht will, dass seine Mutter es in den Autositz setzt. Und stellen wir uns vor, dass die Mutter mit einem desorganisierten Bindungsmuster aufgewachsen ist. Dieses ist die Folge der Misshandlung durch ihren Vater, der ihre Geschwister bevorzugte und diese nie so misshandelte wie sie. Ihre Kindheitserfahrungen beeinflussen möglicherweise stark ihre Antwort auf die Weigerung ihres Sohnes, sich von ihr anschnallen zu lassen. Wenn er sagt: »Du setzt mich nicht in meinen Sitz. Nur Papa darf das!«, bleibt sie vielleicht zunächst ruhig und sagt: »Nein, diesmal tue ich das.«

Aber wenn das Kind darauf besteht: »Nein, Papa!«, dann wird eine in ihr Nervensystem eingebettete Erinnerung – eine Erfahrung, die eingewoben ist in das Narrativ darüber, wer sie ist – sich ihrem Geist aufdrängen und schnell die

Oberhand gewinnen. Sie erinnert sich an das Gefühl der Verlassenheit, als ihr Vater ihre Geschwister bevorzugte, und an den Schrecken, als er, der sie eigentlich beschützen sollte, sie verfolgte, um sie zu schlagen. Die Enttäuschung, die Erniedrigung, die Verlassenheit, die Panik: All dies wurde in ihrem sogenannten »impliziten Gedächtnis« gespeichert – in ihrem emotionalen, perzeptuellen, körperlichen Gedächtnis. Und in diesem Moment bereitet das implizite Gedächtnis das Gehirn darauf vor, aktiv zu werden.

Als ihr Zweijähriger also sagt, »Papa schnallt mich an, nicht du!«, gibt ihr Gehirn, das noch voller unverarbeiteter Traumata steckt, diesen impliziten Erinnerungen nach. Sie reagiert einfach, ohne sich der Tatsache bewusst zu sein, dass das, was sie tut, mit ihren unverarbeiteten früheren Erfahrungen zusammenhängt. Sie fühlt sich von ihrem Sohn gedemütigt. In dem verzweifelten Versuch, eine kompetente Mutter zu sein, besteht sie darauf: »Setz dich in deinen Kindersitz!« Aber erneut hört sie: »Nein, nein, nein. Du weißt nicht, wie das geht!« Dann findet dieses Gefühl der Inkompetenz als Mutter sein Echo in der Demütigung aus ihrer eigenen Kindheit. Scham, Verlassenheit, Enttäuschung und alle möglichen anderen Emotionen wirbeln in ihr herum, und sie schnappt sich ihren kleinen Sohn und versucht, ihn mit Gewalt in den Autositz zu stecken.

Innerhalb von zehn Sekunden – von dem Zeitpunkt, an dem sie das Auto erreichten, bis zu diesem Moment – hat sie die Kontrolle verloren. Das gesamte implizite, subkortikale Gedächtnis ist aktiviert worden, und der untere, primitive Teil ihres Gehirns hat die Führung übernommen. Wie geht es dann weiter? Im Extremfall bricht sie irgendwann hoffnungslos zusammen, rennt zurück ins Haus oder wirft sich weinend und schreiend auf den Boden, während sie sich in einer impliziten Erinnerung verliert. Vielleicht hat sie fürchterliche Angst vor der Person, die sie in dem Moment geworden ist. Ebenso groß ist die Wahrscheinlichkeit, dass sie in Wut gerät und ihren Sohn nicht nur verbal und emotional misshandelt, sondern auch körperlich verletzt.

Das sind die Folgen, die eine desorganisierte Bindung haben kann. Wir sehen in dem Beispiel, wie solche – unbeabsichtigten – Vorfälle verängstigender elterlicher Dysregulierung aus ihrem Gegenstück, der unverarbeiteten Bindung Erwachsener, entstehen können. Der verwirrende, desorganisierte Kreislauf der Eltern-Kind-Interaktionen wiederholt sich und bringt Individuen hervor, die nicht in der Lage sind, die Herausforderungen des Lebens zu bewältigen. Sie haben keine klare Vorstellung davon, wer sie sind oder wie man gesunde Beziehungen führt. Der Klopf-Klopf-Witz wäre im Falle der desorganisierten Bindung absolut unsinnig und das Kind deshalb vollkommen ratlos, wie es auf das Chaos und die Orientierungslosigkeit seiner Mutter reagieren soll:

Elternteil: Klopf, klopf.
Kind: Wer ist da?
Elternteil: Buh.
Kind: Buhu?
Elternteil: Selber Buhu! Ich hasse dich, du Heulsuse. Geh aus meinem Zimmer!

Kindliches Bindungsmuster	Elterliche Tendenzen	Im Kind »verdrahtete« Annahmen
Unsicher: desorganisiert	Unverarbeitetes Bindungsmuster: manchmal extrem unsensibel gegenüber den Signalen und Bedürfnissen des Kindes; verwirrend; entweder verängstigend oder verängstigt oder beides	Mein Vater/meine Mutter ist verängstigend und verwirrend. Ich bin nicht in Sicherheit und es gibt niemanden, der mich beschützt. Ich weiß nicht, was ich machen soll. Ich bin hilflos. Menschen sind unheimlich und unzuverlässig.

Jetzt wird deutlich, warum das desorganisierte Bindungsmuster sowohl für Kinder als auch für die Erwachsenen, zu denen diese Kinder werden, so dysfunktional ist. Verallgemeinern wir die Beobachtungen, die wir bei extremen Fällen von Entwicklungstraumata durch Missbrauch und Vernachlässigung machen, sehen wir, dass eine desorganisierte Bindung die Integration im Gehirn des Kindes erheblich beeinträchtigt. Wenn Bedingungen auftreten, die dem ursprünglichen Trauma oder der Vernachlässigung ähneln, kann der damit verbundene kontextabhängige Gehirnzustand besonders anfällig dafür sein, einen Bedrohungszustand zu aktivieren. Und der Betroffene, der sich dann in diesem Überlebensmodus der Fragmentierung befindet, kann nicht länger für die Interaktion mit anderen, einschließlich des Kindes, präsent sein.

Gewiss sorgen auch die anderen Formen der unsicheren Bindung in engen Beziehungen für Herausforderungen. Jedoch ermöglichen sie den Kindern wenigstens die Entwicklung und Anwendung einer organisierten, adaptiven Strategie: Die Kinder machen entweder dicht und spalten Emotionen ab (wie im Fall der vermeidenden Bindung) oder sie erhöhen die Wachsamkeit und bleiben in engen Beziehungen nervös (wie bei der ambivalenten Bindung). Bei diesen Bindungsstilen können die Kinder zumindest beständige Reaktionen auf das Versäumnis der Eltern entwickeln, ihnen eine sichere Bindung zu bieten – sie schalten ab oder drehen hoch. Das unverarbeitete, desorganisierte Bindungsmuster hingegen führt dazu, dass die Kinder verwirrt sind und über keine Bewältigungsstrategie verfügen, die auf irgendeiner Ebene Sinn ergeben würde. In gewisser Weise beinhaltet die desorganisierte Bindung sowohl ein Hochdrehen als auch ein Abschalten des Bindungstriebs. Das Kind versucht gleichzeitig, mit seiner Bezugsperson zusammen zu sein und Verhaltensweisen zu vermeiden, mit denen es sich ihr nähert. Darüber hinaus kann die Verletzung des epistemischen Vertrauens – des Wissens darum, wie man weiß, was real ist und was nicht – eine solche innere Desorganisation mit einem Gefühl schrecklicher Angst und Verwirrung versehen. Dieses äußerliche Verhaltensparadox verstärkt einen dissoziativen inneren Mechanismus des Umgangs mit Stress, wenn das Kind zum Jugendlichen und zum Erwachsenen heranreift.

Ein Grund zur Hoffnung: Erworbene sichere Bindung

Was zeigen uns diese häufig wiederholten Studien von Bindungsforschern? Genau das, was wir erwartet hätten: Einfühlsame, eingestimmte Eltern, die emotional feinfühlig auf ihren Nachwuchs eingehen, ziehen in der Regel Kinder groß, die resilient und seelisch gesund sind; sie wachsen im

Allgemeinen zu ausgeglichenen und glücklichen Erwachsenen heran, die in der Lage sind, für beide Seiten lohnende Beziehungen zu kultivieren. Selbstverständlich haben auch die Genetik und der Zufall großen Einfluss darauf, wie sich ein Kind entwickelt. Aber schon am ersten Geburtstag eines Kindes ist klar, wie sehr die Eltern seine Entwicklung und seine Sicht auf die Welt beeinflussen – sowohl in der Kindheit als auch auf seinem Weg zum Erwachsenwerden.

Schon am ersten Geburtstag eines Kindes ist klar, wie sehr die Eltern seine Entwicklung und seine Sicht auf die Welt beeinflussen – sowohl in der Kindheit als auch auf seinem Weg zum Erwachsenwerden.

Kommt Ihnen irgendeines dieser Bindungsmuster bekannt vor? Erkennen Sie Ihre eigenen Eltern – oder vielleicht sich selbst – in einer dieser Beschreibungen wieder? Wenn sich eines oder mehrere der unsicheren Muster mit Ihrer Erfahrung decken, haben wir eine Botschaft großer Hoffnung: Auch wenn Sie von Ihren Eltern keine sichere Bindung mit auf den Weg bekommen haben, können Sie trotzdem Ihren Kindern diese Art von Bindung bieten. Die sichere Bindung lässt sich *erlernen und erwerben.*

Wir wissen, dass wir einfühlsam und auf unsere Kinder eingestimmt sein wollen, und dass wir ihnen helfen möchten, mit einer sicheren Bindung aufzuwachsen. Was tun wir also, wenn wir feststellen, dass wir einige Merkmale der vermeidenden, ambivalenten oder desorganisierten Bindung aufweisen? Sind wir dazu verdammt, dieselben Muster zu wiederholen?

»Absolut nicht«, lautet die äußerst ermutigende Botschaft

der Bindungsforschung. Viele Menschen glauben, frühe Bindungserfahrungen seien wichtig und der daraus resultierende Bindungsstil unveränderbar. Die Erfahrungen sind zwar tatsächlich sehr wichtig, der Bindungsstil aber ist durchaus veränderbar. Hier kommt die *erworbene sichere Bindung* ins Spiel. Sie können Sicherheit erwerben, indem Sie lernen, wie man sich in sicheren Beziehungen verhält. Ja, es stimmt, die Art, wie Sie erzogen wurden, beeinflusst maßgeblich die Art, wie Sie die Welt sehen und Ihre eigenen Kinder erziehen. Noch entscheidender aber ist die Frage, welchen Reim Sie sich auf Ihre eigenen Kindheitserfahrungen machen – wie Ihr Geist Ihre Erinnerungen formt, um zu erklären, wer Sie heute sind. Sie können die Vergangenheit zwar nicht ändern, aber Sie können Ihr Verständnis dieser Vergangenheit ändern. Wenn Sie sich Ihre eigene Lebensgeschichte ansehen und verstehen können, warum Ihre Eltern sich auf ihre Art verhalten haben, können Sie ein Bewusstsein dafür gewinnen, wie Ihre Kindheitserfahrungen Ihre Entwicklung beeinflusst haben und sich auch auf Ihre derzeitigen Beziehungen auswirken – unter anderem auf Ihr Verhalten gegenüber Ihren Kindern. Auf diese Weise lernen Sie, eine sichere Bindung zu erwerben. Auf den folgenden Seiten werden wir besprechen, wie Ihre Interaktionen mit Ihren Kindern ein Schlüsselelement in dem Prozess darstellen können, in dem Sie sich auf Ihre eigene Bindungsgeschichte einen Reim machen.

> Wir haben eine Botschaft großer Hoffnung: Auch wenn Sie von Ihren Eltern keine sichere Bindung mit auf den Weg bekommen haben, können Sie trotzdem Ihren Kindern diese Art von Bindung bieten. Die sichere Bindung lässt sich *erlernen und erwerben.*

Was heißt das eigentlich genau, sich auf seine Lebensgeschichte einen Reim zu machen? Wie bereits gesagt, ist der entscheidende Punkt, dass wir ein, wie Bindungsforscher es nennen, »kohärentes Narrativ« entwickeln. In dem Narrativ reflektieren wir über positive wie negative Aspekte unserer Familienerfahrungen sowie über unsere Gefühle dazu und erkennen sie an. Dann können wir lernen, wie sich diese Erfahrungen auf unser Gehirn und unsere Beziehungsmodelle ausgewirkt haben. Beispielsweise könnte ein Abschnitt eines kohärenten Narrativs ungefähr folgendermaßen klingen: »Meine Mutter war immer wütend. Sie hat uns geliebt; daran gab es nie einen Zweifel. Aber ihre Eltern hatten ihr wirklich einiges angetan. Ihr Vater arbeitete die ganze Zeit und ihre Mutter war eine heimliche Alkoholikerin. Mama war das älteste von sechs Kindern, deshalb hatte sie immer das Gefühl, perfekt sein zu müssen. Aber natürlich konnte sie das nicht. Sie fraß ständig alles in sich hinein und versuchte, über alles die Kontrolle zu behalten, aber ihre Emotionen kochten einfach über, wenn etwas schiefging. Meine Schwestern und ich bekamen normalerweise das meiste davon ab, manchmal sogar körperlich. Ich mache mir Sorgen, dass ich meinen Kindern manchmal zu viel durchgehen lasse. Und ich glaube, ich verhalte mich zum Teil deshalb so, weil ich nicht will, dass sie diesen Druck spüren, perfekt sein zu müssen.«

Wie viele von uns hatte diese Frau offensichtlich eine Kindheit, die nicht gerade ideal war. Aber sie kann klar darüber sprechen, kann sogar Mitgefühl für ihre Mutter empfinden und darüber nachdenken, was das alles für sie selbst und für ihre Kinder bedeutet. Sie kann konkrete Einzelheiten ihrer Erfahrung äußern und gelangt leicht von der Erinnerung zum Verständnis. Sie tut die Vergangenheit weder ab, noch beschäftigt sie sich zu stark mit ihr. Das ist ein kohärentes Narrativ.

Viele Menschen, die als Erwachsene sicher gebunden sind, wuchsen mit Eltern auf, die zwar nicht perfekt waren, aber doch meist gut auf die Bedürfnisse ihrer Kinder eingingen. Andere Menschen aber sind wie diese Frau und müssen ihre sichere Bindung erst »erwerben«. Was bedeutet das? Diese Menschen überwinden das Problem einer Kindheit, die nicht zu einer sicheren Bindung im Erwachsenenalter geführt hat, indem sie sich auf das, was sie durchgemacht haben, einen Reim machen. Dieser Prozess des Sich-einen-Reim-Machens kann durch innere Reflexion oder durch zwischenmenschliche Verbindungen erfolgen.

Im Gegensatz dazu haben Erwachsene, die sich nicht mithilfe einer solchen emotionalen Arbeit eine sichere Bindung erworben haben, Schwierigkeiten, ihre Lebensgeschichte auf klare und verständliche Weise zu erzählen. Das Narrativ einer Person mit abweisendem Muster zum Beispiel ist oft zusammenhanglos und spiegelt eine Zurückweisung der Bedeutung von Beziehungen, Emotionen und der Vergangenheit wider. Egal, wie artikuliert derartige Individuen sein mögen, wenn sie über ihre Familien- und frühen Lebenserfahrungen nachdenken sollen, kann es ihnen schwerfallen, eine kohärente Geschichte zu erzählen, die ihre Kindheitserfahrungen erklärt. Werden sie nach ihrem frühen Familienleben gefragt, sind sie möglicherweise nicht bereit oder in der Lage, sich bestimmte Ereignisse aus der Kindheit wieder ins Gedächtnis zu rufen. Das gilt insbesondere für die emotionalen und zwischenmenschlichen Details ihrer Erfahrungen. So könnten sie beharrlich behaupten, ihre Mutter sei »liebevoll« gewesen, aber unfähig sein, konkrete Erinnerungen zu nennen, die diese Aussage untermauern würden. Ihre Geschichten aus der Kindheit spiegeln möglicherweise Isolation und das Aufwachsen in einer emotional und zwischenmenschlich kargen Umgebung wider, und trotzdem würden sie sagen: »Das ist schon in Ordnung. Ich mag dieses ganze Drama sowieso nicht.« Wie bereits erwähnt, können dieser fehlende Zugriff auf das autobiografische Gedächtnis und der Mangel an Reflexion teilweise mit einer neurologischen Anpassung zusammenhängen: mit einer Vermeidung, die aus der verminderten Entwicklung des autobiografischen Gedächtnisses und des Gefühls für die Signale des eigenen Körpers resultiert. Beide haben ihren Sitz in der rechten Gehirnhälfte.

Eine andere Person ohne sichere Bindung widmet vielleicht den Einzelheiten ihrer Vergangenheit so viel Aufmerksamkeit, dass sie sich in ihnen verliert. Das wäre ein Hinweis auf ein präokkupiertes Bindungsmuster. In diesem Fall formuliert die Person ein verwirrendes Narrativ, das vergangene Ereignisse mit jüngsten Vorfällen aus dem Erwachsenenleben vermischt. Sie beschäftigt sich in diesem Narrativ stark mit Beziehungen, Emotionen und der Vergangenheit. Wir können dies als eine übermäßige Überflutung des autobiografischen Gedächtnisses in der rechten Gehirnhälfte und der vom Körper ausgehenden Zustände emotionaler Aktivierung sehen. Der Person mit einem präokkupierten Muster fällt es schwer, beim Thema zu bleiben, und sie wird leicht von der Erinnerung überflutet. Hierdurch wird die Geschichte unzusammenhängend und verwirrend.

Eine Person mit dem letzten unsicheren Muster, der unverarbeiteten Bindung, hat vielleicht die zuvor beschriebene Angst-ohne-Lösung erlebt, weil die Eltern verängstigt und/

oder verängstigend waren. Wie Sie jetzt vielleicht schon ahnen, führt diese Art von kindlichem Beziehungstrauma beim erwachsen werdenden Kind ebenfalls oft zu Narrativen, die nicht durch klare und deutliche Kommunikation über die Vergangenheit gekennzeichnet sind. Bei einem unverarbeiteten Bindungsmuster wird das Narrativ der Person inkohärent. Das gilt insbesondere dann, wenn diese Person nach den Themen Bedrohung, Angst oder Tod gefragt wird, beziehungsweise nach allem, was mit ihrem Trauma zusammenhängt. Möglicherweise verliert sie sich in Details und gerät beim Erzählen ihrer Geschichte sogar in einen veränderten Bewusstseinszustand wie eine Dissoziation oder einen tranceähnlichen Zustand. Dies hat eine von Grund auf fragmentierte Geschichte zur Folge.

Egal, ob Menschen ein abweisendes, präokkupiertes oder unverarbeitetes Bindungsmuster aufweisen, sie sind nicht in der Lage, eine kohärente Geschichte über ihre Vergangenheit zu erzählen – sie haben alle ihr eigenes, einzigartiges Muster der Inkohärenz. Und ohne ein kohärentes Narrativ werden sie Schwierigkeiten haben, zu verstehen, wo sie herkommen und wie sie zu den Menschen geworden sind, die sie heute sind. Die Eltern unter ihnen werden beim Großziehen ihrer Kinder wahrscheinlich die Fehler ihrer eigenen Bezugspersonen wiederholen. Sie werden das Vermächtnis weitergeben: das Beziehungsmuster, das sie geerbt haben und das ihr Gehirn in einer Weise verdrahtet hat, die nicht optimal ist.

Wenn wir jedoch den Mut aufbringen, unsere Vergangenheit zu untersuchen, und die Fähigkeit entwickeln, über unsere eigene Geschichte nachzudenken und sie dann klar und kohärent zu erzählen – wobei wir weder vor der Vergangenheit weglaufen, noch uns zu stark mit ihr beschäftigen –, können unsere früheren Wunden heilen. Dabei verdrahten wir unser Gehirn neu, sodass wir es unseren Kindern besser ermöglichen, eine sichere Bindung zu uns aufzubauen. Diese solide Beziehung wird dann für sie ihr gesamtes Leben lang eine Quelle der Resilienz sein.

Es kann eine unglaublich befreiende Erfahrung sein, zu erkennen, dass man nicht die Schuld daran trägt, dass die Eltern in der Kindheit nicht für einen da waren. Und dass man die Macht hat, sich von einer Vergangenheit zu befreien, die man nicht geschaffen hat.

Aus dieser Befreiung heraus können Sie dann anfangen, die Verantwortung für Ihr zukünftiges Verhalten zu übernehmen. Wir Kliniker sprechen in diesem Zusammenhang von »Agency« oder »Handlungsmacht«. Ein Elternteil drückte es folgendermaßen aus: »Ich bin nicht schuld an dem, was mir passiert ist. Aber ich bin verantwortlich für das, was ich *jetzt tue.*« Die Wahrheit ist, dass wir die uns heute eigenen Verhaltensmuster entwickelt haben, weil sie zu Strategien gehörten, mit denen wir uns an unsere besondere Situation anpassen konnten. Wir finden Strategien, um zu überleben und uns so gut wie möglich zu behaupten. Mit anderen Worten: Auf unserem Weg haben wir uns an unsere Bedin-

> Wenn wir mutig unsere Vergangenheit untersuchen, und die Fähigkeit entwickeln, über unsere eigene Geschichte nachzudenken und sie klar und kohärent zu erzählen – wobei wir weder vor der Vergangenheit weglaufen, noch uns zu stark mit ihr beschäftigen –, können unsere früheren Wunden heilen. Dabei verdrahten wir unser Gehirn neu, sodass wir es unseren Kindern besser ermöglichen, eine sichere Bindung zu uns aufzubauen. Diese solide Beziehung wird für sie ihr Leben lang eine Quelle der Resilienz sein.

gungen angepasst. Und wir haben getan, was nötig war, um in unseren Familien zu überleben, besonders als Kinder. Aber jetzt, im Erwachsenenalter, sind diese Muster möglicherweise zu einem Gefängnis geworden. Und genau diese Strategien können sich stark auf den Drang unseres Belohnungssystems nach Bindung ausgewirkt haben, darauf, wie wir den Zustand unseres Körpers wahrnehmen und regulieren. Das gilt auch für unsere Mindsight-Fähigkeit und die damit verbundene Kenntnis unseres eigenen inneren Seelenlebens sowie desjenigen anderer Menschen.

Aber wir müssen hier nicht stecken bleiben. Sie können sich von der Enge befreien, die durch Ihre Erfahrungen entstanden ist. So wie sich Beziehungen ändern können und dies auch tun, können sich auch Bindungsmuster ändern und tun dies auch. Wenn wir uns auf unser Leben »einen

Reim machen«, ist das nicht nur eine intellektuelle Übung. Wir organisieren damit im Grunde unseren Sinn für Belohnung, Körperregulation und Einsicht neu. Sich einen Reim zu machen ist ein zutiefst integrativer Prozess, der im Kern unseres Seins stattfindet und durch den wir in engen Beziehungen Teil eines »Wir« werden. Und was unser Elterndasein betrifft: Wie die Forschung zeigt, kann das Verstehen des eigenen Lebens – das Sich-einen-Reim-Machen – uns dazu befähigen, zu den Eltern zu werden, die wir sein wollen.

Wenn Kinder einen Wandel der Art und Weise erleben, wie ihre Bezugsperson sich mit ihnen verbindet, kann sich auch ihr eigenes Bindungsmuster verändern. Das Gleiche gilt für Erwachsene. Mit einem Lebenspartner zusammen zu sein, der als Erwachsener sicher gebunden ist, kann einer Person mit unsicherer Bindung helfen, sich einem freieren, durch mehr Verbundenheit gekennzeichneten Muster des Umgangs mit anderen anzunähern. Wir sind immer offen für Veränderungen! Sicherheit kann man erwerben, und man kann sie lernen. Dan hat einmal mit einem über 90-Jährigen gearbeitet, der seine Beziehungsstrategien – sein Erwachsenen-Bindungsmuster – so veränderte, dass er für seine Ehepartnerin und seine ganze Familie auf eine freiere, liebevollere Weise da sein konnte. Seine Frau fragte Dan gar, ob er ihrem Mann ein »Hirntransplantat« eingesetzt habe.

Kurzum, wir müssen es nicht zulassen, dass unsere vergangenen Erfahrungen bestimmen, wie wir unser Leben führen und wie wir unsere Kinder erziehen. Wir können das Narrativ umformen und damit die Zukunft unserer Kinder und Enkelkinder verändern.

Tatsächlich zeigt die Forschung, dass Eltern, die erst später im Leben durch die Herausbildung eines kohärenten Narrativs Sicherheit erwerben, ihre Kinder genauso effektiv erziehen können wie jene, die eine optimalere Kindheit hatten und das Glück, eine sogenannte »beständige sichere Bindung« zu entwickeln.

Wir müssen es nicht zulassen, dass unsere vergangenen Erfahrungen bestimmen, wie wir unser Leben führen und unsere Kinder erziehen. Wir können das Narrativ umformen und damit die Zukunft unserer Kinder und Enkelkinder verändern.

Seit Jahren schon verwendet Dan für die Auseinandersetzung mit der eigenen Vergangenheit eine hilfreiche Analogie. Wenn wir die Beschäftigung mit einem Trauma mit einem Hundebiss vergleichen, erkennen wir, dass unser natürlicher Impuls darin besteht, davor zurückzuweichen. Beißt aber ein Hund Sie in die Hand und Sie ziehen Ihre Hand weg, gräbt er seine Zähne noch stärker hinein, und Ihr Widerstand verschlimmert die Bissverletzung. Schieben Sie stattdessen Ihre Hand in den Rachen des Hundes, würgt er und löst seinen Biss, wodurch der Schaden minimiert und die Heilung optimiert wird. Mit einem Trauma ist es dasselbe. Naturgemäß schrecken wir davor zurück, über das Trauma nachzudenken. Wir wollen nicht von den schmerzhaften Erinnerungen überwältigt werden, oder wir denken: »Das ist Vergangenheit, was bringt es also, sich mit etwas zu beschäftigen, das man nicht ändern kann?« In Wirklichkeit aber kann das Abrufen von Erinnerungen, wenn mit narrativen Reflexionen kombiniert, diese Erinnerungen modifizieren. Unverarbeitete Erfahrungen wie Verlust oder Trauma können geheilt werden, und das entstehende kohärente Narrativ kann uns helfen, sehr viel stärker zu sein. All dies resultiert aus dem Prozess, in dem wir uns auf unser Leben einen Reim machen. Manche sprechen in diesem Zusammenhang von »posttraumatischem Wachstum«. Niemand verlangt von Ihnen, Verlust, Missbrauch oder Vernachlässigung zu erzeugen; treten diese Erschütterungen aber auf, machen Sie sich selbst ein Geschenk, wenn Sie Ihre Aufmerksamkeit direkt auf den Verlust oder das Trauma richten. Hierfür nutzen Sie Ihren Mut, die Kraft Ihres Geistes und Ihre engen Beziehungen. Eine wirkmächtige Strategie lautet: »Lass alles im Leben einen Lehrer sein.« Sie hilft uns zu lernen, auch angesichts der unvermeidlichen und unerwarteten Herausforderungen, vor die das Leben uns stellt, zu gedeihen. So können Herausforderungen als Wachstumschancen betrachtet werden. Aus Ihrer inneren Stärke heraus und durch Ihre Beziehungswelt, die jetzt aus lohnenden Verbindungen zu anderen besteht, werden Sie die Wunden heilen und Ihre Präsenz und Liebe stärken.

Für manche ist dies ein relativ einfacher Prozess des Nachdenkens über die eigene Vergangenheit, bei dem sie lernen, ein Verständnis für ihre Eltern und deren Bindungsmuster zu entwickeln. Nehmen wir zum Beispiel einmal an, Sie reflektierten über Ihren Vater und dessen abweisendes Bindungsmuster. Sie sehen sich seine Geschichte an und verstehen, dass er in Armut aufgewachsen ist, mit Eltern, die so viel arbeiteten, dass sie emotional nicht für ihn da sein konnten. Vielleicht reagierten sie jedes Mal, wenn er aufgewühlt war, mit den Worten: »Hör auf zu jammern. Du solltest dankbar sein für das, was du hast.« Hierdurch wuchs er möglicherweise mit einem vermeidenden Bindungsmuster auf, das zu einem abweisenden Verhalten gegenüber seinen eigenen

Kindern führte. Unter Umständen dominierte beim Umgang mit anderen zum großen Teil seine linke Gehirnhälfte, wodurch ihm die nonverbalen Signale dieser Menschen entgingen; deshalb verfügte er auch nur über ein begrenztes autobiografisches Selbstverständnis, das er mit seinen Nächsten oder sich selbst teilen konnte. Dieses neue Bewusstsein hat möglicherweise zur Folge, dass Sie für Ihren Vater Mitgefühl empfinden. Dann können Sie sagen: »Er hat mich als Vater wirklich im Stich gelassen, aber jetzt kann ich sehen, warum. Er hat von seinen Eltern nie die emotionalen Fähigkeiten oder Ressourcen erhalten. Kein Wunder, dass er nicht wusste, wie er für mich auf tiefere und bedeutsamere Art und Weise da sein konnte. Das war für mich schmerzhaft, und ich fühlte mich oft allein, aber ich möchte dafür sorgen, dass ich eine enge, verbundene Beziehung zu meinen Kindern habe, damit sie wissen, dass sie zu mir kommen können. Ich möchte ihren Geist spüren, auch wenn ich dies in meiner eigenen Kindheit nicht erlebt habe.«

Für andere ist der Prozess eventuell sehr viel komplexer und manchmal sogar schmerzhaft. In diesem Fall wäre es möglicherweise gut, sich professionelle Hilfe zu suchen. Die Psychotherapie etwa wird oft zu einem mächtigen Werkzeug, das uns hilft, uns auf unsere Geschichten einen Reim zu machen. Die Therapiebeziehung kann sogar eine sichere Bindungsbeziehung simulieren. Sie kann Ihnen die Erfahrung bieten, sich beschützt, gesehen, emotional angenommen und sicher zu fühlen, während Sie allmählich die Geschichten Ihrer Eltern verstehen und deren Fäden zusammenführen. Sie kann Ihnen sogar helfen, sich in die Erfahrungen Ihrer Eltern einzufühlen und zu erkennen, warum sie nicht die Art von Eltern waren, die Sie gebraucht hätten.

Was am wichtigsten ist: Die Therapie kann zur Integration Ihres Gehirns beitragen, da sie die Vergangenheit und die Gegenwart integriert. So ermöglicht sie es Ihnen, auf eine Art und Weise mit Ihrem Kind zu kommunizieren und für Ihr Kind präsent zu sein, die jetzt und in der Zukunft für eine sichere Bindung sorgt.

Wir alle müssen ein kohärentes Narrativ entwickeln, mit dem wir »die Geschichte unserer Kindheit erzählen« können – normalerweise nicht unseren Kindern, sondern uns selbst oder den uns nahestehenden Erwachsenen. Es ist wichtig, dass wir über unsere Erfahrungen mit unseren Eltern und anderen Bezugspersonen, die Einfluss auf unsere Entwicklung gehabt haben, nachdenken. Ebenso entscheidend ist die Frage, wie wir mit dem, was wir erlebt haben oder was uns entgangen ist, umgehen mussten.

> Ohne ein kohärentes Narrativ wiederholen wir wahrscheinlich die Fehler unserer Eltern, indem wir das schmerzliche Vermächtnis, das sie von ihren eigenen Bezugspersonen erhielten, weitergeben. Machen wir uns aber einen Reim auf unsere Erfahrungen und versuchen die Verletztheit unserer Eltern zu begreifen, können wir den Kreislauf durchbrechen und die Weitergabe der unsicheren Bindung vermeiden.

Vergessen Sie nicht, dass wir alle mit einem Bedürfnis nach Verbindung geboren werden. Dieses Bedürfnis besteht also auch dann, wenn wir als Kinder nie in den Genuss liebevoller Beziehungen gekommen sind. Und so spüren wir das Fehlen enger Verbindung, wenn auch oft eher unterbewusst. Und wir müssen den Schmerz über das, was in unserem Leben fehlt, verstehen. Denn ohne dieses kohärente Narrativ werden wir wahrscheinlich die Fehler unserer Eltern wiederholen, indem wir das schmerzliche Vermächtnis, das sie von ihren eigenen Bezugspersonen erhalten haben, weitergeben.

Machen wir uns aber einen Reim auf unsere Erfahrungen und arbeiten wir daran, auch die Verletztheit unserer Eltern zu begreifen, können wir den Kreislauf durchbrechen und die Weitergabe des Erbes der unsicheren Bindung vermeiden. Vielleicht machen Sie sich Gedanken über Vergebung. Ein Kollege und Freund, Jack Kornfield, beschreibt diesen wichtigen Prozess auf großartige Weise: Vergebung bedeutet, jede Hoffnung auf eine bessere Vergangenheit aufzugeben. Betrachten wir es so, vergeben wir nicht, um das Geschehene zu billigen, nicht, um zu sagen, dass es in Ordnung war, sondern um die falsche Illusion loszulassen, dass wir die Vergangenheit ändern können. Die Akzeptanz und die Vergebung, die sich einstellen, wenn wir uns einen Reim auf unser Leben machen, sind zutiefst befreiend. Auf verschiedene Weise verzeihen wir uns dann selbst die Anpassungen, die wir vornehmen mussten, und akzeptieren nicht nur den Menschen, der wir gewesen sind, sondern auch den, der wir jetzt werden möchten.

Indem Sie Ihre eigene innere Arbeit leisten und eine sichere Bindung erwerben, durchbrechen Sie den Kreislauf der unsicheren Bindung und verbessern das Leben der Ihnen nachfolgenden Generationen.

Dies alles ist selten einfach, aber überlegen Sie nur einmal, was für ein Geschenk Sie Ihren Kindern machen, wenn Sie diese wichtige Arbeit leisten – wenn Sie sich bemühen, die Geschichte Ihrer eigenen Kindheit zu verstehen, sowohl die Freuden als auch die Schmerzen. Wenn Sie dieses kohärente Narrativ Ihrer Vergangenheit entwickeln, können Sie zu der Mutter oder dem Vater werden, die beziehungsweise der Sie sein wollen. Und Sie können eine sichere Bindung an Ihre Kinder weitergeben, die es ihnen ermöglicht, sich auf starke und bedeutsame Weise mit Ihnen verbunden zu fühlen. Welche anderen Menschen erhalten dieses Geschenk dann wohl noch? Richtig, Ihre Enkel. Und Urenkel. Indem Sie Ihre eigene innere Arbeit leisten und eine sichere Bindung erwerben, durchbrechen Sie den Kreislauf der unsicheren Bindung und verbessern das Leben der Ihnen nachfolgenden Generationen.

Unsere wichtigste Botschaft an Sie, die von Herzen kommt, lautet also folgendermaßen: Unabhängig davon, wie Sie selbst erzogen wurden und was Ihnen in Ihrer Vergangenheit widerfahren ist, können Sie der liebevolle, einfühlsame Elternteil sein, der Sie sein wollen. Sie können da sein und Kinder großziehen, die glücklich, erfolgreich und ganz sie selbst sind. Diese Botschaft sollten Sie im Hinterkopf behalten, wenn wir in den kommenden Kapiteln untersuchen, was es konkret bedeutet, für Kinder da zu sein.

> Unabhängig davon, wie Sie selbst erzogen wurden und was Ihnen in Ihrer Vergangenheit widerfahren ist, können Sie der liebevolle, einfühlsame Elternteil sein, der Sie sein wollen. Sie können da sein und Kinder großziehen, die glücklich, erfolgreich und ganz sie selbst sind.

Vom nächsten Kapitel an werden wir detailliert erklären, wie Sie genau diese Art von Beziehung zu Ihren Kindern kultivieren können. Dabei werden wir Ihnen auch weiterhin Gelegenheit geben, über Ihre eigene Bindungsgeschichte nachzudenken und zu überlegen, wie sich diese auf Ihren Umgang mit Ihren Kindern auswirkt.

beschützt

KAPITEL 3

Mehr als Helme und Knieschützer

Kindern helfen, sich *beschützt* zu fühlen

Im letzten Kapitel haben wir darüber gesprochen, wie wichtig es ist, die eigene Geschichte besser zu verstehen und zu begreifen, welche Auswirkungen sie auf unseren Umgang mit unseren Kindern hat. Kehren wir nun zurück zu den Vier Schlüsseln – dafür sorgen, dass Kinder sich beschützt, gesehen, emotional aufgefangen und sicher fühlen – und beschäftigen wir uns eingehender mit der Frage, was es bedeutet, wirklich für unsere Kinder da zu sein. Zuallererst müssen wir unsere Kinder beschützen. Deshalb ist Schutz der erste Schlüssel.

Es mag offensichtlich erscheinen, dass es die Aufgabe einer Bezugsperson ist, Kinder zu beschützen. Aber im Gespräch mit Eltern auf der ganzen Welt haben wir festgestellt, dass viele Bezugspersonen – selbst engagierte, aufmerksame Eltern, die eindeutig das Beste für ihre Kinder wollen – nicht wirklich gründlich darüber nachgedacht haben, was das eigentlich bedeutet. Manches von dem, was wir hier sagen, wird Sie vielleicht überraschen. Einiges könnte Ihnen sogar

Unbehagen bereiten. Wenn das, was Sie auf den kommenden Seiten lesen werden, Sie nicht berührt oder Ihnen nicht relevant erscheint, ist das großartig. Möglicherweise haben Sie im Leben Ihres Kindes bereits das sichere Fundament geschaffen, das die Grundlage für alles andere darstellt, was wir in den kommenden Kapiteln besprechen werden. Aus unserer Erfahrung als Eltern und Kliniker wissen wir jedoch, dass viele Bezugspersonen – vielleicht sogar die meisten von uns – Kinder haben, die zumindest manchmal wegen etwas, das wir selbst gesagt oder getan haben, Angst haben. Und wie wir gleich erklären werden, fühlen sich Kinder nicht beschützt, wenn sie sich fürchten oder in irgendeiner Weise bedroht fühlen. In ihrem Körper und Gehirn wird eine Bedrohungsreaktion aktiviert, und diese Reaktion fühlt sich an wie das Gegenteil von Beschütztsein. Wir bitten Sie also, beim Lesen dieses Kapitels offen zu bleiben und zu prüfen, ob das, was wir hier sagen, für Ihr Kind relevant sein könnte. Die Forschung zeigt, dass Missbrauch, Vernachlässigung und andere negative Kindheitserfahrungen, die Angstzustände hervorrufen, im Leben von Kindern weitaus häufiger vorkommen, als die meisten Menschen ahnen. Was bedeutet das? Selbst wenn Sie von Ihrer eigenen Vorgehensweise, was den Umgang mit Ihren Kindern betrifft, überzeugt sind, gibt es wahrscheinlich Menschen in Ihrem Leben – einen Partner, ein Familienmitglied oder eine Betreuungsperson –, die das sichere Fundament, über das wir in diesem Kapitel sprechen, verletzt haben oder verletzen werden.

Beginnen wir mit der Definition unserer Begriffe. Wenn wir davon sprechen, Kindern zu helfen, sich beschützt zu fühlen, sprechen wir sowohl von körperlichem als auch von emotionalem und zwischenmenschlichem Schutz. Lassen Sie uns das am Beispiel von Kaitlin verdeutlichen, einer Fünftklässlerin, bei der scheinbar alles stimmt. Sie ist gesund und aufgeweckt, sie hat Eltern, die noch verheiratet sind, und obwohl die Familie nicht vermögend ist, hat sie doch reichlich zu essen und einen sauberen, verlässlichen und scheinbar stabilen Ort zum Leben. Es gibt keine offensichtlichen Bedrohungen, die Kaitlin Schaden zufügen könnten. Sie ist mit anderen Worten in vollkommener Sicherheit – zumindest von außen betrachtet.

Hinter verschlossenen Türen sieht ihre Welt jedoch ganz anders aus. Vor allem dann, wenn ihr Vater Craig in der Nähe ist. Er fegt wir ein Sturm durch ihr Leben, kritisiert sie häufig und fährt aus der Haut, schreit sie an, auch wenn sie nichts falsch gemacht hat. Kleine Dinge, wie zum Beispiel, dass sie ihr Sweatshirt im Wohnzimmer liegen lässt oder vergisst, ihren Essteller in die Spüle zu stellen, lösen bei ihm regelmäßig Missbilligung und oft auch Wut aus. Selbst wenn sie versehentlich anfängt, vor sich hin zu summen, während er sich am Samstagnachmittag ein Fußballspiel ansieht, bekommt sie seinen Zorn zu spüren. Ein andermal schaut sie verängstigt zu, während der Vater ihren jüngeren Bruder anschreit. Manchmal, wenn er besonders schlechter Stimmung ist, mäkelt er an Kaitlins Aussehen herum, hat etwas an ihrer Kleidung auszusetzen und sogar an ihrem Gewicht.

An einer solchen Situation wird klar, dass es definitiv verschiedene Arten von Schutz gibt. Für Kaitlins körperliche Grundbedürfnisse wird zwar gesorgt, wenn es um die emotionale Fürsorge ihres Vaters geht, ist Schutz jedoch das Letzte, was sie erfährt. Nicht einmal in ihrem eigenen Zuhause kann sie sich entspannen. Auf der emotionalen Ebene wird sie eindeutig nicht beschützt. Tatsächlich ist es für sie nicht einmal sicher, ihre Gefühle auszudrücken. Wenn sie als Antwort auf die Wut oder Kritik ihres Vaters weint, macht er sie herunter und schreit: »Warum musst du so dünnhäutig sein? Du bist doch kein Baby.« Oder er nimmt es ihr übel, dass sie emotional reagiert, und sagt: »Irgendwann musst du mal abhärten.«

Eine gute Nachricht ist in diesem Fall, dass Kaitlin eine Person auf ihrer Seite hat: ihre Mutter Jennifer. Zwar hat Jennifer nicht immer den Mut, sich für Kaitlin einzusetzen, wenn Craig sie fertigmacht, dennoch ist sie eine beständige Quelle der Unterstützung und Ermutigung für ihre Tochter, eine Zuflucht vor den Ausbrüchen ihres Vaters. Daher entwickelt Kaitlin trotz der Angst, die sie empfindet, in einem Aspekt ihres Funktionierens ein gewisses Maß an Resilienz. Es gelingt ihr sogar, sich in verschiedenen Bereichen ihres Lebens im Großen und Ganzen gut zu schlagen: Sie mag die Schule und ihre Freunde und sie genießt die verschiedenen Aktivitäten, an denen sie teilnimmt. Die negativen, demütigenden Erfahrungen, die sie mit ihrem Vater macht, werden jedoch wahrscheinlich einen Tribut von ihrer allgemeinen Resilienz fordern sowie von der Art und Weise, wie ihr Nervensystem auf Stress und Konflikte reagiert. Dadurch dürfte es in ihren Reaktionen auf heutige und zukünftige Herausforderungen eine Reihe von Schwachstellen geben. Die Tatsache, dass sie eine primäre sichere Bindung zu ihrer Mutter hat, der Person, mit der sie die meiste Zeit verbringt, wird diesen negativen Auswirkungen auf ihre Entwicklung bis zu einem gewissen Grad entgegenwirken. Wäre dagegen Craig, der Urheber dieser desorganisierenden Interaktionen, ihre Hauptbezugsperson, würde Kaitlins Entwicklung wahrscheinlich noch viel stärker beeinträchtigt werden.

Überall hören wir von Eltern, die sich Sorgen über die Art machen, wie sich ihr Partner oder ihre Partnerin gegenüber den Kindern verhält. Wir hören Sätze wie diese: »Ich hasse es, wie mein Mann mit unseren Kindern spricht. Und er denkt, ich verhätschele sie«, oder »Meine Frau versteht einfach nicht wirklich, was Erziehung bedeutet. Sie verhält sich eher wie ein Kommisskopf.« Häufig hören wir auch, wie ein Elternteil seine Besorgnis über einen Miterziehenden zum Ausdruck bringt, der dem gemeinsamen Kind Angst macht, schreit, brüllt, leicht frustriert reagiert und sogar körperlich zu grob mit dem Kind umgeht. An früherer Stelle haben wir bereits betont, wie hilfreich und wichtig es für ein Kind sein kann, auch nur *eine* Bezugsperson zu haben, die sowohl körperlich als auch emotional für es da ist. Wir werden diese Idee im Laufe des Buches weiter diskutieren. Kaitlin macht mit ihren Eltern ein breites Spektrum an Erfahrungen, guten wie schlechten, und die zwischen den dreien herrschende Familiendynamik mit ihren unterschiedlichen Mustern sagt viel darüber aus, was Schutz in einer Beziehung bedeuten kann.

Schutz: das Gegenteil von Bedrohung

Um Ihnen Klarheit darüber zu verschaffen, was »Schutz« im Hinblick auf die sichere Bindung bedeutet, fangen wir mit den Grundlagen an. Schutz beginnt damit, dass wir uns um das elementare Überleben und die körperlichen Bedürfnisse unserer Kinder kümmern: um Nahrung, Unterkunft und Geborgenheit. Er erstreckt sich auch auf die Gesundheit insgesamt. Wir versuchen, den Konsum von Fastfood bei unseren Kindern einzuschränken und sie dazu zu ermutigen,

Gemüse zu essen. Wir sorgen dafür, dass sie Sonnencreme auftragen und sich die Zähne putzen. Und ebenso wichtig ist es, dass wir sie vor körperlichem und emotionalem Schaden bewahren – der ihnen entweder von jemand anders oder sogar von uns, ihren Eltern, droht.

Unsere Kinder wissen, dass es unsere Aufgabe ist, sie zu beschützen. Diese Erwartung ist tief in ihrem Gehirn verankert. Wenn in einer sicheren Beziehung eine Bedrohung auftaucht, wissen unsere Kinder instinktiv, dass sie zu uns kommen müssen. Ihre Gene haben sich – zusammen mit dem Gehirn, das von diesen Genen mitgeprägt wurde – im Laufe von Jahrtausenden entwickelt und die tiefe, beständige und automatische Überzeugung entstehen lassen, dass es Aufgabe ihrer Bezugsperson ist, sie zu beschützen. Bei der Konfrontation mit einer Bedrohung sendet das Gehirn also Signale aus, die dem Kind sagen, dass es zu Mama, Papa oder einer anderen Bindungsfigur gehen sollte – und zwar sofort. Die gesamte Aufmerksamkeit des Gehirns und alle Ressourcen des Körpers werden zuerst für das Überleben und die Suche nach Schutz eingesetzt.

Das ist bei Säugetieren in der langen Evolutionsgeschichte schon immer so gewesen. Ein Schimpanse im Dschungel hört etwas Beängstigendes oder sieht ein Raubtier und läuft instinktiv sofort zu einer Bindungsfigur. Diese beschützt ihn: Sie ergreift ihn und rennt, oder sie tritt zwischen den Schimpansen und die Gefahr und kämpft. Dann geht die Bedrohung vorüber, oder die Gefahr entpuppt

> Schutz ist der erste Schritt hin zu einer starken Bindung: Eine Bezugsperson hilft dem Kind, beschützt zu *sein* und sich deshalb beschützt zu *fühlen*.

sich lediglich als ein heruntergefallener Ast, und die Bindungsfigur hat dem Kleinen signalisiert: »Ich hab dich bei mir. Alles ist gut. Du bist geschützt.«

Schutz ist das Gegenteil von Bedrohung.

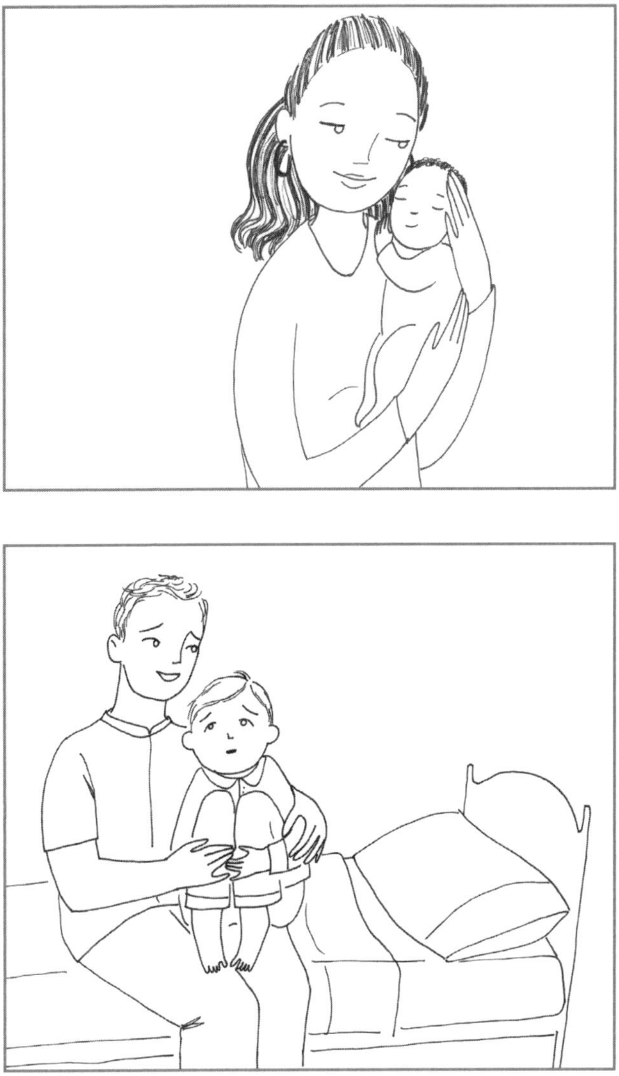

Schutz ist also das Gegenteil von Bedrohung. Er ist auch der erste Schritt hin zu einer starken Bindung: Eine Bezugsperson hilft dem Kind, beschützt zu *sein* und sich deshalb beschützt zu *fühlen*.

Dieses Gefühl von Schutz entsteht dadurch, dass das Nervensystem die physiologische Erfahrung von Sicherheit macht. Es schafft einen Zustand tiefen Vertrauens, der eine optimale Entwicklung sowie Resilienz angesichts von Herausforderungen ermöglicht. Und all dies nimmt seinen Anfang in einer beständigen Botschaft der Bezugsperson: *Ich bin für dich da. Ich werde dich beschützen. Ich bin das Nest, das schützende Zuhause, auf das du zählen kannst. Und wenn du Angst hast oder in Gefahr bist, werde ich immer da sein. Verlass dich darauf. Ich werde dich beschützen und für deine Sicherheit sorgen.*

Wenn eine Gefahr oder die Möglichkeit einer Gefahr besteht, beschützen Eltern. Je mehr unsere Kinder wissen, dass sie sich darauf verlassen können, beschützt zu sein, desto sicherer kann die Bindung zwischen Kind und Eltern werden. Schutz ist der Kernaspekt unserer Bindungserfahrung. Er ermöglicht es Kindern, sich verbunden und beschützt zu fühlen.

Leider bieten nicht alle Eltern diese Art von Schutz. Denken Sie einmal über den Unterschied nach zwischen der Sichtweise eines Kindes auf eine Welt, in der es sich beschützt und deshalb sicher fühlt, und seiner Sicht auf eine Welt, in der es sich nicht sicher fühlt.

Schutz ist der Kernaspekt unserer Bindungserfahrung. Er ermöglicht es Kindern, sich verbunden und beschützt zu fühlen.

Nicht sicher versus sicher

Ein Kind, das sich in der Welt nicht sicher fühlt

Ein Kind, das sich in der Welt sicher fühlt

Von Anfang an beeinflusst Schutz in erheblichem Maße die Art und Weise, wie wir mit unserer Umgebung interagieren. Die Regulationskreisläufe des Gehirns werden weitgehend in den ersten drei Lebensjahren gebildet. Wenn ein Kind dann heranwächst und der präfrontale Kortex während der gesamten Kindheit und Jugend reift, hängt viel davon ab, ob das Kind ein allgemeines Gefühl von Schutz und Geborgenheit erfahren hat. Falls nicht, muss es in einem Zustand erhöhter Aufmerksamkeit und Unruhe verweilen, um Gefahren zu erkennen und zu versuchen, Schutz zu finden – allein. Es muss große Mengen an Ressourcen dafür aufwenden, hyperwachsam zu sein und die Umgebung oder sogar die Gesichter seiner Bezugspersonen auf bevorstehende Bedrohungen hin zu scannen. Haben die Bezugspersonen hingegen das Kind in der Welt angemessen beschützt, weiß es, dass es behütet und unterstützt werden wird, wenn es in Not ist.

Die Auswirkungen dieses generellen Gefühls, in der Welt beschützt und sicher zu sein, sind erheblich. Wenn sich das Kind seines Schutzes gewiss ist – statt sich darum zu sorgen, dass es Bedrohungen allein bewältigen muss, und deshalb ängstlich zu bleiben –, kann es seine Aufmerksamkeit auf produktivere Aktivitäten richten, die die Verbindungen des Gehirns aufbauen. Es kann mehr Zeit und Ressourcen für das Lernen verwenden, soziale Kompetenzen und Netzwerke vertiefen, seinen Leidenschaften und Begabungen folgen, das Lösen von Problemen und Regulieren von Emotionen lernen und neugierig die Welt erkunden. Während Bedrohung einen Gehirnzustand erzeugt, der durch erhöhte Reaktionsbereitschaft gekennzeichnet ist und dem Überlebenskampf dient, schafft Schutz einen Gehirnzustand für rezeptives und aktives Lernen sowie für eine optimale Entwicklung.

Wenn Kinder sich beschützt fühlen,
werden ihre inneren Ressourcen aufgefüllt.

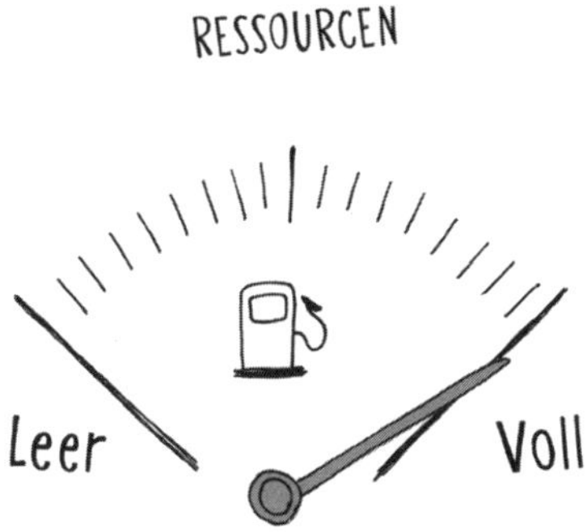

Wenn sie sich nicht beschützt fühlen,
sind diese Ressourcen erschöpft.

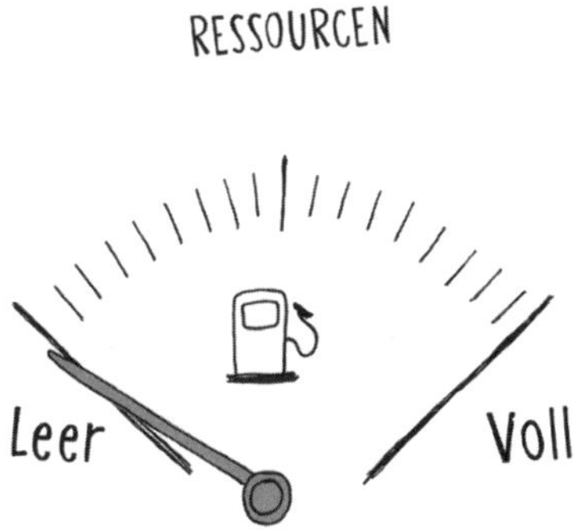

Wir wollen deshalb die »Tanks« unserer Kinder so befüllen, dass sie in dem Wissen aufwachsen, in der Welt sowohl körperlich als auch emotional beschützt und sicher zu sein. Und in dem Wissen, dass es da draußen zwar tatsächlich Gefahren gibt, sie aber Herausforderungen überwinden und aus diesen Situationen sogar gestärkt hervorgehen können. Das ist die

Resilienz, über die wir in unseren Büchern so viel sprechen. Hier liegt der Grund, warum die positive Präsenz der Mutter in Kaitlins Leben den Schaden etwas mindert, der durch die häufige Wut und die entwürdigenden Kommentare des Vaters entsteht. Wie gut wir für unsere Kinder da sind – oder nicht da sind –, hat Konsequenzen. Wenn sie wissen, dass wir für sie da sind, fühlen sie sich beschützt und haben Vertrauen, was ihren Stress verringert und die Voraussetzungen für ein inneres Gefühl von Sicherheit schafft. Auf diese Weise eröffnet Schutz einen direkten Weg zu innerem Wohlbefinden.

Die zwei Hauptaufgaben von Eltern, was den Schutz betrifft

Im Grunde genommen ist es also ziemlich einfach. Eltern haben zwei Hauptaufgaben, wenn es darum geht, ihre Kinder zu beschützen und dafür zu sorgen, dass sie sich tatsächlich beschützt fühlen. Die erste besteht darin, sie vor Schaden zu bewahren. Die zweite besteht darin, zu vermeiden, selbst zur Quelle von Angst und Bedrohung zu werden.

Wir können viele Schritte unternehmen, um unseren Kindern zu helfen, sich beschützt zu fühlen. Wir können aber auch das Gegenteil tun, indem wir ihnen eine wackelige, instabile Basis bieten. Sehen wir uns einige Beispiele an, inwiefern wir unsere Kinder im Stich lassen, wenn wir sie nicht beschützen.

In den extremsten Fällen versäumen wir es, sie vor traumatischen Erlebnissen zu bewahren. Ein Trauma kann als eine Erfahrung definiert werden, die unser körperliches Überleben bedroht oder unser Gefühl von Sinn und Bedeutung zerstört – unsere Art, das Leben zu verstehen. So führt möglicherweise ein Vater, der betrunken nach Hause kommt und nicht in der Lage ist, zu funktionieren, ein traumatisches Ereignis herbei, selbst wenn er das Kind nicht angreift. Denn das Kind kann sich auf dieses neue und beunruhigende, vielleicht sogar verängstigende elterliche Verhalten keinen Reim machen. Missbrauch und Vernachlässigung sind, insbesondere wenn sie permanent stattfinden, die offensichtlichsten Beispiele für eine Bedrohung der körperlichen Integrität eines Kindes. Ohne Intervention können sie zu lebenslangen Schwierigkeiten führen und erhebliche Auswirkungen auf die Physiologie und Entwicklung eines Kindes sowie auf seine Einstellung gegenüber Bindung und Beziehungen haben. Kurz, ist ein Kind erheblichen Gefahren ausgesetzt, werden die Bedrohungsreaktion und eine aus Kampf, Flucht, Erstarrung oder Ohnmacht bestehende Antwort aktiviert. Und das größte Problem im Hinblick auf die Bindung besteht dann, wenn die Mutter oder der Vater die Quelle der Angst ist. Wiederholen sich diese Gefahren und wird das Kind nicht von einer anderen Bezugsperson beschützt, können die wiederkehrenden Erfahrungen zu der im vorherigen Kapitel besprochenen desorganisierten Bindung führen. Wie die Forschung zeigt, hat eine desorganisierte Bindung in der Praxis verschiedene beunruhigende Ergebnisse zur Folge. Dazu ge-

> Eltern haben zwei Hauptaufgaben, wenn es darum geht, ihre Kinder zu beschützen und dafür zu sorgen, dass sie sich tatsächlich beschützt fühlen. Die erste besteht darin, sie vor Schaden zu bewahren. Die zweite besteht darin, zu vermeiden, selbst zur Quelle von Angst und Bedrohung zu werden.

hören ein fragmentiertes Selbstgefühl; Schwierigkeiten bei der Emotionsregulation; Nöte in engen Beziehungen; Dissoziation oder Diskontinuitäten des Bewusstseins bei der Konfrontation mit Herausforderungen und Stressoren; sowie Probleme, unter Stress klar zu denken. Eine solche aus einem extremen Entwicklungstrauma resultierende desorganisierte Bindung kann sich behindernd auswirken, auch bei Vorhandensein anderer Formen von Sicherheit.

Selbst wenn Eltern ihre Kinder angemessen beaufsichtigen und zuverlässig schützen, kommt es möglicherweise zu traumatisierenden Ereignissen, die nicht von den Eltern verursacht sind. Leider kann es in unserer Welt zu Begegnungen mit älteren Kindern, Jugendlichen oder Erwachsenen kommen, zu denen zwar möglicherweise ein Vertrauensverhältnis bestanden hat, die unsere Kinder aber trotzdem misshandeln. Offen für diese Möglichkeit zu sein bedeutet, sich vorausschauend Gedanken über Situationen zu machen, in die Ihr Kind geraten könnte. Zudem gilt es bei Ihrem Kind auf jede Art von Verhaltensänderung zu achten, die auf etwas Beunruhigendes hindeuten könnte, das außerhalb Ihrer Obhut geschieht. Die Forschung legt nahe, dass Sie, als zuverlässige Bindungsperson, im Falle eines Traumas, das nichts mit einer Bindungsfigur zu tun hat, als eine wesentliche Heimatbasis dienen können. Und es ist wichtig zu wissen, dass es Fachleute gibt, die Ihrem Kind, wenn ihm etwas Traumatisches zustößt, helfen können, das Trauma zu verarbeiten, und die unterstützende Interventionen anbieten.

Um deutlich zu machen, welche Auswirkungen frühe Traumata haben können, möchten wir Ihnen die *Adverse Childhood Experiences Study* (ACE-Studie) vorstellen. Bei dieser fortlaufenden, von den US-amerikanischen *Centers for Disease Control* und der Gesundheitsorganisation *Kaiser Permanente* durchgeführten Studie werden die Auswirkungen traumatischer oder gewalttätiger Kindheitserlebnisse untersucht. Seit 1994 wurden mehr als 17.000 Erwachsene zu verschiedenen belastenden Kindheitserfahrungen befragt. Die Ergebnisse sind zugleich faszinierend und entmutigend: Zu ihrer Überraschung erkannten die Forscher, dass a) signifikante Kindheits-Belastungsfaktoren weitverbreitet sind und b) frühe Traumata und andere negative Erfahrungen in hohem Maße mit bekannten Risikofaktoren wie Rauchen, Alkoholmissbrauch, Fettleibigkeit sowie mit Krankheiten, die zu den häufigsten Todesursachen gehören, korrelieren. Wir können in diesem Buch nur einen kurzen Überblick über die ACE-Studie geben, ermuntern Sie aber dazu, mehr darüber zu lesen, wenn Sie die Informationen interessant und/oder für Ihr Leben relevant finden.

Die Forscher befragten die Teilnehmer zu zehn verschiedenen belastenden Kindheitserfahrungen, die nur allzu häufig vorkommen:

- Missbrauch: emotionaler
- Missbrauch: körperlicher
- Missbrauch: sexueller
- Vernachlässigung: emotionale
- Vernachlässigung: körperliche
- Probleme im Elternhaus: häusliche Gewalt
- Probleme im Elternhaus: Suchtmittel-Missbrauch
- Probleme im Elternhaus: psychische Erkrankungen
- Probleme im Elternhaus: Trennung/Scheidung der Eltern
- Probleme im Elternhaus: Inhaftierung eines Familienmitglieds

Diese zehn Punkte schließen gewiss nicht alle unerwünschten Erfahrungen ein, mit denen Kinder konfrontiert sein können. So beinhaltet die Liste zum Beispiel nicht die Erfahrung, eine Mutter oder einen Vater mit einer chronischen Krankheit zu haben, in einem Problemviertel aufzuwachsen, Zeuge von Gewalt zu werden, Zeit in einer schlimmen Pflegefamilie zu verbringen oder den Tod eines Elternteils oder Geschwisterkinds zu erleben, um nur einige zu nennen. Dennoch sind die Studienergebnisse bemerkenswert. Bei der Untersuchung der zehn Faktoren stellten die Forscher fest, dass diese belastenden Kindheitserfahrungen nicht nur häufig vorkommen, sondern auch in hohem Maße miteinander zusammenhängen. Das heißt, wenn Sie von einer dieser negativen Erfahrungen betroffen sind, werden Sie wahrscheinlich auch von anderen betroffen sein. Wichtig zu erwähnen ist darüber hinaus, dass eine Kumulation belastender Erlebnisse laut der Studie zu bleibenden, die gesamte Lebensspanne andauernden negativen Auswirkungen führen kann – *vorausgesetzt, es findet keine Intervention statt.*

Der sogenannte ACE-Wert einer Person gibt an, wie viele der einzelnen belastenden Kindheitserfahrungen diese Person gemacht hat. Ein Wert von 0 würde bedeuten, dass die Person von keiner negativen Erfahrung aus einer der Kategorien berichtet. Gibt sie aber beispielsweise körperlichen Missbrauch, emotionale Vernachlässigung und häusliche Gewalt als ihre Kindheitserfahrungen an, hätte sie einen ACE-Wert von 3, da sie drei belastende Erfahrungen gemacht hat.

Bemerkenswert an diesem Wert ist das, was er über die – wie es im Forscherjargon heißt – »kumulativen biologischen Wirkungen von Belastungsfaktoren in der Kindheit« verrät. Also darüber, um es einfach auszudrücken, wie die Punktzahl einer Person mit der Funktionsweise ihres Gehirns und Körpers korreliert. Beeinträchtigungen der sozialen, emotionalen und kognitiven Entwicklung lassen sich auf hohe ACE-Werte zurückführen, ebenso Gesundheitsrisiken, Behinderungen, Krankheiten und sogar früher Tod. Beachten Sie, was das bedeutet: Wenn Kinder mehrere belastende Erfahrungen durchmachen, handelt es sich nicht nur um schmerzhafte einzelne momentane Erlebnisse in ihrem Leben. Vielmehr stören die negativen Kindheitserfahrungen die Neuroentwicklung und können lebenslange Auswirkungen auf die allgemeine Gesundheit der Kinder haben, auf ihre Fähigkeit, Beziehungen zu anderen Menschen herzustellen, ihr Vermögen, mit Widrigkeiten umzugehen, auf ihre allgemeine Lebensqualität und sogar ihre Lebenserwartung. Je höher der ACE-Wert, desto zahlreicher sind die Herausforderungen insgesamt und desto größer sind die Folgen für die Entwicklung.

Es muss betont werden, dass die Studie die Gesamtauswirkungen untersuchte und nicht berücksichtigte, ob und wie Kinder, die professionelle Betreuung und elterliche Unterstützung erhielten, belastende Erfahrungen zu überwinden lernten. Wenn Sie sich darüber informieren möchten, wie Sie Personen helfen können, die viele Widrigkeiten erlebt haben, empfehlen wir Ihnen die Lektüre von Nadine Burke Harris' Buch dt. *Befreiung finden: Wie Sie die langfristigen Auswirkungen von Kindheitstraumata heilen*. Die Autorin zeigt, dass es tatsächlich möglich ist, selbst erhebliche Traumata zu überwinden. Obwohl wir selbstverständlich versuchen sollten, Traumata zu verhindern, haben wir also allen Grund, optimistisch zu sein, dass sich diese negativen Auswirkungen mit Intervention lindern lassen.

Eine wichtige Schlussfolgerung der Studie lautet: Es ist sehr wichtig, mehr über belastende Kindheitserlebnisse zu erfahren, da dies uns helfen kann, einige der schlimmsten gesundheitlichen und sozialen Probleme der Gesellschaft anzugehen und zu verhindern. Darüber hinaus müssen Pädagogen, Kinderbetreuungskräfte, Gesundheitsdienstleister und andere Fachleute über Traumata Bescheid wissen, um zu verstehen, welche Auswirkungen ein Trauma auf Verhalten, Regulation und Lernen hat. Herausforderndes Verhalten lässt sich dann besser nachvollziehen und es können angemessene und hilfreiche Interventionen durchgeführt werden. Leider kommt es mitunter vor, dass Eltern, Schulen, Organisationen und Fachkräfte, die nicht über Traumata Bescheid wissen, den Schaden noch vergrößern, indem sie mit ihren Antworten auf die Verhaltensweisen und die erhöhte Reaktionsbereitschaft, die oft als Folge eines Traumas auftreten, noch mehr Angst hervorrufen.

Was heißt das nun für uns? Wir als Eltern haben die Aufgabe, so viele belastende Kindheitserfahrungen wie möglich zu verhindern. In vielerlei Hinsicht bedeutet Schutz genau das. Noch einmal: Die ACE-Studie liefert zwar aussagekräftige Ergebnisse, beschränkt sich aber auf bestimmte Erfahrungen. So waren unter den Teilnehmern keine Personen, bei denen eine therapeutische Intervention stattge-

Pädagogen, Kinderbetreuungskräfte, Gesundheitsdienstleister und andere Fachleute müssen über Traumata Bescheid wissen, um zu verstehen, welche Auswirkungen ein Trauma auf Verhalten, Regulation und Lernen hat. Herausforderndes Verhalten lässt sich dann besser nachvollziehen und es können angemessene und hilfreiche Interventionen durchgeführt werden.

funden hatte. Außerdem befasste sich die Studie nicht mit *positiven* Kindheitserfahrungen. Statt zu verzweifeln, sollten wir uns also durch diese Befunde motiviert fühlen, Widrigkeiten zu minimieren, die sich negativ auf die Entwicklung auswirken können. Und wenn trotzdem belastende Kindheitserfahrungen auftreten? Dann sollten wir positive, unterstützende Beziehungen verstärken und Interventionen anbieten, welche die Auswirkungen dieser Erfahrungen verringern können, indem sie die Stressreaktion mindern und die Regulationsfähigkeiten des Kindes verbessern.

Wie können wir das am besten tun? Indem wir für eine sichere Bindung sorgen. Sie haben gesehen, wie schädlich es sein kann, wenn Eltern nicht mit einfühlsamer, verlässlicher Zuwendung für ihre Kinder da sind oder, schlimmer noch, wenn sie zur Quelle von Gefahr und sogar Schrecken bei ihren Kindern werden. Denken Sie auch daran, dass nur einige der verschiedenen belastenden Kindheitserfahrungen unter die Kategorie Missbrauch fallen. Kinder können auf unterschiedlichste Weise nachteilig beeinflusst werden, auch durch andere Erfahrungen, die nicht in der Liste der ACE-Studie aufgeführt sind.

Vor einigen Jahren beispielsweise arbeitete Tina mit einer Familie, deren Situation leider üblicher ist, als Sie es vielleicht erwarten würden. Die Eltern hatten sich vor Kurzem scheiden lassen und die Mutter hatte Alkoholprobleme. Wenn ihr Sohn in ihrer Wohnung war und sie gerade trank, verlor sie die Kontrolle, schrie und brüllte den Jungen an und rief alle möglichen Ängste in ihm hervor. Als er sagte, er habe Angst, und darum bat, seinen Vater anrufen zu dürfen, erlaubte sie es ihm zu allem Übel nicht und jagte ihm noch mehr Angst ein. Diese Art von Angst erzeugt das biologische Paradox, über das wir im letzten Kapitel gesprochen haben: Ein Elternteil – der Schutz vor Gefahren bieten soll – wird selbst zur Quelle der Gefahr. Dieses Paradox, in der Literatur als Angst ohne Lösung bezeichnet, kann erheblichen emotionalen Schaden anrichten und ein desorganisiertes Bindungsmuster erzeugen. Zur Erinnerung: Das Problem besteht darin, dass eine Reihe miteinander verbundener Schaltkreise – das Bindungssystem der Säugetiere – darauf besteht, dass das Kind auf die Bindungsfigur zugeht, während ein anderer Schaltkreis – das ältere, im Reptiliengehirn angesiedelte und bei Bedrohung aktivierte Reaktionssystem, dem es ums Überleben geht – schreit: »Weg von der Bedrohung!« Ein Körper, zwei widersprüchliche Befehle: auf sie zugehen und vor ihr fliehen. Und es gibt keinen organisierten Ansatz, weshalb der Geist des Kindes fragmentiert wird. Das Gehirn wird desorganisiert und weiß nicht, wie es diese Angst-ohne-Lösung und diese neurologisch unvereinbaren Zustände verarbeiten soll.

Jedes Mal, wenn Eltern missbräuchlich Alkohol oder andere Drogen konsumieren, gehen sie das Risiko ein, ihre Kinder in Gefahr zu bringen. Dies geschieht entweder dadurch, dass sie sie nicht beschützen, oder dadurch, dass sie aktiv Schaden verursachen. Tatsächlich müssen jedes Jahr viele Schulen intervenieren, weil ein Elternteil zum Treffpunkt der Fahrgemeinschaft fährt, um sein Kind abzuholen, und eindeutig unter dem Einfluss der einen oder anderen Droge steht. Falls Sie den Verdacht haben, dass Sie unter einer Sucht leiden, bitten wir Sie dringend, mit einem Experten zu sprechen und das Problem sofort anzugehen. Wenn Sie es nicht für sich selbst tun wollen, sollten Sie es für Ihre Kinder tun. Drogenmissbrauch ist eine der Arten, durch die

Bezugspersonen die beiden maßgeblichen Aufgaben von Eltern verletzen: Kinder zu beschützen und es zu vermeiden, zur Quelle des Schreckens zu werden.

Dasselbe gilt natürlich auch für Missbrauch oder Vernachlässigung (Vernachlässigung ist tatsächlich die häufigste Form von Kindheitstrauma). Wenn Ihnen irgendetwas davon bekannt vorkommt oder Sie sich der Tatsache bewusst sind, dass Sie (oder jemand anders) Ihrem Kind auf bestimmte Weise schaden und damit zu belastenden Kindheitserfahrungen – das heißt zu einem höheren ACE-Wert – beitragen, bitten wir Sie dringend, sich Hilfe zu suchen. Sie könnten als Erstes einen engen Freund ins Vertrauen ziehen und dann gegebenenfalls einen Berater, Therapeuten oder Arzt aufsuchen. Sie lieben Ihre Kinder und würden ihre Entwicklung niemals negativ beeinflussen wollen. Aber Sie brauchen wahrscheinlich Hilfe, um sie zu schützen, sei es vor jemand anderem oder vor Ihnen selbst. Wenn Eltern ihre Kinder missbrauchen oder vernachlässigen, gibt es in ihrer eigenen Vergangenheit häufig ebenfalls Trauma und Missbrauch. Es ist wichtig, den Mut zu finden, sich selbst zu heilen, um die Art von Elternteil zu sein, der Schutz und Geborgenheit bieten kann statt Schrecken auszulösen.

> Falls Sie den Verdacht haben, dass Sie unter einer Sucht leiden, bitten wir Sie dringend, mit einem Experten zu sprechen und das Problem sofort anzugehen – wenn nicht für sich selbst, dann für Ihre Kinder. Drogenmissbrauch ist eine der Arten, durch die Bezugspersonen die beiden maßgeblichen Aufgaben von Eltern verletzen: Kinder zu beschützen und es zu vermeiden, zur Quelle des Schreckens zu werden.

Wenn Sie wissen möchten, welche Schritte Sie unternehmen müssen, um sich auf Ihr Leben einen Reim zu machen und die Mutter oder der Vater zu werden, die beziehungsweise der Sie tief in Ihrem Herzen wirklich sein wollen, empfehlen wir Ihnen Dans gemeinsam mit Mary Hartzell verfasstes Buch *Gemeinsam leben, gemeinsam wachsen.* Dieses Werk kann Ihnen als Leitfaden dienen. Denken Sie einmal darüber nach: Ein voll entwickeltes oberes Gehirn funktioniert als Ganzheit und besitzt das Vermögen, mit Einsicht über die Arbeitsweise des eigenen Geistes zu reflektieren. Es verfügt zudem über die empathische Fähigkeit, zu spüren und zu respektieren, was in einem anderen Individuum vor sich geht. Ein integrierter Gehirnzustand erzeugt also zwei Schlüsselfunktionen: Einsicht und Empathie. Wenn Missbrauch oder Vernachlässigung stattfinden, läuft bei der Mutter oder dem Vater etwas vollkommen falsch. Dieses Verhalten, bei dem Empathie und Mitgefühl ausgeschaltet sind, wurde entweder erlernt oder zu einer Strategie des Umgangs mit anderen. Auch das Vorhandensein von Einsicht kann bezweifelt werden. Bedenken Sie bitte, dass wir alle mit der Fähigkeit zu Liebe und Fürsorge geboren werden und viele von uns lernen mussten, sich an ein Leben mit suboptimaler Bindung anzupassen. Es ist nie zu spät, darüber nachzudenken, was wohl in unserem eigenen Leben passiert ist. Dann können wir in unserer

Wir werden alle mit der Fähigkeit zu Liebe und Fürsorge geboren, und viele von uns mussten lernen, sich an ein Leben mit suboptimaler Bindung anzupassen. Es ist nie zu spät, darüber nachzudenken, was wohl in unserem eigenen Leben passiert ist. Dann können wir in unserer Selbsterkenntnis mit dem Reparaturprozess beginnen, um diese Fürsorge für uns selbst entstehen zu lassen.

Selbsterkenntnis mit dem Reparaturprozess beginnen, um diese Fürsorge für uns selbst entstehen zu lassen.

Bei unserer Arbeit mit vielen Menschen über viele Jahre hinweg haben wir die Erfahrung gemacht, dass Heilung von innen her die Arten von Beziehungen ermöglicht, nach denen sich oftmals die Betroffenen – auch ohne sich dessen bewusst zu sein – gesehnt haben. Wir haben mit erwachsenen Kindern und deren Eltern gearbeitet, um Familien zu helfen, sich von der Störung zu erholen, zu der solche verbindungslosen Beziehungen mitunter über Generationen hinweg führen. Dabei haben wir beide gesehen, wie diese Heilung stattfand.

Versäumen Sie es auf andere Art, Ihr Kind zu beschützen?

Neben Missbrauch und Vernachlässigung gibt es noch andere Formen belastender Kindheitserfahrungen, die Kinder und ihre Entwicklung beeinträchtigen können. Selbst wenn Sie sich sicher sind, dass Sie Ihren Kindern nicht auf extremste Art und Weise schaden, sollten Sie überlegen, ob Ihre Kinder nicht durch die eher typischen Interaktionen in Ihrer Familie Bedrohung und Angst ausgesetzt sein könnten. So tragen Eltern beispielsweise manchmal heftige Konflikte oder Auseinandersetzungen vor den Augen ihrer Kinder aus, schreien einander an und verfallen in verbale, emotionale und körperliche Aggression. Wird ein Kind wiederholt Zeuge eines solchen Konflikts und sind seine Eltern die Quelle seiner Angst, kann dies bei ihm die Entwicklung einer sicheren Bindung behindern. Tatsächlich haben neuere Studien Folgendes gezeigt: Reden die Eltern eines Babys in seiner Hörweite sehr wütend miteinander, nehmen bei dem Baby die neuronalen Reaktionen in den Teilen seines Gehirns zu, die mit Emotionen, Stressreaktivität und Regulation zu tun haben – und zwar selbst dann, wenn es *schläft*. Auf der physiologischen Ebene erfährt das Kind Bedrohung statt Schutz. Das bedeutet nicht, dass Sie und Ihr Partner sich nie streiten sollten. Konflikte sind unvermeidlich und, wenn sie richtig ausgetragen werden, sogar gesund und notwendig. Denken Sie aber an Ihre Kinder und achten Sie darauf, *wie* die Erwachsenen im Haus mit Konflikten umgehen und welche Auswirkungen diese elterlichen Interaktionen auf die Kinder haben könnten. Eltern sollten ihre Kinder vor respektlosen, beängstigenden Auseinandersetzungen schützen. Wenn Sie und die andere Person zu wütend sind, um das strittige Thema auf sichere und zivile Art zu besprechen, warten Sie mit seiner Klärung besser, bis Sie ruhig genug oder zumindest von den Kindern entfernt sind.

Viele andere Erfahrungen können, auch wenn sie nicht zu einer desorganisierten Bindung führen, verhindern, dass sich unsere Kinder in der Welt beschützt und sicher fühlen. So kann zum Beispiel dadurch Schaden angerichtet werden, dass Kinder Realitäten ausgesetzt sind, für die sie von ihrer Entwicklung her nicht bereit sind. Filme, Videospiele, Fotos und die sozialen Medien haben alle das Potenzial, unseren Kindern zu schaden: Sie können Kinder mit Inhalten oder Bildern konfrontieren, für die sie noch nicht reif sind, die ihr junger Geist noch nicht auf gesunde Weise verarbeiten kann. Natürlich sind nicht alle Medien schädlich. Aber beängstigende Bilder, Ideen und Themen können Kinder ebenso

Ohne es zu merken, können Eltern das Gefühl ihres Kindes, beschützt zu sein, beeinträchtigen.

Sie setzen es beängstigenden elterlichen Konflikten aus.

Sie werden selbst beängstigend.

Sie bringen es mit unangemessenen Ideen und Bildern in Berührung.

überwältigen wie sexuelle Inhalte, die für ihr Entwicklungsstadium unangemessen sind und bei ihnen ein Gefühl der Unsicherheit hervorrufen. Dasselbe gilt für Geschichten, die ihnen von anderen Kindern und älteren Geschwistern erzählt werden, sowie für Mobbing, das sie in der Schule beobachten oder am eigenen Leib erfahren.

Und auch wenn Eltern ihren Kindern keine körperliche Gewalt antun, ist es selbstverständlich möglich, dass sie deren sichere Bindung untergraben, indem sie sie demütigen, beschämen, anschreien oder zum Zweck der Disziplin oder Kooperation mit angstbasierten Strategien absichtlich erschrecken. Oder wenn sie Situationen voller Spannung und Wut erzeugen, wie es etwa dann geschieht, wenn geschiedene Eltern sich treffen, um das Kind von einem Elternteil an den anderen »zu übergeben«, und sie eine Interaktion voller Zwietracht und Feindseligkeit schaffen. Wenn Elternteile heftig und wütend aufeinander reagieren, einander kritisieren, das Kind bitten, sich für eine Seite zu entscheiden oder Partei zu ergreifen, oder das Kind als Übermittler beziehungsweise Übersetzer negativer Informationen zwischen den Erwachsenen nutzen, treten mitunter intensive Stresszustände ein, die das Kind nicht ändern kann und denen es nicht zu entkommen vermag. Anstatt zu versuchen, Stabilität herzustellen und zu verstärken, wenn das Kind sie am meisten braucht, reduzieren Eltern in diesen Fällen unbeabsichtigt die Fähigkeit ihres Kindes, sich beschützt und geborgen zu fühlen. Kaitlins Erfahrungen mit ihrem Vater sind ein gutes Beispiel dafür, wie elterliches Verhalten das Schutzgefühl eines Kindes destabilisieren kann.

Erfahrungen dieser Art sind zwar in der Regel weniger

extrem als Missbrauch, kommen aber in mehr Familien vor, als gemeinhin bekannt ist. Und auch wenn diese Stressfaktoren nicht zwangsläufig zu einer desorganisierten Bindung führen, können sie doch die Bedrohungsreaktion aktivieren und das Gegenteil von Schutz und Sicherheit erzeugen. Deshalb verletzen wir unsere beiden grundlegenden Aufgaben als Eltern, wenn wir diese Erfahrungen begünstigen. Wenn Sie bei Ihrem Kind einen Zustand der Angst zulassen oder hervorrufen, anstatt die Quelle von Schutz zu sein, schaden Sie nicht nur Ihrem Kind, sondern untergraben auch die Art von Beziehung, die Sie sich wünschen.

Zu sehr zu behüten, ist nicht die Antwort

Manchmal machen wir uns als Eltern solche Sorgen, dass unseren Kindern etwas Schlimmes zustoßen könnte, dass wir versuchen, unsere Ängste durch erdrückendes Überbehüten in den Griff zu bekommen. Achten Sie darauf, das Pendel nicht zu weit in diese Richtung schwingen zu lassen. Kinder können mit angemessenen Freiheiten und Herausforderungen umgehen. Wenn ein Kind sich ein bisschen abmüht, um etwas herauszufinden, dabei eine gewisse Frustration aushält und ein schwieriges Hindernis überwindet, lernt es, dass es in der Lage ist, Hindernisse zu überwinden. Welches seine Fähig-

Kinder können mit angemessenen Freiheiten und Herausforderungen umgehen. Wenn ein Kind sich ein bisschen abmüht, um etwas herauszufinden, dabei eine gewisse Frustration aushält und ein schwieriges Hindernis überwindet, lernt es, dass es in der Lage ist, Hindernisse zu überwinden.

keiten und Fertigkeiten sind, lernt es, wenn es mit einer Schwierigkeit konfrontiert wird und diese durchsteht. Nach Bewältigung der Herausforderung wird es stärker und resilienter sein.

Tatsache ist, dass gute Absichten die Fähigkeit eines Kindes, mit seiner Welt zu interagieren, manchmal tatsächlich schwächen können. Tina arbeitete vor einigen Jahren in ihrer Praxis mit einem jungen Vater namens Tom. Er war alleinerziehend und ging äußerst pflichtbewusst und verantwortungsvoll mit seiner dreijährigen Tochter Emily um. Er suchte Tina auf, weil sich bei Emily seit Kurzem Angstsymptome zeigten. Sie aß nicht gerne in Restaurants; sie hatte Angst vor dem Kino; sie war nervös wegen des Trampolins im Turnunterricht. Aber was ihr am meisten Angst machte, war der Gedanke an den Kindergarten, der im Herbst beginnen sollte, falls Tom die richtige Einrichtung für sie fand.

Tom erklärte Tina, dass er akribisch, aber erfolglos nach dem besten Kindergarten für Emily suchte. Obwohl der Schwerpunkt ihrer Arbeit zu Beginn darauf lag, die Ängste der Tochter zu verstehen und bessere Wege zu finden, Emily bei der Regulation und dem Aufbau von Fähigkeiten zu helfen, erzählte Tom Tina jede Woche von den Strapazen des Aufsuchens und Erkundens des in der jeweiligen Woche ausgewählten Kindergartens. Er konnte nicht die richtige Einrichtung finden, weil jede von ihnen eklatante Mängel aufwies, mit denen er einfach nicht leben konnte. Eine »roch zu chemisch«. Eine andere gestattete es den Kindern, als Teil einer Zwischenmahlzeit auch Chips und anderes Junkfood zu essen. (»Können Sie sich das vorstellen?!«) Eine ließ die Kinder zu viel Zeit im Freien verbringen, was ihn besonders in Anbetracht von Emilys vielen Allergien störte. (»Wenn sie sich im Gras wälzt, juckt es sie den Rest des Tages!«) Wieder ein anderer Kindergarten legte die Betonung nicht ausreichend aufs Spiel.

Je mehr Tina mit Tom über den zukünftigen Kindergarten seiner Tochter und andere Elternentscheidungen sprach, desto mehr wurde Tina klar, dass Emilys Angst und Quengeligkeit gar nicht die wichtigsten Themen waren, die es anzugehen galt. Der Kern des Problems war ziemlich eindeutig Toms eigene Angst. Dieser lag selbstverständlich eine gute Absicht zugrunde. Er wollte nur das Beste – die gesündeste, sauberste, sicherste, vielfältigste und musikbetonteste Umgebung – für seine Tochter. Und natürlich ist es nicht verkehrt, bei der Auswahl eines für das Kind besonders geeigneten Kindergartens die eigenen Werte und Prioritäten zu berücksichtigen. Aber indem er befürchtete, dass die Erfahrung seiner Tochter nicht in jeder Hinsicht überragend sein würde, übertrug er seine eigene Angst und sein Unbehagen auf sie. Was also färbte auf Emily ab? Der Glaube, dass der Kindergarten wegen seiner vielen Gefahren beängstigend sei. Die Sorge, dass etwas Schlimmes passieren könne. Sie wurde ebenfalls überängstlich. Weil sie nicht das notwendige Vertrauen spürte, um die Welt um sie herum zu erkunden, wollte sie in der Nähe ihres Vaters bleiben. Anstatt seiner Tochter die Art von Sicherheit zu geben, die zu Resilienz und Stärke führen kann, bot Tom ihr eine unsichere Grundlage. Dadurch war sie weniger bereit und in der Lage, mit neuen Situationen umzugehen, die ihr bedrohlich erschienen.

Wir behüten unsere Kinder ebenfalls zu sehr, wenn wir das Bedürfnis verspüren – und ihm nachgeben –, sie aus schwierigen Momenten zu erlösen. Das ist nicht gemeint, wenn wir sagen, dass wir sie beschützen müssen. Um unseren Kindern zu helfen, mit gutem Gefühl ihre Welt zu erkunden und mit ihr zu interagieren, müssen wir sie manchmal kämpfen und, ja, sogar scheitern lassen. Wenn sie klein sind, könnte das be-

Anstatt Ihre Kinder zu erlösen ...

... unterstützen Sie sie, wenn sie mit etwas zu kämpfen haben.

deuten, dass wir uns zurückhalten, während wir ihnen zusehen, wie sie sich damit abmühen, einen Schuh an den Fuß zu bekommen oder einen Joghurtbecher zu öffnen.

Wenn wir dem Drang widerstehen, Kinder zu erlösen oder eine schwierige Aufgabe für sie zu erledigen, zeigen wir ihnen, dass wir glauben, sie können es schaffen. Und wir lassen sie lernen, dass sie diese Aufgaben allein bewältigen können. Dann fühlen sie sich bei diesen Aufgaben sicher. Schreiten wir aber immer ein und handeln für sie, nehmen wir ihnen die Möglichkeit, diese wichtigen Fähigkeiten zu entwickeln.

Dasselbe gilt für ältere Kinder. Denken Sie an die weitverbreitete Erfahrung von Schulkindern, sich in der Schule von Gleichaltrigen ausgeschlossen zu fühlen. Wenn Ihre Drittklässlerin aufgewühlt nach Hause kommt, weil sie von den Mädchen, mit denen sie spielen wollte, ausgegrenzt wurde, kommen Sie möglicherweise in Versuchung, die Eltern der anderen Mädchen anzurufen – um sie zu bitten, ihre Töchter dazu zu ermuntern, andere Kinder stärker einzubeziehen. Und wenn Ihr Sechstklässler es nicht in die Basketballmannschaft schafft, haben Sie vielleicht den Impuls, den Trainer anzurufen und ihm zu erklären, dass Ihr Sohn beim Testspiel nur einen schlechten Tag hatte. Aber auch hier gilt: Das ist nicht gemeint, wenn vom Beschützen Ihrer Kinder die Rede ist.

Wenn wir dem Drang widerstehen, Kinder zu erlösen oder eine schwierige Aufgabe für sie zu erledigen, zeigen wir ihnen, dass wir glauben, sie können es schaffen. Und wir lassen sie lernen, dass sie diese Aufgaben allein bewältigen können.

In Fällen wie diesen haben Sie Gelegenheit, Ihre Tochter herausfinden zu lassen, dass soziale Beziehungen schwierig sein können, und Ihren Sohn verstehen zu lassen, dass wir uns manchmal sehr anstrengen und trotzdem keinen Erfolg haben.

Anstatt Ihre Kinder zu erlösen …

… unterstützen Sie sie, wenn sie mit etwas zu kämpfen haben.

Selbstverständlich werden Sie emotional für Ihre Kinder präsent sein. Und Sie können sie sogar unterstützen, indem Sie ihnen beim Lösen von Problemen helfen. Das ist ein wichtiger Schritt beim Erzeugen von Sicherheit, wissen Ihre Kinder dadurch doch, dass Sie für sie da sind. Aber das bedeutet nicht, dass Sie alle ihre Probleme verhindern oder lösen. Stattdessen gehen Sie an ihrer Seite durch ihren Schmerz und helfen ihnen zu erkennen, dass sie stark genug sind, um eine schwierige Situation zu meistern und heil aus ihr herauszukommen. So lernen Ihre Kinder, sich sicher zu fühlen, wenn sie Risiken eingehen.

Das bedeutet natürlich nicht, dass Sie Kinder auffordern sollten, etwas zu tun, das ihre Möglichkeiten übersteigt. Alles hängt vom Temperament und Entwicklungsstand Ihres Kindes ab sowie davon, wie viel Stress oder Veränderung es zum jeweiligen Zeitpunkt bereits verkraftet. Ein ängstlicher Achtjähriger, der das erste Mal bei einer Pyjamaparty mitmacht, muss vielleicht mitten in der Nacht abgeholt werden. Mit anderen Worten: Dies ist unter Umständen nicht der richtige Zeitpunkt, um ihn seinem Kampf zu überlassen. Ebenso kann es vorkommen, dass Sie einschreiten und sich für Ihr Kind einsetzen müssen, wenn es Probleme mit einem Lehrer hat. In unserem Buch *Wie Kinder aufblühen* haben wir einen ganzen Abschnitt darüber geschrieben, wie wir als Eltern herausfinden, was Kinder in unterschiedlichen Situationen von uns brauchen. Manchmal müssen wir sie auffordern, mehr zu tun, als sie meinen zu können; ein andermal müssen wir einschreiten und ihnen helfen, weil sie eine Situation nicht allein bewältigen können.

In manchen Momenten kommen Kinder mit mehr zurecht als in anderen. Unsere Fähigkeit, gut mit einer Situation umzugehen, ist nicht immer gleich groß. Denken Sie nur einmal an Ihre eigene Fähigkeit zur Geduld – an manchen Tagen und in manchen Augenblicken ist sie stark ausgeprägt, manchmal geringer. Dasselbe gilt für unsere Kinder.

Manchmal ist die emotionale Kapazität eines Kindes größer als die Anforderungen einer Situation.

Manchmal sind die Anforderungen einer Situation größer als die emotionale Kapazität eines Kindes.

In einigen Situationen können sie mit erheblichen Herausforderungen klarkommen, andere Male können sie kaum auch nur kleine Hindernisse bewältigen. Wenn die Anforderungen einer Situation höher sind als die Kapazität Ihres Kindes, bricht es möglicherweise zusammen oder geht auf fehlangepasste, problematische Weise mit der Situation um. Und wenn seine Kapazität höher ist als die Anforderungen der Situation, steht es diese sehr gut durch.

Unterscheiden Sie also zwischen Beschützen und Erlösen. Finden Sie sichere Wege, Kinder mit Herausforderungen ringen und sogar scheitern zu lassen. Ein gutes Beispiel für solch einen sicheren Weg ist das Ferienlager. Tina hat drei Söhne, und seit Jahren verbringen alle drei einen Teil des Sommers im Camp Chippewa, einem Outdoor-Abenteuer-Camp für Jungen in den Northwoods von Minnesota. Es gibt viele Gründe, warum Tina ein so großer Fan von Camps ist. Sie bieten Kindern die Möglichkeit, außerhalb ihres normalen Lebens zu kämpfen, zu scheitern und sich Herausforderungen zu stellen. Das tun sie mit genügend Unterstützung, Ermutigung und Spaß, um weiter an ihren Fähigkeiten zu arbeiten. Besonders wenn sie sich dem Jugendalter nähern, haben Kinder das Bedürfnis, ihre Grenzen auszutesten. Im Camp können sie diese Risiken in der Natur eingehen (und nicht hinter dem Steuer eines Autos oder auf einer Party), unter den wachsamen Augen verantwortungsbewusster Erwachsener, und sich in einer positiven, nährenden Umgebung bewähren, die ihr Können steigert und ihnen ein Gefühl von Erfolg vermittelt. Dadurch sinkt die Wahrscheinlichkeit, dass sie ihre Grenzen zu Hause auf gefährlichere und destruktive Art und Weise austesten.

Ein letztes Wort zu diesem Thema: Denken Sie immer daran, dass sich Kinder in ihrer Risikotoleranz und ihrer Fähigkeit oder Bereitschaft, mit etwas zu kämpfen, unterscheiden. Manche Kinder stürzen sich frohgemut kopfüber in Abenteuer, und es macht ihnen sogar Spaß, schwierige oder neue Aufgaben zu übernehmen. Andere sind risikoscheu und fühlen sich sehr unwohl dabei, Risiken einzugehen oder sich Unbekanntem zu stellen. Denken Sie daran: Jedes Kind ist anders. Entscheiden Sie in der jeweiligen Situation, was für Ihr einzigartiges Kind das Beste ist. Sie wollen es gleichzeitig beschützen und es ihm ermöglichen, zu wachsen und zu lernen, dass es mehr tun und sein kann, als es je gedacht hätte.

Denken Sie daran: Jedes Kind ist anders. Entscheiden Sie in der jeweiligen Situation, was für Ihr einzigartiges Kind das Beste ist. Sie wollen es gleichzeitig beschützen und es ihm ermöglichen, zu wachsen und zu lernen, dass es mehr tun und sein kann, als es je gedacht hätte.

Was Sie tun können: Strategien, die Ihrem Kind helfen, sich beschützt zu fühlen

Strategie Nr. 1 zur Förderung des Schutzes: Richten Sie keinen Schaden an

Unsere erste Strategie zur Förderung des Schutzgefühls bei Ihren Kindern ist einfach, aber nicht immer leicht zu befolgen: Gehen Sie die Verpflichtung ein, in Ihrem Zuhause nicht zur Quelle der Angst zu werden. Es gibt unzählige Wege, wie Eltern Bedrohung kommunizieren können, und viele von ihnen würden nicht als missbräuchlich angesehen werden. Schreien, Drohungen, Erniedrigungen, Prügel, Überreaktionen und sogar bestimmte Gesichtsausdrücke können bei unseren Kindern Angst auslösen. Möglicherweise haben Sie sich noch nie Gedanken darüber gemacht, ob es in Ordnung ist, diese verschiedenen Ausdrucksformen zu benutzen, wenn Sie verärgert sind. Aber nach der Lektüre dieses Kapitels möchten Sie vielleicht einmal darüber nachdenken, was Ihre Kinder wohl empfinden, wenn Sie wütend oder frustriert werden.

Stellen Sie sich zum Beispiel vor, Sie sind die Mutter beziehungsweise der Vater eines Dreijährigen, der begonnen hat, Sie regelmäßig zu schlagen. In der Kita ist er im Allgemeinen ruhig, aber Ihnen gegenüber wird er zunehmend aggressiver – etwa wenn Sie »Nein« zu ihm sagen, und manchmal auch ohne erkennbaren Grund. Ihre automatische körperliche und emotionale Reaktion auf den Schmerz ist unmittelbare und verständliche Wut. Sie wollen ruhig und fürsorglich bleiben, aber es tut weh, geschlagen zu werden. Abgesehen davon ist es frustrierend, dass Ihr Sohn Ihre Anweisungen, keine Gewalt anzuwenden, missachtet.

Augenblicke der Wut und der Frustration gehen ganz einfach mit dem Elternsein einher. Soweit wir wissen, führt kein Weg an ihnen vorbei. Und es soll auch gar keiner an ihnen vorbeiführen. Gefühle an sich sind gut, sogar gesund. Aber was wir mit diesen Gefühlen *tun*, kann, wenn wir nicht aufpassen, bedrohlich sein. Wichtig ist, dass wir darauf achten, wie wir auf diese Emotionen reagieren, die entstehen, wenn unser Nervensystem in einen sogenannten übererregten Zustand gerät. Es ist nicht leicht, die Vier Schlüssel in Anschlag zu bringen, wenn wir uns selbst emotional außer Kontrolle fühlen. Denn in diesen Momenten hat unser Nervensystem die Aufgabe, *uns* zu beschützen. Und das bedeutet normalerweise, dass wir uns entweder für den Kampf rüsten, weglaufen oder abschalten. Die Priorität liegt also nicht bei den Vier Schlüsseln; vielmehr bereitet sich Ihr Körper auf Kampf, Flucht, Erstarren oder Ohnmacht vor. Und das sind nicht die Reaktionen, die Ihren Kindern helfen, sich beschützt zu fühlen.

Deshalb müssen wir als Eltern gut aufpassen, wenn wir merken, dass unser Nervensystem in einen Zustand der Übererregung gerät.

Wenn Sie das Brennen an Ihrem Oberschenkel spüren, weil Ihr Dreijähriger Sie an diesem Morgen zum dritten Mal schlägt, sendet Ihr Körper Ihnen alle möglichen Signale, um Ihnen mitzuteilen, dass Sie auszurasten drohen. Ihre Zähne beißen aufeinander. Ihre Muskeln spannen sich an. Ihre Augen weiten sich. Sie kennen das Gefühl.

> Es ist wichtig, dass wir als Eltern gut aufpassen, wenn wir merken, dass unser Nervensystem in einen Zustand der Übererregung gerät.

In hochemotionalen Situationen wie dieser ist es möglicherweise nicht allzu effektiv, sich einfach zu sagen, man solle sich beruhigen. Bis zehn zu zählen ist eine weitere Strategie, die Sie bereits kennen. Vielleicht hilft sie, vielleicht aber auch nicht. Dies sind alles Techniken, die im oberen Gehirn ansetzen, und bei manchen Menschen können sie sich als nützlich erweisen. Bei den meisten Menschen ist dieser »Top-Down«-Ansatz zur Wiedererlangung von Ruhe jedoch nicht besonders wirksam. Das liegt hauptsächlich daran, dass die Emotionen im Körper und im unteren Gehirn entstehen.

Viele Menschen finden es deshalb hilfreicher, zum Ändern ihrer Emotionen einen »Bottom-Up«-Ansatz zu nutzen, wenn sie Gefahr laufen, die Kontrolle zu verlieren. Sie atmen zum Beispiel tief ein und lassen die Ausatmung länger dauern als die Einatmung. Oder sie überprüfen ihre Körperhaltung und bemerken dabei die Starrheit, die der intensive emotionale Zustand in ihren Gliedern erzeugt hat. Manche Leute empfinden es als beruhigend, eine Hand auf ihre Brust und eine auf ihren Bauch zu legen und einfach einen Moment lang still zu sein. Über diese Bottom-Up-Techniken ist viel geschrieben worden, und es gibt unendlich viele verschiedene Strategien. Der Punkt ist folgender: Wenn Sie merken, dass Ihr unteres Gehirn und Ihr Nervensystem erregt werden, müssen Sie sich in irgendeiner Weise um Ihre Emotionen kümmern und Ihr oberes Gehirn wieder in einen Zustand des Gleichgewichts bringen, damit Sie von Ihrem Kind nicht als Bedrohung empfunden werden.

Wenn Sie merken, dass Ihr unteres Gehirn und Ihr Nervensystem erregt werden, müssen Sie sich in irgendeiner Weise um Ihre Emotionen kümmern und Ihr oberes Gehirn wieder in einen Zustand des Gleichgewichts bringen, damit Sie von Ihrem Kind nicht als Bedrohung empfunden werden.

Sie können Ihr Kind nicht vor jeder möglichen Gefahr bewahren. Sie können Ihr Bestes tun, um es zu beschützen, aber es wird Erfahrungen machen, die Angst und Schmerz verursachen. Was Sie vermeiden sollten ist, selbst die Quelle von Angst und Schmerz zu sein.

Strategie Nr. 2 zur Förderung des Schutzes: Reparieren, reparieren und abermals reparieren!

Trotz Ihrer Bemühungen, keinen Schaden anzurichten, werden Sie sich wahrscheinlich manchmal auf eine Art und Weise verhalten, die Ihnen nicht gefällt. Es gibt keine perfekten Eltern, und wenn Sie Zeit mit Ihren Kindern verbringen und sie erziehen, werden Sie viele Fehler machen – so wie wir alle. Wir haben in diesem Kapitel viel darüber gesprochen, wie schädlich bestimmte Erfahrungen für Kinder sein können. Und wir hoffen, Sie werden sorgfältig darüber nachdenken, wie Sie in der Welt und im Kopf Ihres Kindes mehr Schutz und Geborgenheit erzeugen können. Wir hoffen außerdem, dass Sie über die Male nachdenken, als Sie Ihrem Kind mit der Lautstärke und dem Tonfall Ihrer Stimme, mit Ihren Worten, einem beängstigenden Gesichtsausdruck oder einem zu rauen Umgang mit seinem Körper Angst gemacht haben. Jedes Mal, wenn wir in einen reaktiven Zustand geraten – und insbesondere, wenn dieser bei unserem Kind Angst erzeugt –, sollten wir die Beziehung so schnell wie möglich reparieren.

Das ist unser zweiter Vorschlag für die Förderung des Schutzes und die Stärkung des Zugehörigkeitsgefühls Ihrer Kinder: zu erkennen, dass Sie einen Bruch in der Beziehung reparieren können, nachdem Sie auf Ihre Kinder aus einem »bedrohten« Gehirnzustand heraus reagiert haben. Auf diese Weise ist es Ihnen möglich, Ihren Kindern jederlei wertvolle Erfahrungen zu bieten – auch wenn Sie sich nicht gerade so verhalten, wie Sie es gerne täten.

Wir sprechen hier nicht über Missbrauch oder Vernachlässigung, sondern nur über diese Male, wenn Sie einen Fehler machen, wie wir es alle tun. Vielleicht rasten Sie in dem Moment sogar aus und werden so vollständig durch Ihre erhöhte Reaktionsbereitschaft angetrieben, dass Sie den Kontakt zu dem empfänglichen, integrativen »Obergeschoss« Ihres Gehirns verlieren. In so einem Moment bezeichnen Sie möglicherweise etwas als lächerlich und rufen ein gutes Stück lauter als nötig: »Jetzt reicht's! Das nächste Mal, wenn sich jemand darüber beschwert, wo er im Auto sitzt, lasse ich ihn die Woche drauf auf dem Rücksitz schlafen!« Oder vielleicht sind Ihre Abschiedsworte an Ihre Neunjährige, die auf dem gesamten Weg zur Schule geschmollt hat, weil Sie sie zum Klavierüben gezwungen haben: »Ich hoffe, du hast einen schönen Tag, jetzt, wo du mir den ganzen Vormittag verdorben hast!«

> Wenn Sie auf Ihre Kinder aus einem »bedrohten« Gehirnzustand heraus reagiert haben, können Sie einen Bruch in der Beziehung reparieren. Auf diese Weise ist es Ihnen möglich, Ihren Kindern jederlei wertvolle Erfahrungen zu bieten – auch wenn Sie sich nicht gerade so verhalten, wie Sie es gerne täten.

Solche Reaktionen sind natürlich keine Beispiele für grandiose Erziehung. Aber sie sind weitverbreitet, und wir können sie ans Licht holen, damit wir sie benennen und lernen, ihre Häufigkeit und Intensität in unseren Beziehungen zu unseren Kindern zu verringern. Wir rasten aus, wenn wir verärgert sind, und manchmal sogar, wenn wir gar nicht wissen, was los ist. Dieser reaktive Kampf-Flucht-Erstarrung-oder-Ohnmacht-Zustand kann schnell eintreten, wenn wir uns bedroht fühlen. In diesem »hirnlosen« Zustand wird unsere Fähigkeit abgeschaltet, offen und empfänglich für das zu sein, was in uns und in unserem Kind vorgeht. Und ironischerweise verstärken wir, wenn wir die Fassung verlieren, mitunter den Kummer oder Stress in unserem Kind, der unsere erhöhte Reaktionsbereitschaft überhaupt erst hervorgerufen hat. Ohne Ihr reflektierendes oberes Gehirn agieren Sie möglicherweise weiterhin aus diesem reaktiven, hirnlosen Zustand heraus, ohne zu erkennen, dass Sie eine Reparatur vornehmen müssen – zuerst in Ihrem Inneren und dann bei Ihrem Kind. Und wenn Sie so sind wie die meisten fürsorglichen Eltern, gehen Sie hart mit sich selbst ins Gericht, wenn Sie die Dinge nicht so handhaben, wie Sie es Ihrer Meinung nach tun sollten.

Es gibt also Hoffnung: Diese Momente, in denen Sie als Mutter oder Vater ausrasten, sind, wenn repariert, nicht unbedingt so schlimm für Ihre Kinder. Es ist wichtig, ihre Häufigkeit und Intensität zu reduzieren, und eine zuverlässige Reparatur ist von entscheidender Bedeutung. Die Wahrheit aber ist, dass Sie sogar Ihre Fehler dazu nutzen können, das Schutzgefühl Ihrer Kinder zu stärken und die Eltern-Kind-Bindung zu festigen.

Warum ist das so? Weil diese nicht gerade perfekten elterlichen Reaktionen den Kindern Gelegenheit geben, mit schwierigen Situationen fertigzuwerden und deshalb neue Fähigkeiten zu entwickeln – wie etwa zu lernen, sich unter Kontrolle zu haben, obwohl ihre Mutter oder ihr Vater sich gerade selbst nicht sehr gut unter Kontrolle hat. Und dann sehen die Kinder, dass Sie später zurückkommen, sich entschuldigen und die Situation reparieren. Sie lernen zudem, es auszuhalten, dass es in Beziehungen Brüche und in der Folge Reparaturen gibt. Solange Sie nach einem Fehler Schritte unternehmen, um die Beziehung wiederherzustellen, und in dem Moment effektiv reagieren, können Sie ein wenig nachsichtig mit sich selbst sein und davon ausgehen, dass die Erfahrung für Ihr Kind wertvoll war – auch wenn Sie sich vielleicht wünschen, Sie hätten die Dinge anders gemacht.

Wir möchten es noch einmal betonen: Bei Missbrauch oder auch bei einer sehr harschen Erziehung sieht die Sache natürlich anders aus. Oder wenn Sie die Beziehung erheblich beschädigen, Ihr Kind nicht beschützen, ihm Angst machen oder ihm wehtun. Dann ist die Erfahrung selbstverständlich für keinen Beteiligten mehr wertvoll. In solchen Fällen ist es sehr wichtig, dass Sie die Hilfe bekommen, die Sie und Ihr Kind für eine Änderung des Geschehens bei Ihnen zu Hause und für eine Heilung von diesen Verletzungen brauchen. Wenn Sie aber einfach mit einer Situation schlecht umgegangen sind, wie es vielen von uns passiert, können Sie einen solchen Moment nutzen, um in Ihrer Beziehung zu Ihrem

Kind etwas Lehrreiches und Bedeutsames zu schaffen. Der Schritt nach dem Konflikt, das heißt die Reparatur des Beziehungsbruchs, ist entscheidend. Nachdem Sie einen Fehler gemacht haben, erinnern Sie sich daran, was am wichtigsten ist – Ihre Beziehung zu Ihrem Kind –, und bringen die Sache mit ihm wieder in Ordnung.

Entschuldigen Sie sich, wenn es nötig ist. Lachen Sie zusammen. Je eher das Kind weiß, dass zwischen Ihnen beiden wieder alles normal ist, umso schneller kann die Beziehung erneut wachsen und sich vertiefen. Und umso schneller wird das Kind sich beschützt und geborgen fühlen, denn es weiß, dass starke Gefühle langfristig keinen Bruch in der Beziehung bewirken. Dieser Akt der Reparatur wird Ihrem Kind vermitteln: »Es ist vielleicht manchmal schwierig zwischen uns, aber meine Liebe ist dir gewiss. Ich werde immer für dich da sein. Ganz egal, was passiert.«

Strategie Nr. 3 zur Förderung des Schutzes: Helfen Sie Ihren Kindern, sich in einem sicheren Hafen geborgen zu fühlen

Die letzte Strategie, die wir Ihnen zur Förderung des Schutzes empfehlen, besteht darin, Ihren Kindern das Gefühl zu geben, »in einem sicheren Hafen geborgen zu sein«. Auch wenn Sie manchmal Fehler machen und auf bestimmte Situationen unangemessen reagieren, können Sie in Ihrem Zuhause eine Umgebung schaffen, die Ihren Kindern Schutz und Wohlbefinden bietet.

Nachdem Sie einen Fehler gemacht haben, erinnern Sie sich daran, was am wichtigsten ist – Ihre Beziehung zu Ihrem Kind –, und bringen die Sache mit ihm wieder in Ordnung.

Stellen Sie sich dies folgendermaßen vor: Bevor ein Schiff zu einer Reise auf hoher See aufbricht, muss es durch Verstärkung des Rumpfes, Befestigung der Segel und Beladung mit Vorräten seetüchtig gemacht werden. Diese Vorbereitung findet in einem sicheren Hafen statt, der das Schiff vor den Gefahren der unvorhersehbaren und stürmischen See schützt, die es auf seiner Reise geben wird. Dadurch, dass der Hafen ein in sich geschlossener Bereich ist, wird gewährleistet, dass das Schiff sicher und vor der Außenwelt geschützt ist.

> Auch wenn Sie manchmal Fehler machen und auf bestimmte Situationen unangemessen reagieren, können Sie in Ihrem Zuhause eine Umgebung schaffen, die Ihren Kindern Schutz und Wohlbefinden bietet.

Sie sind der sichere Hafen für Ihr Kind.

Sind gelegentliche Stürme elterlicher Not, die bei einem Kind Angst und Verwirrung auslösen, auch unvermeidlich, können Sie als Elternteil Ihrem Kind doch beibringen, diese

Stürme abzuwettern: indem Sie durch offene Gespräche emotionale Nähe erzeugen und reflektierende Kommunikation ermöglichen. Wenn ein Boot auf See von einem Sturm beschädigt wird, sucht es sich einen geschützten, sicheren Hafen, in den es zurückkehren kann. Hier werden Reparaturen durchgeführt, die Lebensmittel- und Wasservorräte wieder aufgefüllt und das nächste Abenteuer vorbereitet. Indem Sie reflektierende Gespräche führen und unangenehme Zustände wie Angst oder Verwirrung anerkennen, damit die Kinder sich einen Reim auf sie machen können, kommunizieren Sie Ihren Kindern, dass Sie der sichere Hafen sind. Sie vermitteln ihnen, dass sie immer wieder zu diesem Hafen zurückkehren können, um sich zu sammeln und die Ruhe und Klarheit wiederzugewinnen, die sie brauchen, um in die Welt hinauszuziehen. Sie repräsentieren diese Sicherheit.

Sich in einem sicheren Hafen geborgen fühlen: Das ist die Erfahrung, die Sie als Ziel vor Augen haben sollten, wenn Sie entscheiden, wie Sie auf einen bestimmten Zustand Ihres Kindes reagieren wollen. Wenn Ihnen der Umgang mit

Seien Sie der sichere Hafen, den Ihr Kind ansteuern kann.

schmerzhaften Gefühlen Schwierigkeiten bereitet, wird Ihr Kind lernen, dass es von Ihnen nicht gesehen oder beruhigt wird – dies sind die nächsten beiden Schlüssel, die wir in diesem Buch untersuchen werden –, und es wird ihm schwerfallen, einen allgemeinen Zustand der Bindungssicherheit zu entwickeln (den vierten Schlüssel). Ein sicherer Hafen zu sein bedeutet, dass Sie Ihren Beschützermodus aktivieren, wenn Ihr Kind Angst verspürt – egal, ob die Quelle dieser Angst die Außenwelt ist oder Ihr eigenes, unbeabsichtigt beängstigendes Verhalten. Falls Sie die Ursache eines Bruchs sind, ist eine Reparatur von entscheidender Bedeutung. Aber bei dieser dritten Strategie schaffen Sie einen sicheren Hafen durch die verlässlichen, sich wiederholenden Kommunikationsmuster, mit denen Sie Ihrem Kind im Wesentlichen sagen: »Welches auch immer die Quelle deiner Not oder Angst ist, du kannst dich darauf verlassen, dass ich ein sicherer Hafen bin, der dich vor den schrecklichen Stürmen des Lebens beschützt.«

Für uns selbst da sein

Am Ende dieses und jedes folgenden Kapitels möchten wir Ihnen Gelegenheit geben, das Gelesene zu verarbeiten und es nicht nur auf Ihre Kinder und Ihre Beziehung zu ihnen, sondern auch auf sich selbst als Individuum anzuwenden. Selbstverständlich ist es wichtig, dass wir eine gesunde Kind-Eltern-Bindung fördern. Aber wie wir im vorherigen Kapitel erklärt haben, ist es ebenfalls unerlässlich, dass wir über unsere Erfahrungen mit unseren eigenen Bezugspersonen nachdenken.

Möglicherweise hat die Lektüre der ersten Kapitel dieses Buches Dankbarkeit bei Ihnen erzeugt, als Sie an die sichere Bindung dachten, die Sie von Ihren Eltern oder zumindest von einem Elternteil erhalten haben. Falls Sie auf diese Weise beschenkt wurden, wird es für Sie viel einfacher sein und sich wahrscheinlich sogar ziemlich natürlich anfühlen, für Ihre Kinder da zu sein und ihnen zu helfen, sich beschützt zu fühlen.

Wurden Ihnen als Kind jedoch nicht die Erfahrungen geboten, die eine sichere Bindung fördern, war es möglicherweise schwierig, diese Seiten zu lesen. Wenn Ihre Bezugspersonen die Quelle Ihres Schreckens waren und/oder Sie nicht beschützten, wenn Sie Angst hatten, setzen Sie sich jetzt unter Umständen damit auseinander, wie schwer das für Sie war. Vielleicht denken Sie darüber nach, warum es Ihnen heute nicht leichtfällt, Ihren Kindern diese Erfahrungen zu bieten. Und Sie verstehen, warum das so ist. In diesem Kapitel lag unser Schwerpunkt auf Schutz als einem der Schlüssel, mit deren Hilfe ein Kind sich in Richtung sicherer Bindung bewegen kann. Im weiteren Verlauf des Buches werden Sie sehen, wie alle Schlüssel miteinander zusammenhängen. Möglicherweise werden Sie feststellen, dass einer, zwei oder alle drei Schlüssel in Ihrer Kindheit fehlten oder eine Herausforderung darstellten. Wir werden besprechen, wie sich das auf Ihre Entwicklung ausgewirkt hat und jetzt Einfluss auf Ihre Beziehung zu Ihrem Kind nimmt.

Umso wichtiger ist es, dass Sie sich die Zeit nehmen, nicht nur über Ihre Erfahrungen mit Ihren Kindern und Ihre Wünsche für sie nachzudenken – sowie über die wissenschaftlichen Erkenntnisse und die Philosophie, die hinter dem hier beschriebenen Ansatz stehen –, sondern auch über Ihre frühen Erfahrungen mit Ihren eigenen Bezugspersonen. Dann können Sie sich klarer darüber werden, wo Sie jetzt stehen, und dadurch eine bessere Mutter oder ein besserer Vater für Ihre Kinder sein – ein Elternteil, der ihnen den Schutz und die Sicherheit bietet, die sie dafür rüsten, in die Welt hinauszuziehen.

Schauen Sie sich vor diesem Hintergrund noch einmal die Bindungskategorien im vorherigen Kapitel an und denken Sie über Ihre Erfahrungen mit Ihren eigenen Eltern nach, insbesondere im Hinblick auf Ihr Gefühl von Schutz und Geborgenheit. War Ihre Beziehung zu Ihren Eltern eher durch die vermeidende Form der Bindung gekennzeichnet, die bei Erwachsenen zur abweisenden Strategie führt? Falls ja, fühlten Sie sich wahrscheinlich nicht ermutigt, um Hilfe zu bitten oder über Ihre Gefühle zu sprechen. Möglicherweise haben Sie gelernt, Ihre Gefühle zu verbergen, sogar vor sich selbst. Falls Ihre Bindungsbeziehung zu Ihren Eltern hingegen ambivalent war, was bei Erwachsenen zu einer präokkupierten Bindungsstrategie führen kann, waren emotionale und zwischenmenschliche Verbindung und Beruhigung wahrscheinlich nicht verlässlich gegeben beziehungsweise manchmal sogar aufdringlich und verwirrend. Sie mussten, was Ihre Verbindungen zu anderen

Nehmen Sie sich die Zeit, über Ihre Erfahrungen mit Ihren Kindern und Ihre Wünsche für sie nachzudenken, und über Ihre frühen Erfahrungen mit Ihren eigenen Bezugspersonen – sowie über die wissenschaftlichen Erkenntnisse und die Philosophie, die hinter dem hier beschriebenen Ansatz stehen. Dann können Sie sich klarer darüber werden, wo Sie jetzt stehen, und dadurch eine bessere Mutter/ein besserer Vater für Ihre Kinder sein; ein Elternteil, der ihnen den Schutz und die Sicherheit bietet, die sie dafür rüsten, in die Welt hinauszuziehen.

angeht, auf der Hut bleiben, waren sich über die Beziehung im Unklaren und wussten nicht, wann Ihre Bedürfnisse in dieser Beziehung erfüllt werden würden. Und falls Ihre Bindungserfahrungen mit Ihren Eltern noch einen weiteren Schritt von Erfahrungen der Sicherheit entfernt waren, schufen sie möglicherweise das Chaos und die Unvorhersehbarkeit, die mit der desorganisierten Bindungsbeziehung einhergehen. Dann können selbst Ihre elementarsten Beziehungsinteraktionen manchmal desorientierend und mit einem Gefühl schrecklicher Angst verbunden gewesen sein, das Sie nicht auflösen konnten. Hierbei handelt es sich eindeutig um eine Verletzung des grundlegenden Bedürfnisses nach Schutz.

Es folgen nun ein paar Fragen, die Ihnen helfen sollen, mehr Klarheit über diese Erfahrungen zu gewinnen sowie darüber, wie sie sich heute bei Ihnen als Mutter oder Vater manifestieren:

1. Inwiefern haben Ihre Eltern oder andere Bezugspersonen Ihnen geholfen, sich geborgen zu fühlen? In welcher Hinsicht haben Sie sich nicht geborgen gefühlt? Denken Sie über Ihre körperlichen, emotionalen und zwischenmenschlichen Erfahrungen nach.
2. Fühlten Sie sich von Ihren Eltern beschützt? Inwiefern haben sie ihre Sache gut gemacht? Inwiefern haben sie versagt?
3. Haben Sie sich jemals vor Ihren Eltern gefürchtet? Waren Ihre Eltern jemals die Quelle Ihrer Angst?
4. Welche andere Reaktion hätten Sie sich von Ihren Eltern gewünscht? Was wäre für Sie ideal gewesen, um sich beschützt zu fühlen?

5. Gab es irgendjemanden in Ihrer Familie oder außerhalb Ihrer Familie, an den Sie sich als schützenden Zufluchtsort wenden konnten?
6. Wie fühlen Sie sich, wenn Sie daran denken, dass Ihr Kind durch Ihr eigenes elterliches Verhalten und Ihre eigene erhöhte Reaktionsbereitschaft verängstigt ist? Unter welchen Bedingungen ertappen Sie sich dabei, dass Sie ausrasten?
7. Welche Antwort würde sich Ihr Kind Ihrer Meinung nach von Ihnen wünschen, wenn es nach einer schwierigen Interaktion mit Ihnen aufgewühlt zu Ihnen kommt? Was könnten Sie ändern?
8. Wie kam es in Ihrer Familie während Ihrer Kindheit und Jugend nach einem subtilen oder schwerwiegenden Bruch zu einer Reparatur? Wie leiten Sie als Mutter oder Vater jetzt eine Reparatur ein?

Wir sind uns darüber im Klaren, dass es möglicherweise eine Herausforderung darstellt, sich diese Fragen zu stellen, die alle möglichen Emotionen hervorrufen können: Schuld, Angst, Unruhe, Traurigkeit und andere Gefühle, einschließlich einer schwer zu beschreibenden Sehnsucht. Auch ein Zustand der Hilflosigkeit oder Scham kann sich einstellen. Vergessen Sie aber nicht die gute Nachricht für alle Erwachsenen, deren Eltern sich in ihrer Kindheit und Jugend nicht optimal verhalten haben: Sie können eine sichere Bindung erwerben, indem Sie die wichtigen Voraussetzungen für Sicherheit kennenlernen und sie jetzt in Ihrem Leben schaffen. Sie müssen sich lediglich über Ihre eigenen Erfahrungen klar werden und ein kohärentes Narrativ über sie entwickeln. Mit anderen Worten, Sie müssen sich einen Reim darauf machen, was Ihnen widerfahren ist und wie es Ihre Entwicklung beeinflusst hat. Dadurch können Sie die Art von Bindung erwerben, die es Ihnen erlaubt zu lernen, wie Sie Ihre Kinder in einer Weise großziehen können, die sich vollkommen von der unterscheidet, wie Sie selbst großgezogen wurden, und die viel gesünder ist. Die sorgfältig durchgeführte Forschung zeigt: Die Bindungsstrategien, die wir als Kinder lernen, lassen sich während der gesamten Lebensdauer verändern und weiterentwickeln.

Mitunter ist es sehr hilfreich, gemeinsam mit einem Therapeuten auf Reflexion und Verständnis hinzuarbeiten, insbesondere mit einem Therapeuten, der sich mit Bindung auskennt. So können Sie allmählich mit Ihren Kindern in einer Weise kommunizieren und interagieren, die ihnen hilft, sich beschützt zu fühlen – unabhängig davon, wie Sie selbst erzogen wurden. Dann werden diese positiven Erfahrungen, die Sie Ihren Kindern bereiten, ihr Gehirn auf konstruktive, integrative Weise verdrahten, sodass sie sich zu sicheren, unabhängigen und resilienten Erwachsenen entwickeln. Sie können für Ihre eigenen Kinder zu dem sicheren Hafen werden, den Sie als Kind niemals hatten. Und denken Sie nur daran, was für Eltern Ihre Kinder sein werden, wenn sie zu sicher gebundenen Erwachsenen mit einer soliden emotionalen Basis heranwachsen!

Die Bindungsstrategien, die wir als Kinder lernen, lassen sich während der gesamten Lebensdauer verändern und weiterentwickeln.

Ist das nicht aufregend? Durch Ihren Mut, Ihre harte Arbeit und Ihre Bereitschaft, über Vergangenes nachzudenken und sich über Ihre eigene Geschichte klar zu werden, können Sie einen Kreislauf unsicheren elterlichen Verhaltens durchbrechen und mit einem neuen Ansatz beginnen, der die Bindung Ihrer Kinder und Enkelkinder stärken und ihre Sicherheit fördern wird. Diese Entwicklung setzt sich dann in zukünftigen Generationen weiter fort. Für sich selbst da zu sein, ist also einfach nur eine weitere Möglichkeit, für die eigenen Kinder da zu sein – und für deren Kinder und Enkelkinder.

Denken Sie nur daran, was für Eltern Ihre Kinder sein werden, wenn sie zu sicher gebundenen Erwachsenen mit einer soliden emotionalen Basis heranwachsen! Für sich selbst da zu sein, ist also eine weitere Möglichkeit, für die eigenen Kinder da zu sein – und für deren Kinder und Enkelkinder.

gesehen

KAPITEL 4

Wahrnehmen, verstehen und reagieren

Kindern helfen, sich *gesehen* zu fühlen

Der zweite der Vier Schlüssel besteht darin, Kindern zu helfen, sich *gesehen* zu fühlen. Unsere Kinder wirklich zu sehen, bedeutet im Wesentlichen, dass wir drei Dinge tun: (1) Wir stimmen uns so auf ihre innere Befindlichkeit ein, dass sie wissen, wir *begreifen* sie, wodurch sie sich auf einer tiefen und bedeutsamen Ebene verstanden und »gefühlt fühlen« können; (2) wir nutzen unsere Vorstellungskraft, um uns einen Reim darauf zu machen, was in ihrem Geist vor sich geht, und verstehen dadurch ihr Innenleben; (3) wir reagieren auf eine sogenannte »kontingente« oder abgestimmte Art und Weise, das heißt, wir beantworten das, was wir sehen, rasch und effektiv. Bitte beachten Sie, dass wir »kontingent« in einer etwas anderen Bedeutung als sonst üblich verwenden: Kontingente Kommunikation stützt sich auf einen dreistufigen Prozess – wahrnehmen, verstehen und reagieren (auf diese verbindende, rasche Art) – und stellt einen universellen »Dreiklang der Verbindung« dar. Dieser hilft Kindern, sich von ihren Bezugspersonen gefühlt zu fühlen. Kinder auf diese Weise zu »sehen« bedeutet, sich weniger auf das spezifische Verhalten eines Kindes oder die von außen beobachtbaren Ereignisse einer Situation zu konzentrieren, als vielmehr auf den Geist, der dem Verhalten *zugrunde liegt*, beziehungsweise auf das, was im Inneren passiert.

DER DREIKLANG DER VERBINDUNG HILFT KINDERN, SICH GESEHEN ZU FÜHLEN.

Die alte Binsenweisheit, dass eine Beziehung Qualitätszeit benötigt – das heißt besonders gehaltvolle, wertvolle Zeit –, ist absolut richtig. Natürlich ist Quantitätszeit ebenfalls wichtig. Unsere Kinder brauchen es, dass wir in ihrer Nähe sind, mit ihnen spielen, zu ihren Sportveranstaltungen und Aufführungen gehen. Aber wenn wir unseren Kindern helfen wollen, sich *gesehen* zu fühlen, müssen wir mehr tun, als nur physisch präsent zu sein. Wir müssen uns zusätzlich auf diese kontingente Art mit ihnen verbinden – diesen Dreiklang der Verbindung herstellen – und für sie da sein, wenn sie Kummer haben, sowie mit ihnen feiern, wenn sie etwas leisten und Erfolg haben oder einfach nur glücklich sind. Wir müssen *mit unserer mentalen Präsenz* für sie da sein.

Wie gut sind Sie darin, Ihre Kinder zu sehen? Damit meinen wir: sie wirklich als die zu sehen, die sie sind – sie wahrzunehmen, zu verstehen und rasch und effektiv auf sie einzugehen. Wenn Sie dies tun, erfährt Ihr Kind nicht nur die emotionale Empfindung, dazuzugehören, sich gefühlt zu fühlen, sondern auch die, gekannt zu werden. Die Wissenschaft behauptet Folgendes (und die praktische Erfahrung stützt diese Behauptung): Wenn wir für unsere Kinder da sind und ihnen die Erfahrung bieten, gesehen zu werden, können sie lernen, sich selbst klar und ehrlich zu sehen. Wenn wir unsere Kinder direkt und wirklich kennen, lernen sie, sich ebenfalls so zu kennen. Um unsere Kinder zu sehen, müssen wir lernen, aus einer Haltung der Präsenz heraus wahrzunehmen, zu verstehen und zu reagieren. Nur dann können wir offen dafür sein, wer sie tatsächlich sind und wer sie werden. Dann sehen wir sie nicht so, wie wir sie gerne hätten, sehen wir sie nicht durch den Filter unserer eigenen Ängste oder Wünsche. Betrachten Sie sie einfach, lernen Sie sie kennen, nehmen Sie sie an und unterstützen Sie Ihre Kinder, während sie in die Fülle ihrer selbst hineinwachsen.

> Wie gut sind Sie darin, Ihre Kinder zu sehen? Sie wirklich als die zu sehen, die sie sind? Wenn wir für unsere Kinder da sind und ihnen die Erfahrung bieten, gesehen zu werden, können sie lernen, sich selbst klar und ehrlich zu sehen.

Nehmen Sie sich jetzt einen Moment Zeit und spulen Sie im Geist vor zu einem Tag in der Zukunft, an dem Ihr Kind, nun erwachsen, zurückblickt und darüber spricht, ob es sich von Ihnen *gesehen* fühlte. Vielleicht spricht es mit dem Ehepartner, einem Freund oder einem Therapeuten. Es spricht mit jemandem, zu dem es ganz schonungslos ehrlich ist. Können Sie sich die Szene vor Ihrem geistigen Auge vorstellen? Vielleicht hält Ihr Kind eine Tasse Kaffee in der Hand und sagt: »Meine Mutter war nicht perfekt, aber ich wusste immer, dass sie mich genau so liebte, wie ich war.« Oder: »Mein Vater war *immer* auf meiner Seite, auch wenn ich Schwierigkeiten hatte.« Würde Ihr Kind so etwas sagen? Oder würde es letztendlich darüber sprechen, dass seine Eltern immer von ihm verlangten, etwas zu sein, was es nicht war, oder sich nicht die Zeit nahmen, es wirklich zu verstehen? Oder dass sie von ihm erwarteten, sich auf eine nicht authentische Art zu verhalten, um eine spezielle Rolle in der Familie zu spielen oder auf eine bestimmte Weise zu wirken?

Wir kennen alle das Klischee des Vaters, der seinen unsportlichen Sohn zum Athleten machen will, oder der Mutter, die ihr Kind drangsaliert, damit es glatte Einsen schreibt – egal, ob das Kind die Fähigkeit oder die Neigung dazu hat. Dies sind Beispiele für Eltern, die nicht sehen, wer ihre Kinder wirklich sind. Wenn es sich bei solchen Vorkommnissen um isolierte Erfahrungen im Laufe einer Kindheit handelt, werden sie wahrscheinlich nicht groß ins Gewicht fallen – schließlich kann kein Elternteil jederzeit auf sein Kind eingestimmt sein. Wiederholt sich dieses Muster jedoch, werden derartige Situationen wahrscheinlich negative Folgen für das Kind, den Elternteil und die Beziehung haben.

Ein anderes Beispiel trat in einer Familie auf, die wir beide kennen. Jasmine ist eine alleinerziehende Mutter, deren Tochter Alisia mit acht Jahren anfing, über ungewöhnliche

Kopfschmerzen zu klagen. Sie begann in der Schule zu fehlen und auch andere Aktivitäten zu versäumen. Nachdem der Kinderarzt Untersuchungen durchgeführt und erklärt hatte, mit Alisia sei alles in Ordnung, war Jasmine ratlos. Sie wollte ihrer Tochter glauben und sie unterstützen und brachte sie zu einem Spezialisten nach dem anderen. Als ihr aber wiederholt gesagt wurde, dass alles in Ordnung zu sein schien, konnte sie nicht anders, als sich zu fragen, ob ihre Tochter den Schmerz nur erfand, um so um Dinge herumzukommen, zu denen sie keine Lust hatte. An manchen Tagen ließ sie Alisia zu Hause bleiben, an anderen Tagen zwang sie sie, zur Schule oder zu ihren anderen Aktivitäten zu gehen. Das Ergebnis war ein ständiger Konflikt in der Beziehung.

Das Hin und Her dauerte mehrere Monate. Jasmine fühlte sich schuldig, weil sie ihrer Tochter nicht glaubte, versuchte aber auch dafür zu sorgen, dass sie die Schule und wichtige Erfahrungen nicht verpasste. Alisia gab ihr Bestes, um ihre Mutter glücklich zu machen, quälte sich aber dabei. Schließlich suchten Mutter und Tochter einen Neuropsychologen auf. Der fand heraus, dass Alisia tatsächlich an einer komplexen und rätselhaften Störung litt, die sich genau in der Art von Symptomen manifestierte, die bei ihr auftraten. Erfreulich war, dass sich die Krankheit mit Medikamenten und einer Ernährungsumstellung relativ leicht behandeln ließ. Unerfreulich war, dass das kleine Mädchen so lange ohne Erleichterung gelitten hatte. Und genauso unerfreulich war: Alisia hatte gemerkt, dass ihre Mutter ihr manchmal nicht glaubte, wenn sie ihr mitteilte, was sie durchmachte. Alisia hatte sowohl mit körperlichem als auch mit emotionalem Schmerz gelebt.

Jasmine fühlte sich natürlich ganz schlecht, weil sie ihre

Tochter nicht stärker unterstützt hatte. Sie hatte versucht, mitfühlend und verständnisvoll zu bleiben, und mit der ihr zur Verfügung stehenden Information das Beste aus der Situation gemacht. Aber sie hatte nicht gewusst, wie sie die Diskrepanz zwischen dem, was ihre Tochter ihr sagte, und dem, was die Ärzte ihr sagten, *verstehen* sollte. Auch wenn sie eine offene Wahrnehmung besaß, war ihr Verständnis doch getrübt, und deshalb fiel ihre Reaktion zwangsläufig ineffektiv aus. Dieser Dreiklang aus Wahrnehmen, Verstehen und Reagieren kann eine dreigliedrige Brücke zwischen Eltern und Kindern bilden, die bewirkt, dass Kinder sich gesehen fühlen. In Jasmines Fall aber war die Brücke nicht vollständig. Zusätzlich erkannte sie, dass durch die Situation mit Alisia ihre eigenen Emotionen getriggert wurden; Jasmines Mutter war oft krank gewesen, und das Letzte, was Jasmine hören wollte, war, dass ihre Tochter mit irgendeiner chronischen Krankheit zu kämpfen hatte. Das Gefühl der Hilflosigkeit kann bei jedem von uns die Fähigkeit trüben, den Dreiklang der Verbindung herzustellen. Letztendlich kam Jasmine dem Problem auf die Spur, auch wenn nicht alles so verlief, wie sie es sich erhofft hätte.

Dies ist ein Beispiel für eine Mutter, die ihr Bestes getan hat, um für ihre Tochter da zu sein und wirklich zu sehen, was mit ihrem Kind los war. Keiner von uns macht das immerfort richtig. Das Leben ist hart und komplex, und das Beste, was wir anbieten können, ist die *Absicht*, eine klare und beständige Verbindung zu schaffen – zu reparieren, wenn es nicht gut läuft, und die Bereitschaft zu bewahren, so gut wie möglich da zu sein, während das Leben sich entfaltet. Obwohl Jasmine nicht in der Lage war, das Problem sofort zu lösen, und obwohl Alisia sich nicht während des gesamten Prozesses unterstützt fühlte, konnte Jasmine durch ihre anhaltende Wachsamkeit schließlich die Wahrheit über Alisias Schmerz herausfinden. Ein weniger gezielt vorgehender Elternteil hätte seine Tochter einfach beschuldigen können, manipulativ zu sein, und sie zur Schule zwingen können. Jasmine aber ließ Alisia nicht hängen, sondern bewies Verlässlichkeit. Sie war nicht perfekt, aber sie war da und *sah* ihre Tochter. Sie bemühte sich, wahrzunehmen, zu verstehen und zu reagieren, so gut sie konnte. In diesem Fall wurde tatsächlich eine Diagnose gestellt. Aber selbst wenn Jasmine festgestellt hätte, dass Alisias Symptome *wirklich* erfunden oder psychosomatisch waren, hätte ihre Rolle als Mutter trotzdem darin bestanden, für ihre Tochter da zu sein und die Ursache der Gefühle, von denen Alisia berichtete, wahrzunehmen, zu verstehen und zu beantworten. Unabhängig von der Situation können wir umso liebevoller reagieren, je vollständiger wir unsere Kinder *sehen* können.

Wir führen dieses Beispiel an, um Folgendes zu verdeutlichen: Die eigenen Kinder zu sehen bedeutet nicht, als Eltern unfehlbarer zu sein. Niemand kann die Signale seiner Kinder immer perfekt deuten, und selbst wenn wir es versuchen, liegen wir manchmal daneben. Vielleicht haben wir das Gefühl, *mit* einem Kind zu lachen, während das Kind die Wahrnehmung hat, dass wir *auf seine Kosten* lachen. Vielleicht interpretie-

> Oft ist es Glückssache, die eigenen Kinder wirklich zu sehen. Aber wenn wir bei jedem Schritt des Dreiklangs ehrliche Anstrengungen unternehmen, haben wir die beste Chance auf Verbindung und Verständnis.

ren wir etwas, das eines unserer Kinder sagt, als Anzeichen von Angst und reagieren entsprechend, rufen damit aber Beleidigung hervor, weil das Kind den Eindruck hat, dass wir es für schwach halten beziehungsweise für unfähig, mit der Situation umzugehen. Oder uns hindern die Umstände daran, wirklich zu wissen, *wie* wir auf das reagieren sollen, was wir sehen. Dies war bei Alisia und ihrer Mutter der Fall. Der Punkt ist der, dass es oft Glückssache ist, seine Kinder wirklich zu sehen. Aber wenn wir bei jedem Schritt des Dreiklangs ehrliche Anstrengungen unternehmen, haben wir die beste Chance auf Verbindung und Verständnis.

Mindsight

Während sie sich bemühte, Alisias Problem zu lösen, demonstrierte Jasmine etwas, das wir »Mindsight« nennen. Übersetzt bedeutet das so viel wie »Innere Sicht«. Wenn Sie einige unserer anderen Bücher gelesen haben, kennen Sie vielleicht diesen von Dan geprägten Begriff. Er beschreibt die Fähigkeit eines Menschen, seinen eigenen Geist sowie den Geist anderer zu »sehen«. Ein Schlüsselaspekt von Mindsight ist Bewusstsein. Damit ist in diesem Zusammenhang gemeint, dass wir genau darauf achten, was in einer bestimmten Situation unter der Oberfläche abläuft. Jasmine strengte sich sehr an, dies bei Alisia zu tun – um zu sehen, was mit ihrer kleinen Tochter los war. Gleichzeitig war sie bestrebt, sich ihrer eigenen Kindheitserfahrungen bewusst zu bleiben, die ihre Sicht wahrscheinlich färbten. Das ist es, was Mindsight bieten kann: das Vermögen, den eigenen Geist sowie den Geist anderer zu kennen.

Stellen Sie sich zum Beispiel vor, Sie und Ihr Partner streiten sich über ein Erziehungsthema. Vielleicht möchte Ihr Partner, dass die Kinder mehr Aufgaben übernehmen, während Sie sich Sorgen machen, dass die Kinder bereits zu viel zu tun haben, und ihnen nicht noch mehr Pflichten aufbürden wollen. Im weiteren Verlauf Ihres Gesprächs eskaliert der Konflikt, bis Sie beide wütend sind. In diesem Moment wäre Mindsight ein mächtiges Werkzeug. Die Mindsight-Fähigkeit würde Ihnen mehr Selbst-Bewusstsein verschaffen und Ihnen helfen, nicht nur Ihren eigenen Meinungen und Wünschen, sondern auch Ihrer Frustration und Ihrem Ärger Beachtung zu schenken. Vielleicht würden Sie sogar merken, dass frühere Probleme – die Sie mit Ihrem Partner und vielleicht sogar mit Ihren Eltern hatten – Einfluss darauf haben, wie Sie die Diskussion wahrnehmen. Diese Art der Erkenntnis würde die Auseinandersetzung mit hoher Wahrscheinlichkeit deutlich beruhigen.

Noch nützlicher, als den Blick nach innen zu richten, um mehr *Selbst*-Verständnis zu entwickeln, könnte es sein, sich ebenfalls mithilfe von Mindsight zu überlegen, was wohl im Geist des Partners vorgeht. Viele der unterschiedlichen Kräfte in *Ihnen*, die dazu beigetragen haben, dass sich die Spannung im Gespräch erhöhte, sind wahrscheinlich auch in Ihrem Partner am Werk. Wenn Sie versuchen, die Angst oder die Emotionen zu verstehen, die seine Reaktion antreiben, und sogar Empathie für diesen Menschen, der Ihnen wichtig ist, zu empfinden, können Sie sich dem Streit – der jetzt eher eine Diskussion werden kann – ganz anders nähern. Sie gehen ihn mehr aus einer Haltung des Verständnisses und Mitgefühls an statt aus einer Haltung der Abwehr und des Urteils. Sie können im Gespräch immer noch an Ihrer Position festhalten, aber Ihr *Ansatz* beim Kommunizieren dieser Position hat ein viel größeres Potenzial, Sie beide zu verbinden statt zu trennen. Das ist die Macht von Mindsight.

Ja, Sie haben es vielleicht schon erraten: Der Dreiklang der Verbindung funktioniert nicht nur bei Ihrer Beziehung zu Ihren Kindern, sondern auch bei der zu Ihren anderen Familienmitgliedern, zu Ihrem Lebenspartner und zu Ihren Freunden. Wahrnehmen, verstehen und reagieren: Diese Schritte sind der grundlegende Weg, wie wir fürsorgliche Verbindungen im Leben herstellen.

Sie sehen, was für eine mächtige Rolle Mindsight in einer Eltern-Kind-Beziehung spielen kann. Eltern, die ernsthaft an ihren Mindsight-Fähigkeiten arbeiten, haben in der Regel Kinder, die eine sichere Bindung entwickeln. Nehmen wir einmal an, Ihr Vierjähriger wird rasend vor Wut, weil Sie das Wasser aus der Badewanne gelassen haben, nachdem er herausgestiegen ist. Aus irgendeinem nur ihm bekannten Grund wollte er, dass die Wanne voll bleibt. Vielleicht fühlen Sie sich versucht, mit ihm zu streiten und dafür einen auf Logik basierenden Ansatz zu wählen, bei dem die linke Gehirnhälfte dominiert. Sie würden ihm die verschiedenen Gründe dafür erklären, warum wir nach einem Bad immer das Wasser aus der Wanne lassen. Aber wie Sie wissen, sind Logik und rationale Diskussionen bei einem verzweifelten Kindergartenkind normalerweise keine effektiven Maßnahmen. Die Art und Weise, wie Ihr erwachsenes Gehirn in diesem Moment an die Situation herangeht, könnte der des kindlichen Gehirns Ihres Sohnes diametral entgegengesetzt sein. Vielleicht war die Fantasiewelt Ihres Sohnes voller Schiffe und Matrosen, die eine nächtliche Seereise antreten wollten, während er schläft und von der Reise träumt, die sich in seiner Badewanne abspielt. Wenn nur das Badewasser in der Wanne geblieben wäre und nicht den Abfluss hinuntergeflossen wäre – aber Sie haben die Matrosen getötet!

Statt zu belehren …

… nutzen Sie Mindsight, um zu verstehen und sich zu verbinden.

Was wäre, wenn Sie sich, statt sich der Situation nur mit Ihren eigenen Zielen und Gedanken im Kopf zu nähern, auf Ihre Mindsight-Fähigkeit verlassen würden, um sich vorzustellen, was in Ihrem Sohn vor sich geht? Sie könnten über die Tatsache nachdenken, dass der kleine Kerl einen anstrengenden Tag hatte, da einem Fußballspiel noch eine Verabredung zum Spielen folgte. Sie könnten die Geschichte Revue passieren lassen, die er beim Baden erzählt hat, bei der es um Matrosen und anstehende Reisen ging. Dann würden Sie ihn vielleicht einfach nur im Arm halten, statt ihm einen Vortrag zu halten und ihn zu belehren. Sie könnten ihn sogar fragen, warum es ihm so wichtig war, dass das Wasser in der Badewanne bleibt. Und Sie könnten seine Gefühle anerkennen: »Du wolltest, dass das Wasser dieses Mal in der Wanne bleibt?! Du bist wütend, weil du nicht wolltest, dass ich es ablaufen lasse, stimmt's?« Wenn Sie sich als Erstes auf diese Weise verbinden, haben Sie eine viel größere Chance, ihm zu helfen, sich zu beruhigen und bettfertig zu machen.

Ein anderes Beispiel: Wenn Ihre Zwölfjährige weint, weil sie die Shorts nicht finden kann, die sie zur Party ihrer Freundin tragen möchte, ist das vielleicht nicht der beste Zeitpunkt, um sie dafür zu tadeln, dass sie nicht vorausplant. Und auch nicht, um ihr eine Predigt zum Thema Organisation zu halten oder ihr vorzuwerfen, dass sie ihre Sachen nicht wegräumt. Über die Erwartungen, die in Ihrer Familie im Hinblick auf den Umgang mit Kleidung und das In-Ordnung-Halten der Zimmer herrschen, können Sie später reden, wenn das Mädchen wirklich zuhören kann. Das Beste, was Sie in diesem Moment tun können, ist Folgendes: Nutzen Sie Ihre Fähigkeit zu Mindsight, um wahrzunehmen, was Ihre Tochter fühlt, und erkennen Sie an, dass ihre Emotionen für sie selbst sehr real sind – auch wenn Sie vielleicht finden, dass ihre Reaktion übertrieben ist. Unabhängig davon, ob Sie ihr bei der Suche nach den fehlenden Shorts helfen können oder nicht, können Sie sich dann zumindest über

Statt zu belehren …

… nutzen Sie Mindsight, um zu verstehen und sich zu verbinden.

den momentanen Geisteszustand Ihrer Tochter im Klaren sein. Und das heißt, Sie können für sie da sein und ihr helfen, mit der unangenehmen Situation fertigzuwerden, auch wenn Sie das Problem an sich nicht lösen können. Noch einmal: Beim Da-Sein geht es nicht darum, Ihre Kinder vor jedem Problem zu schützen – Sie müssen nicht zu H&M laufen, um die Shorts zu ersetzen. Es geht darum, dass Sie Ihre Kinder begleiten, wenn sie lernen, mit den Hindernissen umzugehen, auf die sie im Leben stoßen.

Beachten Sie, dass wir hier nicht irgendeine Art von Supermutter oder -vater beschreiben. Sie müssen nicht in der Lage sein, Gedanken zu lesen, alle Ihre Schwächen zu überwinden oder spirituelle Erleuchtung zu erlangen. Sie müssen einfach nur da sein. Entscheidend sind Ihre *Präsenz* und Ihre Absicht, Ihre Kinder spüren zu lassen, dass Sie sie verstehen und für sie da sein werden, was immer auch passiert. Das ist es, was es bedeutet, sein Kind zu sehen – wirklich zu sehen.

Und denken Sie daran: Es ist wichtig, dass Sie auch Ihren eigenen Geist sehen. Das heißt, Sie sollten erkennen, wie Sie sich im jeweiligen Moment fühlen und wo Ihre verschiedenen Emotionen möglicherweise herrühren. Denn schließlich hat manches von dem, was Sie inmitten eines Konflikts oder einer angespannten Situation erleben, unter Umständen gar nichts mit dem Bad Ihres Sohnes zu tun oder damit, was Ihre Tochter zur Party anziehen wird. Wenn es Ihnen gelingt darauf zu achten, was in Ihrem eigenen Geist und mit Ihren eigenen Emotionen geschieht, haben Sie eine viel bessere Chance, sich so zu verhalten, wie es sich für Sie und Ihre Kinder gut anfühlt. Und wenn Sie dann tatsächlich *entscheiden*, wie Sie in einer herausfordernden Situation reagieren wollen, statt sich einfach nur von Ihren unbewussten Wünschen und Neigungen lenken zu lassen, können Sie Ihre Kinder wirklich sehen und in einer Weise auf sie eingehen, die ihnen genau das bietet, was sie in dem Moment brauchen.

Noch wichtiger: Wenn Sie mit Mindsight antworten, bringen Sie Ihren Kindern bei, wie liebevolle Beziehungen funktionieren. Sich einstimmen und einem Menschen helfen, sich gefühlt zu fühlen – das ist die Grundlage einer gesunden Beziehung. Wenn wir dies für unsere Kinder tun, sind wir der Entwicklung einer sicheren Basis einen weiteren Schritt nähergekommen. Und nicht nur das – unsere Kinder werden lernen, wie sie Freunde und Partner finden, die für sie da sind. Und sie werden lernen, wie auch sie für andere da sind. Das heißt, sie werden Kompetenzen für das Eingehen und Pflegen gesunder Beziehungen aufbauen. Davon werden dann auch ihre eigenen Kinder profitieren, die diese Lektion wiederum an künftige Generationen weitergeben können.

> Wir beschreiben hier keine Supereltern. Sie müssen nicht in der Lage sein, Gedanken zu lesen, alle Ihre Schwächen zu überwinden oder spirituelle Erleuchtung zu erlangen. Sie müssen einfach nur da sein. Entscheidend sind Ihre *Präsenz* und Ihre Absicht, Ihre Kinder spüren zu lassen, dass Sie sie verstehen und für sie da sein werden, was immer auch passiert. Das ist es, was es bedeutet, sein Kind wirklich zu sehen.

Was passiert, wenn ein Kind sich nicht gesehen fühlt?

Folgendes ist eine tragische Realität: Manche Kinder werden den größten Teil ihrer Kindheit nicht gesehen. Sie fühlen sich nie verstanden. Stellen Sie sich vor, wie diese Kinder sich fühlen. Wenn sie an ihre Lehrer, ihre Altersgenossen und sogar an ihre Eltern denken, geht ihnen nur ein Gedanke durch den Kopf: »Die verstehen mich kein Stück.«

Was hält ein Kind davon ab, sich gesehen und verstanden zu fühlen? Manchmal ist es so, dass wir das Kind durch eine »Linse« sehen, die mehr mit unseren eigenen Wünschen, Ängsten und Problemen zu tun hat als mit der individuellen Persönlichkeit, den Leidenschaften und dem Verhalten unseres Kindes. Dieser feste Filter macht es uns eventuell schwer, wahrzunehmen, zu verstehen und dann abgestimmt zu reagieren. Vielleicht sind wir auf ein Etikett fixiert und sagen: »Er ist das Baby« oder »Sie ist die Sportliche (oder die Schüchterne oder die Künstlerin).« Oder: »Er ist genau wie ich, er versucht immer, es allen recht zu machen« oder »Sie ist stur, genau wie ihr Vater«. Wenn wir unsere Kinder auf diese Weise definieren, indem wir etikettieren oder Vergleiche ziehen – oder manchmal sogar Diagnosen anstellen –, um sie zu charakterisieren und zu kategorisieren, hindern wir uns selbst daran, sie wirklich in ihrer Gesamtheit zu sehen. Ja, wir sind Menschen, und unser Gehirn organisiert die eindringenden Energieströme als Konzepte und Kategorien. Das tut unser Gehirn einfach. Aber unsere Herausforderung besteht zum Teil darin, solche Kategorien zu erkennen und unseren Geist von ihrer oft einschränkenden Wirkung darauf, wie wir unser Kind sehen, zu befreien.

Ein Beispiel: »Faul« ist ein Wort, das wir viele Eltern sagen hören, wenn sie über ihre Kinder sprechen. Sei es, weil ein Kind nicht genug lernt, nicht genug übt oder nicht gern im Haushalt hilft. Diese Eltern halten »Faulheit« wahrscheinlich für einen Charakterfehler. Aber wenn unsere Kinder sich weniger anstrengen, als wir es erwarten oder wünschen, kann es in Wirklichkeit gute Gründe dafür geben, dass sie in einer Situation nicht so reagieren, wie wir es gerne hätten – Gründe, an die wir noch gar nicht gedacht haben. Vielleicht hat Ihre Tochter nicht deshalb Mühe, sich die Landeshauptstädte zu merken, weil sie faul ist, sondern weil sie Lernschwierigkeiten hat, die es anzugehen gilt (tatsächlich ist es so, dass Kinder mit Lernschwierigkeiten sich häufig *mehr* anstrengen als die meisten ihrer Altersgenossen; weil sie aber trotzdem keine guten Ergebnisse erzielen, denken die Eltern, sie müssten sich stärker bemühen). Vielleicht hat sie noch nicht gelernt, *wie* man effektiv lernt. Oder vielleicht bekommt sie nicht genug Schlaf, um die Energie zu tanken, die sie benötigt, um aufmerksam zu sein und erfolgreich zu lernen.

Statt auf der Basis von Vermutungen zu etikettieren …

… schauen Sie unter die Oberfläche und fragen, was wirklich los ist.

Oder vielleicht ist Ihr Sohn deshalb nicht unbedingt darauf erpicht, jeden Tag sein Freiwurfschießen zu üben, weil es für einen Zehnjährigen aufgrund seiner Entwicklung nicht typisch ist, in einer Sportart so eine Leistungsbereitschaft zu zeigen. Wir sagen *nicht*, dass Ihr Sohn nicht trainieren sollte, wenn er im Basketball besser werden möchte. Und auch nicht, dass Ihre Tochter sich nicht auf ihr Erdkunde-Quiz vorbereiten müsste. Wir sagen lediglich, dass wir es als Eltern vermeiden sollten, ein vorschnelles Urteil zu fällen und unseren Kindern ein Etikett wie »faul« aufzudrücken. Stattdessen sollten wir innehalten und darüber nachdenken, was sich unter der Oberfläche abspielen könnte. Etiketten können uns davon abhalten, unsere Kinder klar zu sehen. Schlimmer noch, unsere Kinder bekommen es mit, dass wir diese Kategorien und Klassifizierungen verwenden, und bilden dann auf der Basis dessen, wie wir sie ihrer Meinung nach sehen, ihr eigenes Selbstverständnis. Wir alle lernen etwas über uns selbst durch den Spiegel der Kategorien, in die andere uns einordnen.

Es gibt eine ähnliche Falle, in die selbst wohlmeinende Eltern eventuell tappen: zu wollen, dass Kinder etwas anderes sind als das, was sie wirklich sind. Vielleicht *wollen* wir, dass unser Kind fleißig, sportlich, musisch, ordentlich, leistungsorientiert oder sonst etwas ist. Was aber, wenn es einfach nichts damit am Hut hat, einen Ball

Als Eltern sollten wir es vermeiden, ein vorschnelles Urteil zu fällen und unseren Kindern ein Etikett wie »faul« aufzudrücken. Stattdessen sollten wir innehalten und darüber nachdenken, was sich unter der Oberfläche abspielen könnte. Etiketten können uns davon abhalten, unsere Kinder klar zu sehen.

in ein Netz zu kicken? Oder nicht dazu in der Lage ist? Was, wenn es kein Interesse am Flötenspiel hat? Was, wenn es ihm nicht wichtig zu sein scheint, glatte Einsen zu bekommen, oder wenn es sich für das Kind nicht authentisch anfühlt, den Geschlechternormen zu entsprechen?

Jedes Kind ist ein Individuum. Wenn wir zulassen, dass unsere Wahrnehmung durch unsere eigenen Wünsche und Kategorien gefärbt sind, können wir unsere Kinder nicht klar sehen. Und wenn wir unsere Kinder nicht sehen können, was meinen wir dann eigentlich damit, wenn wir sagen, dass wir sie lieben? Wie können wir sie dann als die annehmen, die sie wirklich sind?

Jedes Kind ist ein Individuum. Wenn wir zulassen, dass unsere Wahrnehmung durch unsere eigenen Wünsche und Kategorien gefärbt sind, können wir unsere Kinder nicht klar sehen. Und wenn wir unsere Kinder nicht sehen können, was meinen wir dann eigentlich damit, wenn wir sagen, dass wir sie lieben? Wie können wir sie dann als die annehmen, die sie wirklich sind?

Manchmal besteht das Problem einfach darin, dass die Persönlichkeit des Elternteils und die des Kindes nicht zusammenpassen. Möglicherweise sind Sie selbst flink wie ein Wiesel und erledigen sämtliche Aufgaben zügig und effizient. Ihre Tochter hingegen hat ein angeborenes Tempo, das eher dem eines Faultiers ähnelt. Vielleicht wird sie leicht abgelenkt. Vielleicht ist sie einfach nur neugierig und möchte die faszinierenden Details ihrer Umgebung erforschen und von ihnen lernen. Was ist dann Ihre Aufgabe? Sollten Sie sie zu einer kleinen Version Ihrer selbst modellieren, da Effizienz eindeutig besser ist als Trödelei? Selbstverständlich nicht.

Unter Umständen müssen Sie die Art, wie Sie selbst an Aufgaben herangehen, etwas anpassen. Vielleicht wecken Sie Ihre Tochter morgens früher, da sie länger braucht, um sich für die Schule fertig zu machen. Oder Sie müssen abends, wenn Sie vor dem Schlafengehen mit ihr lesen, Zeit für Fragen und Ablenkungen einplanen. Diese Änderungen lassen sich ziemlich leicht durchführen. Was aber, wenn Sie Ihre Tochter und deren Art, in der Welt zu funktionieren, nicht wirklich sehen? Dann werden Sie sie nicht gut genug kennen, um zu verstehen, wie Sie Ihre eigenen Gewohnheiten am besten ändern können, um Ihnen beiden das Leben zu erleichtern.

Eine der schlimmsten Arten, unsere Kinder nicht zu sehen, besteht darin, dass wir ihre Gefühle ignorieren. Bei einem Kleinkind könnte das bedeuten, dass wir zu ihm sagen: »Wein nicht. Du bist nicht verletzt«, wenn es nach einem Sturz weint. Und nehmen wir einmal an, ein älteres Kind hat aufrichtig Angst vor etwas, das Sie selbst überhaupt nicht stören würde, wie zum Beispiel die erste Stunde eines Tanzkurses. Es ist unwahrscheinlich, dass es sich wohler fühlen wird, wenn Sie zu ihm sagen: »Mach dir keine Sorgen – es gibt keinen Grund, nervös zu sein.« Ja, wir wollen unsere Kinder beruhigen und für sie da sein, damit sie wissen, dass alles gut werden wird. Aber das ist etwas ganz anderes, als ihre Empfindungen zu leugnen und sie ausdrücklich dazu aufzufordern, ihren Emotionen nicht zu trauen.

Stattdessen sollten wir sie einfach sehen. Wahrnehmen, was sie erleben und empfinden, und dann für sie da und bei ihnen sein. Unsere Worte könnten sogar ganz ähnlich lauten. Vielleicht sagen wir am Ende so etwas wie: »Das wird wieder gut« oder »Viele Menschen sind am ersten Tag nervös. Ich werde da bleiben, bis du dich wohlfühlst«. Aber wenn wir unsere Kinder zunächst einmal sehen und darauf achten, was sie fühlen, wird unsere Antwort viel mitfühlender sein. Wenn sich Ihr Kind dann gefühlt fühlt, kann es ein Gefühl der Zugehörigkeit entwickeln, da es sich von Ihnen wirklich gekannt fühlt. Es wird zudem das Empfinden haben, sowohl ein »Ich« zu sein, das gesehen und respektiert wird, als auch Teil eines »Wir« – Teil von etwas, das größer ist als sein einzelnes Selbst, aber weder einen Kompromiss erfordert noch den Verlust seines Gefühls, ein einzigartiges Individuum zu sein. Auf diese Weise legen Sie mit dem Sehen Ihres Kindes die Grundlage dafür, dass eine solche Integration auch in zu-

Statt Gefühle zu leugnen ...

... sehen Sie Ihr Kind und gehen auf es ein.

künftigen Beziehungen stattfindet, in denen das Kind ein Individuum sein kann, das gleichzeitig Teil einer Verbindung ist.

Dazu kommt noch, dass diese Empathie, die wir vermitteln, viel eher Ruhe in unserem Kind erzeugen wird. Wie so häufig, erleichtert es nicht nur unseren Kindern, sondern auch uns als Eltern das Leben, wenn wir Liebe und Unterstützung zeigen.

Die Fülle dessen begrüßen, wer unsere Kinder sind

In den vorangegangenen Kapiteln haben wir darüber gesprochen, wie eine sichere Bindung entsteht. Wenn wir unsere Kinder wirklich sehen, trägt dies zu ihrer inneren Sicherheit bei. Denn dadurch spüren sie, dass jemand sie so annimmt, wie sie sind – mit dem Guten und dem Schlechten. Wir wollen unseren Kindern mitteilen, dass sie willkommen sind, dass wir sie über alles lieben, dass wir alle Teile von ihnen kennen wollen, auch wenn diese Teile nicht immer attraktiv oder angenehm oder logisch sind. Wie können wir unseren Kindern diese Botschaft vermitteln? Mit unseren Reaktionen darauf, wie sie sich fühlen oder verhalten. Jede Eltern-Kind-Interaktion sendet eine Botschaft aus. Wir geben unseren Kindern Hinweise darauf, wie wir uns bei dieser Interaktion fühlen. Und Sie sollten davon ausgehen, dass sie diese Hinweise genauso gut lesen können, wie ein versierter Pokerspieler die Stimmung im Raum erfasst. Unsere Kinder wissen, was wir fühlen, ob wir es nun explizit sagen oder nicht. Und inwieweit sie sich emotional sicher fühlen, hängt davon ab, wie gut ihre eigenen inneren Erfahrungen mit dem übereinstimmen, was sie von uns aufschnappen, und wie gut sie lernen, sich auf diese Erfahrungen mit unserer Hilfe einen Reim zu machen.

Folgendes haben Sie immer und immer wieder erlebt, sogar schon, als Ihre Kinder noch Säuglinge oder Kleinkinder waren: Wenn Ihr Baby sah, dass eine neue Person den Raum betrat, oder wenn es stolperte und hinfiel, schaute es sofort zu Ihnen. Es brauchte ein Zeichen von Ihnen, um zu wissen, wie es reagieren sollte. Es wollte wissen: Soll ich jetzt Angst haben? Bin ich in Sicherheit? Durch die Orientierung an Ihrer Reaktion lernte es, Situationen zu bewerten. Und es passte seine eigene Reaktion an Ihre an – was sich sowohl in seinem Verhalten niederschlug als auch in der Art, wie seine Emotionen geprägt und ausgedrückt wurden. Diese Interaktion wird als »soziales Referenzieren« bezeichnet und stellt den Beginn der Entwicklung Ihres Kindes zu einem emotional bewussten Menschen dar. Es *sieht* Sie.

Als es älter wurde, fuhr es damit fort, Sie genau zu beobachten. Es wurde immer besser darin, Hinweise zu lesen, um herauszufinden, wie Sie sich in einer bestimmten Situation fühlten – Hinweise, die Sie als explizite Mitteilung absichtlich gaben, oder implizite Botschaften, die in Ihr Verhalten eingebettet waren und bei denen Sie vielleicht nicht einmal wussten, dass Sie sie aussendeten. Und diese sich wiederholenden Kommunikationsmuster beeinflussten erheblich sein eigenes mentales Modell von sich selbst und seiner Umwelt.

Wir haben Freunde, deren Sohn Jamie mit einem Jahr beim Klettern oder bei einer herausfordernden Aufgabe hörbar und auf bezaubernde Weise zu sich selbst sagte: »Vorsichtig, Jamie. Vorsichtig.« Er hatte die Art, wie seine Eltern ihm signalisierten, dass er beim Ausprobieren von etwas Riskantem vorsichtiger sein sollte, verinnerlicht und ahmte sie nach. Die Hinweise, die wir unseren Kindern geben und die in der Regel von unseren eigenen inneren Signalen ausgehen, können sich negativ oder positiv auf sie auswirken. Was wir unseren Kindern kommunizieren, kann sie daran hindern, auf gesunde, entwicklungsgemäße Weise zu erkunden, und Angst und unangemessene Besorgnis schüren. Oder es kann den Mut und die Resilienz befeuern, die ihnen helfen, sich mit gutem Gefühl jenseits des Vertrauten zu bewegen. (Wie immer sollten Sie das angeborene Temperament im Auge behalten. Einige Kinder müssen daran erinnert werden, vorsichtig zu sein, während andere Zeit und Ermutigung brauchen, bevor sie sich in unbekannte Gefilde vorwagen.)

Der Punkt ist, dass unsere Kinder lernen, unsere Gefühle ziemlich genau zu interpretieren. Für wie sicher halten wir die Welt im Großen und Ganzen, und wie fühlen wir uns, wenn unsere Kinder ihre Emotionen kommunizieren? Vielleicht erhalten sie wiederholt die Botschaft, dass wir sie wirklich sehen, dass wir wissen wollen, wie sie sich fühlen – auch wenn ihre Gefühle negativ oder sogar beängstigend sind –, und dass wir emotional da sein werden, unabhängig davon, wie sie sich fühlen. Oder vielleicht kommunizieren wir genau das Gegenteil.

Denken Sie jetzt einmal kurz an eine Situation, als Ihr Kind aufgelöst zu Ihnen kam. Haben Sie Ihre Mindsight-Fähigkeiten eingesetzt, um es wirklich zu sehen und eine kontingente Reaktion zu zeigen? Welche Reaktionen dieser Art haben Sie entweder explizit oder implizit gezeigt?

Der Aufbau einer sicheren Bindung beinhaltet zu einem

Statt Gefühle zu leugnen …

… sehen Sie Ihr Kind und gehen auf es ein.

großen Teil, dass Sie Ihre Kinder sehen und die Fülle dessen begrüßen, wer sie sind. Es geht darum, sie dazu zu ermutigen, ihre Gefühle mitzuteilen – auch die großen und beängstigenden, die sie zu überwältigen drohen. Denken Sie daran, dass sie die von Ihnen ausgesendeten Botschaften verinnerlichen. Wenn Sie ihnen also sagen oder das Gefühl geben, dass Sie »das nicht hören wollen«, wird dies zu einem Teil dessen, was sie über ihre Beziehung zu Ihnen wissen. Das macht sich insbesondere dann bemerkbar, wenn sie mit etwas zu kämpfen haben, wenn die Herausforderung groß ist oder wenn sie, als Teenager, verschlossener werden – dann hören Sie vielleicht nicht von Dingen, mit denen sie eigentlich zu Ihnen kommen sollten. Aber es ist noch nicht zu spät, Ihren Kindern zu vermitteln, dass Sie für sie da sind. Und Sie können sich entschuldigen, wenn dies einmal nicht der Fall ist, und dann immer wieder Hinweise aussenden, die ihnen deutlich machen, wie sehr Sie sie lieben, egal, wie sie sich verhalten oder was sie zu Ihnen sagen.

Sehen versus beschämen

Möglicherweise haben Sie gemerkt, dass die Erfahrung unserer Kinder, sich gesehen zu fühlen, sich in gewisser Weise mit der Erfahrung, beschützt zu sein – dem ersten unserer Vier Schlüssel –, überschneidet. Wir wollen, dass unsere Kinder sich beschützt und damit sicher genug fühlen, um uns zu zeigen, wer sie sind, uns mitzuteilen, was sie fühlen und erleben, ohne eine Reaktion von uns zu befürchten, die Demütigung und Scham oder Angst und Schrecken hervorruft. Dann können wir sie sehr viel vollständiger sehen. Aber sie können uns nicht zeigen, wer sie sind, wenn sie sich dabei nicht sicher fühlen.

Beschämt eine Mutter beispielsweise ihren Sohn, weil er sich fürchtet – vor dem Alleinsein, vor Halloween-Kostümen oder vor irgendetwas anderem –, dann wird er sich ihr nicht anvertrauen, wenn er Angst hat. Es wird deshalb viel schwieriger für sie sein, ihn wirklich zu sehen.

Folglich muss er mit den Gefühlen allein fertigwerden. Auf dieser Grundlage wird das Problem lawinenartig anwachsen. Wenn er nervös wird, weil er zu seiner ersten Übernachtungsparty eingeladen ist, wird er davor zurückscheuen, seiner Mutter von seinen tatsächlichen Gefühlen zu erzählen. Er wird die Situation allein bewältigen müssen, was häufig zu noch mehr Angst führt. Nehmen wir also einmal an, er weigert sich, zu der Party zu gehen. Vielleicht gibt er vor, krank

zu sein, oder er rastet einfach aus und besteht darauf, nicht zu gehen. Seine Mutter sieht sein Verhalten dann als aufsässig an und bestraft ihn, aber sie sieht nicht, was tatsächlich in ihm vorgeht. Hätte sie stattdessen ihre Mindsight-Fähigkeiten eingesetzt, um einfach zu schauen und zu verstehen, hätte sie ihn bitten können, seine Angst und Besorgnis mitzuteilen. Dann hätte er über seine Gefühle sprechen können. Und vielleicht hätte sie ihm sogar helfen können, mit seiner Nervosität in einer Weise umzugehen, die es ihm ermöglicht hätte, an der Übernachtungsparty teilzunehmen.

Wenn wir unsere Kinder wegen ihrer Emotionen abtun, herabsetzen, beschuldigen oder beschämen, hindern wir sie daran, uns zu zeigen, wer sie sind.

Das Beschämen ist für wirkliches Sehen sehr hinderlich. Dennoch beschämen wir unsere Kinder so oft. Anstatt sie zu sehen und uns mit ihnen zu verbinden, dann die anstehenden Probleme zu lösen und unsere Kinder zu unterstützen, damit sie mit ihren Gefühlen effektiv umgehen können, schwingen wir die Beschämungskeule. Das Beschämen kann direkt erfolgen und Aussagen beinhalten, die geringschätzig und, wenn mit Wut gepaart, sogar erniedrigend für ein Kind sind. Das Beschämen kann auch indirekt erfolgen. Das geschieht dann, wenn ein Kind sich in einem intensiven emotionalen Zustand befindet und wir uns in diesem emotionalen Moment nicht einstimmen, obwohl das Kind sich bemüht, eine Verbindung herzustellen. Zu wiederholter Unverbundenheit oder Ge-

Wenn wir unsere Kinder wegen ihrer Emotionen abtun, herabsetzen, beschuldigen oder beschämen, hindern wir sie daran, uns zu zeigen, wer sie sind.

trenntheit, die indirekt einen Zustand der Scham hervorrufen kann, kommt es in Augenblicken, in denen das Kind sich entweder in einem positiven Zustand (z. B. Aufregung über etwas) oder einem negativen Zustand (z. B. Traurigkeit, Wut oder Angst) befindet, auf den die Mutter oder der Vater sich nicht einstimmt. In diesen Momenten, in denen eine Verbindung benötigt wird, entsteht keine. Bei dem sich entwickelnden Kind, das immer wieder nicht gesehen und nicht verstanden wird und auf das nicht in offener und effektiver Weise eingegangen wird – der Dreiklang der Verbindung wird in der Zeit der Not nicht geboten –, können diese wiederholten Erfahrungen einen Zustand der Scham erzeugen. Dieser geht mit dem inneren Gefühl einher, dass das Selbst fehlerhaft ist. Warum? Es ist ironischerweise »sicherer« zu glauben, der Grund dafür, dass die eigenen Bedürfnisse nicht erfüllt werden, liege darin, dass mit einem selbst etwas nicht stimmt, als darin, dass die Eltern – von denen man für sein Überleben abhängig ist – nicht verlässlich sind. Hierin unterscheidet sich Scham von Schuld, bei der man das Empfinden hat, dass ein Verhalten falsch war und in Zukunft korrigiert werden kann.

Mit direkten oder indirekten Formen der Beschämung können wir unseren Kindern das Gefühl geben, dass sie einen Schaden haben oder etwas mit ihnen nicht stimmt – obwohl sie einfach sie selbst sind und gesunde Bedürfnisse nach Verbindung zum Ausdruck bringen. Leider können solche Zustände der Scham lange über unsere Kindheit hinaus bestehen bleiben und Einfluss darauf haben, wie wir als Erwachsene funktionieren. Das gilt auch dann, wenn wir uns gar nicht der Tatsache bewusst sind, dass Scham zur Struktur unseres Lebens gehört.

Sie können den Unterschied in den Abbildungen auf der folgenden Seite sehen. Während das Gesehenwerden Kindern hilft, sich emotional angenommen zu fühlen, und sie dazu einlädt, sich uns zu öffnen, hält das Beschämtwerden sie davon ab, uns ihr wahres Selbst zu zeigen. Und, schlimmer noch, das Beschämen ruft in der Regel nicht einmal das Verhalten hervor, das wir uns erhoffen. Falls doch, verhält sich das Kind zwar äußerlich so, wie wir es wollen, wird aber innerlich von Angst und Niedergeschlagenheit überflutet. Tatsächlich zeigt die Forschung, dass eine häufige Erfahrung von Beschämung in der Kindheit mit einer signifikant höheren Wahrscheinlichkeit für das Auftreten von Angst, Depression und anderen psychischen Gesundheitsproblemen korreliert.

Natürlich gibt es Momente, in denen wir unsere Kinder dazu auffordern müssen, mehr zu tun, als sie zu können meinen. Wir wollen nicht, dass ihnen der Spaß einer Wasserrutsche entgeht, nur weil sie nervös sind, oder dass sie eine ganze Fußballsaison auslassen, weil sie Angst davor haben, zum ersten Training zu gehen. Das ist mit Sehen und Unterstützen nicht gemeint. Zugleich sollten wir realistisch sein. Ein Kind zu sehen heißt, sich sowohl seiner Stärken als auch seiner Schwächen bewusst zu sein. Wenn Sie also feststellen, dass Ihr Kind an bestimmten Fähigkeiten arbeiten muss – sei es die Fähigkeit zur Geduld, zum Benehmen, zur Impulskontrolle, zur Empathie oder irgendeine andere –, drücken Sie Ihre Liebe damit aus, dass Sie ihm in diesen Bereichen Übungsmöglichkeiten bieten. Sie tun Ihren Kindern keinen Gefallen, wenn Sie ignorieren, wer sie sind, und dabei auch alle Schwächen oder Hindernisse ignorieren, mit denen sie konfrontiert sind.

Das Beschämen unserer Kinder hindert sie daran, uns zu zeigen, wer sie wirklich sind.

Aber unsere Kinder zu ermutigen, aus ihrer Komfortzone herauszutreten, oder mit ihnen an sozialen oder emotionalen Fähigkeiten zu arbeiten, die ihnen fehlen, ist etwas ganz anderes als sie zu beschämen, wenn sie sich nicht so verhalten, wie wir es wollen. Auch hier geht es nicht darum, sie zu verhätscheln oder niemals dazu aufzufordern, etwas Neues auszuprobieren oder sich über das hinauszubewegen, womit sie sich wohlfühlen. Es geht darum, ihnen die Erlaubnis zu geben, uns zu zeigen, was sie wirklich fühlen. Dann können wir sie bei ihrer Erfahrung begleiten und ihnen helfen, mit den großen Emotionen umzugehen, die sie zu überrollen drohen. Es geht darum, sie als die zu sehen, die sie wirklich sind.

Was Sie tun können: Strategien, mit denen Sie Ihren Kindern helfen, sich gesehen zu fühlen

Strategie Nr. 1, um Ihren Kindern zu helfen, sich gesehen zu fühlen: Tauchen Sie mithilfe Ihrer Neugier tiefer ein

Ein praktischer erster Schritt, mit dem wir unseren Kindern helfen, sich gesehen zu fühlen, besteht einfach darin, sie zu beobachten. Nehmen Sie sich die Zeit, ihr Verhalten zu betrachten, und bemühen Sie sich dabei, vorgefasste Meinungen über Bord zu werfen. Überlegen Sie, was wirklich vor sich geht, anstatt vorschnelle Urteile zu fällen. Wir können eine Menge über unsere Kinder lernen, wenn wir einfach langsamer werden und ihnen zuschauen. Offenes Sehen wird wahrscheinlicher, wenn wir Verständniskategorien infrage stellen.

Aber auch hier gilt: Um unsere Kinder wirklich zu sehen, müssen wir oft mehr tun, als bloß auf das zu achten, was ohne Weiteres an der Oberfläche sichtbar ist. Manchmal müssen wir tiefer eintauchen, um zu erkennen, was sich *unter* der äußeren Welt ihrer Handlungen und ihres Verhaltens abspielt. Sicher, wir wollen ihre Aktivitäten beobachten und uns anhören, was sie uns erzählen. Aber genau wie bei Erwachsenen ist es auch bei Kindern oft so, dass unter der Oberfläche mehr vor sich geht, als sie sich anmerken lassen. Es gehört deshalb zu unserer elterlichen Verantwortung, tiefer einzutauchen – unter das, was offensichtlich erscheint.

In der Praxis bedeutet das, dass wir bereit sind, über unsere ersten Vermutungen und Interpretationen hinauszublicken, die uns aufgrund des Verhaltens unserer Kinder durch den Kopf gehen. Es bedeutet, dass wir eine Haltung der Neugier einnehmen, anstatt sofort zu bewerten.

Diese Neugier ist entscheidend. Sie ist eines der wichtigsten Werkzeuge, die fürsorgliche Eltern nutzen können. Wenn Ihr kleiner Sohn das Spiel »Schieben wir doch mal den Teller Spaghetti vom Kinderstuhl« spielt, ist Ihre erste Reaktion möglicherweise Frustration. Wenn Sie vermuten, dass er versucht, Sie auf die Palme zu bringen oder irgendwie aufsässig zu sein, werden Sie entsprechend reagieren. Aber wenn Sie in sein Gesicht blicken und bemerken, wie fasziniert er von den roten Spritzern auf dem Boden und an der Wand ist, empfinden

> Tiefer einzutauchen, bedeutet, dass wir bereit sind, über unsere ersten Vermutungen und Interpretationen hinauszublicken, die uns aufgrund des Verhaltens unserer Kinder durch den Kopf gehen. Es bedeutet, dass wir eine Haltung der Neugier einnehmen, anstatt sofort zu bewerten.

und reagieren Sie vielleicht anders. Die Kognitionswissenschaftler Alison Gopnik, Andrew Meltzoff und Patricia Kuhl haben über »den Wissenschaftler in der Krippe« geschrieben und erklärt, dass ein großer Teil dessen, was Babys und kleine Kinder tun, auf ihren instinktiven Lern- und Erkundungstrieb zurückzuführen ist. Wenn Sie sich dieses Triebes bewusst sind, während die Spaghettisoße spritzt, sind Sie vielleicht genauso frustriert darüber, dass Sie sie wegwischen müssen. Aber wenn Sie sich einen Moment Zeit nehmen und Ihrer Neugier freien Lauf lassen, halten Sie möglicherweise inne und fragen sich: »Warum hat er das wohl getan?« Wenn Sie ihn dann als jungen Forscher sehen, der beim Erkunden dieser für ihn so neuen Welt Daten sammelt, können Sie auf seine Handlungen zumindest gezielt und geduldig reagieren, selbst während Sie die Reste seines Experiments entfernen. (Und, ja, weil Sie Ihre eigenen Daten gesammelt haben, nämlich die zu dieser Phase, in der Ihr kleiner Sohn sich gerade befindet, wissen Sie, dass Sie das nächste Mal wahrscheinlich ein Handtuch unterlegen müssen, wenn Sie Nudeln servieren.)

In unserem Buch *Disziplin ohne Drama* ermutigen wir Eltern dazu, dem »Warum nachzugehen«, das heißt die Gründe herauszufinden, die hinter dem Verhalten eines Kindes stecken. Indem wir neugierig fragen: »Warum tut mein Kind das?«, anstatt eine Handlung sofort als »schlechtes Benehmen« zu etikettieren, sind wir viel eher in der Lage, die Handlung einzuordnen und angemessen auf sie zu reagieren. Manchmal kann es tatsächlich ein Verhalten sein, das angegangen werden sollte – wie wir immer wieder sagen, brauchen Kinder definitiv Grenzen, und es ist unsere Aufgabe, ihnen beizu-

Anstatt sofort zu mutmaßen und zu urteilen ...

... seien Sie neugierig und tauchen Sie tiefer ein.

bringen, was in Ordnung ist und was nicht. Aber manchmal ist die Handlung eines Kindes vielleicht typisch für seinen Entwicklungsstand; in diesem Fall sollte sie dann auch als solche beantwortet werden. Und selbst wenn das Verhalten die Vermittlung von Disziplin erfordert (bei der es ums Lehren und den Aufbau von Kompetenzen geht), werden wir als diejenigen, die für Disziplin sorgen (Lehrer), sehr viel effektiver sein, wenn wir neugierig dem Warum nachgehen und genau bestimmen können, was im Geist des Kindes vorgeht und woher das Verhalten überhaupt kommt.

Was wir beobachten:

Was das Kind sagen würde, wenn es könnte:

Dasselbe gilt auch für andere Verhaltensweisen. Wenn Ihre Tochter bei einer Begegnung mit einem Erwachsenen still ist und einfach nicht Hallo sagt, weigert sie sich nicht unbedingt, höflich zu sein. Vielleicht ist sie einfach nur schüchtern oder ängstlich. Das bedeutet nicht, dass Sie ihr keine sozialen Fähigkeiten beibringen oder sie nicht dazu ermutigen sollten, in unangenehmen Situationen zu reden. Es bedeutet lediglich, dass Sie sehen sollten, wo sie gerade steht. Welche Gefühle stecken *hinter* diesem Verhalten? Gehen Sie dem Warum nach und untersuchen Sie die Ursache ihrer Schweigsamkeit; dann können Sie gezielter und effektiver reagieren.

Übrigens sind wir sehr dafür, klare und sogar hohe Erwartungen an Kinder zu stellen. Kinder müssen lernen, welchen Wert Anstrengung hat, und ermutigt werden, mehr zu tun, als sie ihrer Meinung nach zu tun in der Lage sind. Es gibt aber auch Situationen, in denen wir, wenn wir tiefer eintauchen, entdecken, dass wir unrealistische Anforderungen an ein Kind stellen. Als Eltern wollen wir unseren Kindern auf jeden Fall helfen, alles zu sein, was sie sein können; aber wir wollen sie nicht auffordern, Dinge zu tun, die wirklich unerreichbar sind.

Eine wichtige Frage ist die, ob ein Kind sich nicht benehmen *will* oder sich nicht benehmen *kann*. Wenn es sich nicht so verhalten *will*, wie es von ihm verlangt wird, fällt unsere Antwort unter Umständen ganz anders aus als dann, wenn es wegen hyperaktiver Tendenzen, seiner Entwicklung nicht angemessener Erwartungen oder anderer Gründe nicht stillsitzen oder beständig Anweisungen folgen *kann*.

Tina hatte vor Kurzem einen Austausch, der diesen Punkt gut verdeutlicht. Sie sprach mit Pädagogen über den Nutzen der Strategien, tief einzutauchen und dem Warum nachzugehen, wenn man das Verhalten von Schülern verstehen will. Während der Diskussion am Ende der Präsentation stand Debra, eine liebevolle und erfahrene Lehrerin, auf und sagte: »Wenn das, was Sie sagen, stimmt, dann muss ich die Art und Weise, wie ich mit Disziplin in meinem Klassenzimmer umgehe, völlig neu überdenken.« Tina bat um nähere Erläuterungen, und Debra erklärte ihr Vorgehen: In ihrer Klasse gab es eine Tafel mit den drei Abschnitten »rotes Licht, gelbes Licht, grünes Licht«. Auf der Tafel war eine große Filzampel befestigt. Für jedes Kind hatte Debra eine Wäscheklammer, auf der sein Name stand und die sie an die Filzampel klemmte. Jedes Kind begann einen neuen Tag im grünen Bereich; bei Fehlverhalten wurde seine Wäscheklammer in den gelben Abschnitt verschoben, was eine Warnung darstellte. Bei weiteren Verstößen wurde die Klammer in den roten Bereich geklemmt, was bedeutete, dass die Eltern über das schlechte Verhalten informiert wurden und es bestimmte Konsequenzen gab, wie zum Beispiel das Streichen der Pause.

Der Rest des Gesprächs zwischen Tina und Debra verlief in etwa so:

TINA: Wie effektiv ist das System?

DEBRA: Mit den meisten Kindern funktioniert es prima. Aber mit ein paar Jungs in meiner Klasse nicht.

TINA: Das heißt, dass meistens dieselben paar Namen im roten Bereich enden?

DEBRA: Ja. Die Klammer eines Jungen wurde so oft versetzt, dass der Name weggerieben ist.

TINA: Immer wegen derselben Verhaltensweisen?

DEBRA: Ganz genau.

TINA: Nun, schon allein deswegen klingt es nicht so, als wäre das System ein effektives Werkzeug für das Verhaltensmanagement. Die Konsequenzen, die er von Ihnen und seinen Eltern zu erwarten hat, ändern sein Verhalten nicht wirklich. Was ist mit seinen Klassenkameraden? Wie wirkt sich sein schwieriges Verhalten auf sie aus?

DEBRA: Seine Mitschüler sind auch genervt von ihm. Sie haben es satt, dass er ihnen ins Gehege kommt, sie anspricht, wenn sie arbeiten. Sie hassen auch die ganzen Unterbrechungen, wenn wir mit unseren Klassenaktivitäten aufhören müssen, um uns um sein Verhalten zu kümmern.

TINA: Lassen Sie mich das noch einmal wiederholen. In einem Entwicklungsstadium, in dem das Bedürfnis so stark ist, dass Gleichaltrige einen akzeptieren und mögen, setzt dieser Junge seine Verhaltensweisen trotz aller negativen Rückmeldungen von seinen Klassenkameraden und der zusätzlichen negativen Konsequenzen durch seine Eltern und Sie fort?

DEBRA: Ich sagte es ja schon. Ich muss mein System überdenken.

TINA: Richtig. Warum würde er, um es anders auszudrücken, sonst weiterhin Dinge tun, die zu so negativen Reaktionen von praktisch allen um ihn herum führen? Das fühlt sich für ihn bestimmt nicht besonders gut an. Normalerweise mögen Kinder es nicht, wenn sie immer wieder Ärger bekommen und Gleichaltrige dauernd von ihnen genervt sind. Lassen Sie mich eine Frage stellen. Würden Sie jemals die Wäscheklammer eines Kindes in den gelben oder roten Bereich versetzen, wenn es nicht schnell genug liest, weil es an Legasthenie leidet?

DEBRA: Natürlich nicht. Es könnte ja nicht anders.

TINA: Natürlich nicht. Weil Sie wüssten, dass es keine *Entscheidung* des Kindes ist, nicht zu tun, was von ihm erwartet wird. Ich frage mich, ob ein Kind, das immer weiter dieselben unproduktiven Verhaltensweisen zeigt, die ihm so viele Probleme bereiten, vielleicht auch keine Entscheidung trifft. Ist es möglich, dass der Grund für sein Verhalten ein *Kann-nicht* ist, das wie ein *Will-nicht* behandelt wird? Vielleicht hat der Junge noch nicht die Fähigkeiten oder den Entwicklungsstand, um sich anders zu verhalten. Wenn er eine Lernschwierigkeit hätte, würden wir die Sache in der Regel aus einem neugierigeren und wohlwollenderen Blickwinkel betrachten und ihn *unterstützen*, damit er Erfolg hat. Warum sollte das anders sein, wenn die Herausforderungen sozialer, emotionaler oder entwicklungsbedingter Natur sind? Und wir würden ein Kind nie für etwas bestrafen wollen, für das es nichts kann.

DEBRA: Ich würde es hassen, wenn jemand wegen etwas wütend auf mich werden würde, das nicht meine Schuld ist. Vor allem, wenn es immer wieder vor meinen Freunden passiert und ich versuchen würde, mich zu bessern, es aber einfach nicht könnte.

TINA: Genau. Und all das heißt nicht, dass Sie den Jungen die Klassenregeln missachten oder weiter stören lassen sollen. Dem Verhalten muss natürlich begegnet werden – ihm zuliebe und damit die anderen im Raum lernen können. Aber diese andere Sicht gibt Ihnen eine bessere Vorstellung davon, warum Ihr gegenwärtiges System bei diesem Jungen nicht funktioniert. Und mit mehr Neugier und einem besseren Verständnis dessen, wo er sich gerade befindet, können Sie dem Verhalten nicht nur aus einer empathischeren Perspektive begegnen, sondern auch aus einer, die Ihnen hilft, proaktiver und effektiver zu disziplinieren. Möglicherweise müssen Sie erst mal ein bisschen mit alternativen Strategien experimentieren und brauchen etwas Kreativität und Geduld, um diesem Jungen zu helfen. Ich möchte Sie aber dazu ermutigen, *mit* ihm zu arbeiten. Denken Sie gemeinsam über seine Verhaltensweisen nach und schauen Sie, was ihm seiner Meinung nach helfen könnte, erfolgreich zu sein.

In diesem Gespräch ging es um eine Schulsituation, jedoch verdeutlicht es den Punkt »kann nicht gegenüber will nicht« sehr gut. Nehmen wir einmal an, Ihr Kind *kann* sich nicht anders verhalten. Wie fühlen Sie sich dann, wenn Sie es für etwas bestrafen, das es nicht steuern kann? Manchmal wurzelt ein »Kann-nicht« in einem zugrunde liegenden Hindernis, wie einer Lernschwierigkeit, einer sensorischen Verarbeitungsstörung, einer tiefgreifenden Entwicklungsstörung, chronischem Schlafmangel, der Anpassung an eine Scheidung oder ein neues Haus, oder oder oder… Das bedeutet nicht, dass das Kind keine Fähigkeiten entwickeln oder aufbauen kann; es bedeutet lediglich, dass die Anforderung, welche die Umwelt an es stellt, sein aktuelles Leistungsvermögen übersteigt. Das Verhalten hat möglicherweise eher etwas damit zu tun, wo in seiner Entwicklung sich das Kind gerade befindet. Vielleicht braucht es einfach mehr Zeit und bessere Problemlösungsfähigkeiten, um erfolgreicher zu sein. Aber wir können nicht wissen, ob das der Fall ist, wenn wir nicht tief eintauchen und schauen, was unter der Oberfläche vor sich geht.

Strategie Nr. 2, um Ihren Kindern zu helfen, sich gesehen zu fühlen: Schaffen Sie Raum und Zeit zum Beobachten und Lernen

Beachten Sie, dass gezieltes, absichtsvolles Handeln entscheidend ist, wenn es darum geht, unsere Kinder wirklich zu sehen und zu kennen. Das gilt auch für unseren zweiten Vorschlag. Um unsere Kinder zu sehen, müssen wir vor allem den ganzen Tag über aufmerksam sein. Hierin liegt einer der großen Vorteile eines Erziehungsansatzes, der das integrierte Gehirn fördert: Sie müssen nicht auf große, ernsthafte Gespräche warten, um die wichtige Aufgabe zu erfüllen, Ihren Kindern etwas beizubringen oder etwas über sie zu lernen. Sie müssen lediglich da sein und aufmerksam sein – präsent sein.

Gleichwohl können Sie, *während* Sie den ganzen Tag über aufmerksam sind, auch darauf achten, Gelegenheiten zu schaffen, die es Ihren Kindern erlauben, Ihnen zu zeigen, wer sie sind. Sicher, Sie können alles Mögliche erfahren, indem Sie Ihre Kinder einfach beobachten oder ihnen zuhören, wenn sie darüber reden, was im Laufe des Tages ihre Aufmerksamkeit erregt hat. Aber Sie können auch Schritte unternehmen, um Raum für Gespräche zu schaffen, die Sie tiefer in die Welt Ihrer Kinder hineinführen. Dadurch erfahren Sie mehr über sie und bemerken Details, in die Sie sonst vielleicht nicht eingeweiht würden.

Der Abend kann besonders ergiebig sein, wenn Sie auf einer tieferen Ebene etwas über Ihre Kinder erfahren möchten. Am Ende des Tages, wenn es im Haus still wird und der Körper müde ist, wenn die Ablenkungen nachlassen und wir entspannt sind, neigen wir eher dazu, anderen unsere Gedanken und Erinnerungen, Ängste und Wünsche mitzuteilen.

Das gilt auch für Kinder. Wenn sie zur Ruhe kommen, können ihre Fragen, Gedanken, Überlegungen und Ideen an die Oberfläche treten – insbesondere dann, wenn man sich eng an sie schmiegt und sie zu nichts drängt.

Man muss sich jedoch ein wenig Mühe geben und planen, um diese Gespräche in den familiären Zeitplan zu integrieren. Kinder brauchen ausreichend Schlaf – das können wir gar nicht genug betonen –, deshalb sorgen Sie rechtzeitig dafür, dass Ihre Kinder sich bettfertig machen. Planen Sie genug Zeit für Ihre übliche Routine *und* ein paar Minuten zum Plaudern ein. Lassen Sie ihm etwas Raum, warten Sie geduldig ab, um so Ihren Kindern die Möglichkeit zu geben, zu reden, falls ihnen danach ist. Wir haben an anderer Stelle über die Gefahr geschrieben, Kinder mit Aktivitäten zu überladen, sowie darüber, dass Zu-Bett-geh-Rituale und ausgiebiger Schlaf wirkungsvolle Instrumente zur Regulierung ihrer Emotionen und ihres Verhaltens sein können. Mit etwas Vorausplanung können Sie ein paar Minuten, in denen Sie sich miteinander verbinden, zum Teil Ihrer Abendroutine machen. Wenn Ihre Kinder sich nicht beeilen müssen, haben sie möglicherweise Lust, Einzelheiten vom Tag zu erzählen und Fragen zu stellen. Diese helfen Ihnen, besser zu verstehen, was in der tatsächlichen und imaginären Welt Ihrer Kinder vor sich geht.

Sicher, Sie erfahren alles Mögliche, indem Sie Ihre Kinder beobachten oder ihnen zuhören, wenn sie darüber reden, was im Laufe des Tages ihre Aufmerksamkeit erregt hat. Aber Sie können auch Schritte unternehmen, um Raum für Gespräche zu schaffen, die Sie tiefer in die Welt Ihrer Kinder hineinführen. Dadurch erfahren Sie mehr über sie und bemerken Details, in die Sie sonst vielleicht nicht eingeweiht würden.

Wir wissen, was einige von Ihnen denken: Ich habe keines

dieser Kinder, die unbefangen und bereitwillig erzählen, was sie denken und fühlen. Wir verstehen das. Außerdem weiß man nicht immer, wie man ein Gespräch in Gang bringen soll. Die Frage »Wie war dein Tag?« scheint unweigerlich zu der gefürchteten Antwort »Gut« zu führen. Sind Sie es nicht leid, dies zu fragen? Und Ihre Kinder haben es satt, dies zu hören! Bei der Vorstellung, dass die Zu-Bett-geh-Routine Ihres Kindes um eine Plauderzeit verlängert wird, entsteht in Ihrem Kopf vielleicht das unangenehme Bild, dass Sie und Ihr Kind schweigend nebeneinander liegen und beide darauf warten, dass etwas Wichtiges mitgeteilt wird.

Wir haben ein paar Antworten auf diese Sorge. Machen Sie sich zunächst klar, dass es *nicht* darum geht, dass Sie jeden Abend eine weltbewegende Offenbarung zu hören bekommen oder dass Sie beide ein tiefes, hyper-sinnvolles Gespräch führen. Das ist selbst bei Erwachsenen nicht realistisch und bei Kindern schon gar nicht. Und es ist auch nicht das Ziel. Natürlich gibt es mitunter Zeiten, in denen bedeutsamere Gespräche stattfinden. Aber denken Sie daran, dass das oberste Ziel solcher Momente einfach darin besteht, für Ihre Kinder *präsent zu sein* – Raum und Zeit zu schaffen, um sie besser kennenzulernen und auf einer tieferen Ebene zu verstehen. So können Sie ihnen helfen, in die Fülle dessen hineinzuwachsen, wer sie sind.

Natürlich gibt es mitunter Zeiten, in denen bedeutsamere Gespräche stattfinden. Aber denken Sie daran, dass das oberste Ziel solcher Momente darin besteht, für Ihre Kinder *präsent zu sein* – Raum und Zeit zu schaffen, um sie besser kennenzulernen und auf einer tieferen Ebene zu verstehen. So können Sie ihnen helfen, in die Fülle dessen hineinzuwachsen, wer sie sind.

Eltern, die mit der Welt eines Kindes vertraut sind, können sehr viel genauere Fragen stellen.

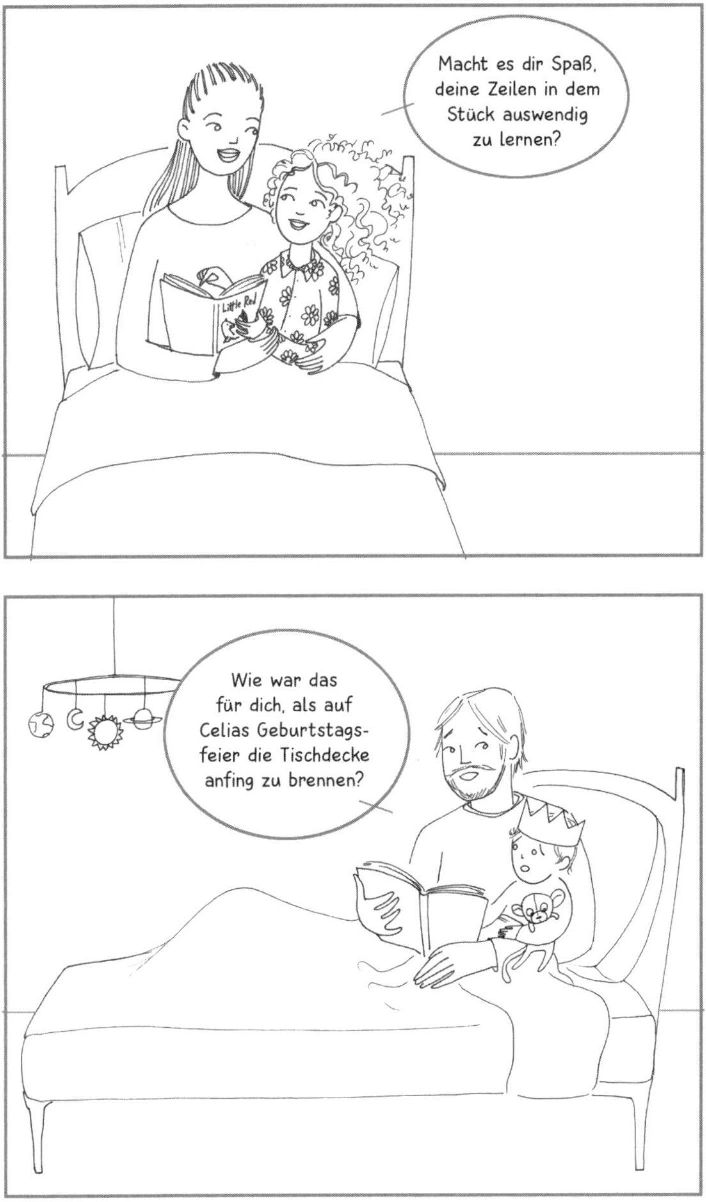

Was das Thema »Wie war dein Tag?« angeht: Diese Frage könnte bei Ihrem speziellen Kind schon mehr als ausreichend sein, um ihm Einzelheiten zu entlocken. Und: Das Kind zur Bettgehzeit dazu zu bringen, mehr zu reden? Aufgrund der Persönlichkeit mancher Kinder ist dies eventuell das *Letzte*, was ein Elternteil sich wünscht. In diesen Fällen besteht die Aufgabe möglicherweise nicht darin, das Kind zum Sprechen zu ermuntern, sondern darin, das Gespräch in eine gezieltere und lohnendere Richtung zu lenken, damit die Unterhaltung zu mehr Verbindung und Verständnis führen kann. Wenn Sie aber zu den vielen Eltern gehören, deren Kind seine inneren Gedanken nicht so bereitwillig mitteilt, müssen Sie vielleicht konkretere Fragen stellen. Und je mehr Sie Ihr Kind sehen und kennen, desto einfacher wird das werden.

Im Internet oder in Bibliotheken können Sie viele Ideen und sogar Produkte finden, die Ihnen helfen, Ihre Kinder zu sinnvolleren Gesprächen zu ermuntern. Einige liefern Gesprächsanstöße; andere versorgen Sie mit interessanten Fragen, die Sie stellen können, oder machen auf ethische Dilemmas aufmerksam, über die Sie gemeinsam nachdenken können. Diese Ideen können Sie dafür nutzen, Ihren Eltern-Kind-Dialog in Gang zu bringen. Das ist nicht immer leicht, aber wenn Sie Ihren Kindern und deren Welt große Aufmerksamkeit schenken, werden Ihnen bessere Fragen einfallen und Sie erhalten mit viel höherer Wahrscheinlichkeit bessere Antworten als »gut«. Denken Sie zudem daran, dass es beim wirklichen Sehen Ihrer Kinder darum geht, erraten zu können, wo sie sich gerade befinden, und zu erkennen, dass sie manchmal einfach nicht reden wollen. Auch Schweigen ist in Ordnung. Gemeinsam still zu sein, einfach nur zu atmen, kann innig und verbindend sein. Fühlen Sie sich also nicht unter Druck gesetzt, ein Gespräch zu erzwingen, wenn es dafür nicht der richtige Zeitpunkt ist.

Wir wissen, es kann verwirrend sein, zu entscheiden, wann man was sagen soll und ob man zum Gespräch ermuntern oder die Stille akzeptieren soll. Aber glücklicherweise hat die Bereitschaft, seine Kinder wirklich zu sehen, noch einen weiteren großen Vorteil: Wenn Sie sich die Zeit nehmen, sie voll und ganz kennenzulernen, wird es viel leichter für Sie, zu wissen, wann Sie am besten was sagen und wann Sie einfach dem Schweigen zwischen Ihnen und Ihrem Kind Raum geben. Bloß ein paar Minuten Zeit, in denen vielleicht irgendetwas aus der Fantasie Ihres Kindes oder von seinem Tag an die Oberfläche kommt, können sehr lohnend sein – für Sie beide und für die Beziehung.

Noch einmal: Sie werden viel sehen, wenn Sie einfach Ihre Augen offen halten, während Sie und Ihre Kinder Ihren Alltag leben. Aber eine der besten Möglichkeiten, Ihre Kinder zu sehen – und ihnen zu helfen, sich gesehen zu *fühlen* –, besteht darin, den Raum und die Zeit zu schaffen, die Gelegenheiten für diese Art des Sehens bieten.

Für uns selbst da sein

Eines unserer tiefsten Bedürfnisse als Menschen ist Verbindung – gesehen und dadurch gekannt zu werden. Von einem anderen verstanden zu werden ermöglicht es uns, uns selbst zu kennen und authentisch aus unserer inneren Erfahrung heraus zu leben.

Inwieweit haben Sie sich in Ihrem eigenen Leben gesehen, gekannt und verstanden gefühlt? Wenn wir nicht in der Lage sind, unsere inneren Erfahrungen zu fühlen oder auszudrücken, oder wenn niemand in unserer inneren Landschaft präsent ist, können wir uns leicht allein fühlen. Vielleicht verlieren wir dann den Zugang zu unserer eigenen Einsicht, was sogar unsere Fähigkeit verringert, *uns selbst* tief zu kennen.

Wenn wir nicht in der Lage sind, unsere inneren Erfahrungen zu fühlen oder auszudrücken, oder wenn niemand in unserer inneren Landschaft präsent ist, können wir uns leicht allein fühlen. Vielleicht verlieren wir dann den Zugang zu unserer eigenen Einsicht, was sogar unsere Fähigkeit verringert, *uns selbst* tief zu kennen.

Sind Sie mit einer Bezugsperson aufgewachsen, die Ihnen zeigte, dass sie sich ihres eigenen Innenlebens bewusst war? Die auch Ihren Gefühlen und Erfahrungen Beachtung schenkte und sie respektierte (ohne anmaßend oder aufdringlich zu werden)? Dann wissen Sie wahrscheinlich, wie es sich anfühlt, gesehen und anerkannt zu werden, sich in seiner inneren Welt gefühlt und verstanden zu fühlen. Und aller Wahrscheinlichkeit nach können Sie das, was Ihre Bezugsperson Ihnen modellhaft vorgelebt hat, ziemlich gut in Ihren eigenen Beziehungen tun. Dadurch sind Ihre Beziehungen zu anderen Menschen, einschließlich Ihrer Kinder, durch einen gewissen Reichtum geprägt. Sie kennen diese Menschen auf tiefere Weise. Selbst wenn die Dinge nicht so laufen, wie Sie es gerne hätten, können Ihre Beziehungen als Quelle von Kraft und Sinn dienen.

Viele Menschen haben diesen Vorteil nicht. Sie wuchsen stattdessen in Familien auf, in denen sich fast die gesamte Aufmerksamkeit auf äußere und oberflächliche Erfahrungen richtete: darauf, was die einzelnen Mitglieder der Familie taten und wie sie sich verhielten, falsch verhielten oder etwas erreichten. In Familien wie diesen können die Menschen Spaß miteinander haben und Aktivitäten gemeinsam genießen; die innere Welt aber wird weitgehend ignoriert. Die Unterhaltungen beim Abendessen drehen sich eher um oberflächliche Themen, zum Beispiel um aktuelle Ereignisse, um das, was der Hund getan oder der Nachbar gesagt hat, oder um andere Angelegenheiten, die zwar durchaus akzeptable Gesprächsthemen darstellen, aber von den inneren Erfahrungen der Gefühle, Erinnerungen, Bedeutungen und Gedanken – der subjektiven, reichen, inneren Natur des Geistes – abgetrennt sind. Auch bei den Freundschaften dieser Menschen kann der Fokus nach außen gerichtet sein. Wir neigen alle dazu, zumindest einige Beziehungen zu haben, in denen wir über oberflächliche Themen reden und nur selten etwas über unsere Verwundbarkeiten, Gedanken, Gefühle, Wünsche oder Ängste erzählen. Und das ist in Ordnung, solange wir auch bedeutungsvolle Freundschaften haben, in denen wir wirklich gekannt werden und den anderen tief kennen.

Inwieweit wir ohne ein tieferes Verständnis unserer selbst, unserer Lebenspartner, unserer Kinder und unserer engsten Freunde an der Oberfläche leben, hängt oft damit zusammen, wie sehr wir uns von unseren Bindungspersonen gesehen oder nicht gesehen gefühlt haben.

Denken Sie an das, was wir zuvor bei unserer Erläuterung der Bindungsstile gesagt haben: Bei einem vermeidenden Bindungsmuster wird die Bedeutung von Beziehungen und

Gefühlen abgetan, ignoriert oder heruntergespielt. Tatsächlich können Säuglinge bereits mit einem Jahr zeigen, dass sie die Anpassungsstrategien der vermeidenden Bindung entwickelt haben, indem sie ihre Bezugspersonen nach einer kurzen Trennung nach außen hin ignorieren – das heißt sie verhalten sich so, als ob sie sie nicht bräuchten. Ein solches Baby ist möglicherweise ängstlich oder traurig, hat aber bereits festgestellt, dass seine Bezugsperson nicht sehr gut reagiert, wenn es diese Gefühle und Bedürfnisse zum Ausdruck bringt. Es hat sich daran angepasst und vermeidet es, sich an seine Bezugsperson zu wenden, um sich mitzuteilen. Stattdessen lernt es, dass es mit seinen Emotionen allein ist.

> Inwieweit wir ohne ein tieferes Verständnis unserer selbst, unserer Lebenspartner, unserer Kinder und unserer engsten Freunde an der Oberfläche leben, hängt oft damit zusammen, wie sehr wir uns von unseren Bindungspersonen gesehen oder nicht gesehen gefühlt haben.

Ohne Therapie, Reflexion oder zusätzliche Beziehungen, die ihm eine andere Beziehungserfahrung ermöglichen, wird das vermeidend an seine primäre Bezugsperson gebundene Kind wahrscheinlich zu einem Erwachsenen heranwachsen, der sich ebenfalls primär auf äußere Angelegenheiten konzentriert. Hierbei handelt es sich um eine organisierte, ganz und gar adaptive Reaktion auf seine Situation. Wenn Sie ein Gefühl oder ein Bedürfnis haben und Ihre Bezugsperson dieses ignoriert oder als unwichtig abtut, indem sie ihre Aufmerksamkeit von Ihrem Bedürfnis *abwendet*, ist es überaus sinnvoll, bei Ihrer Herangehensweise an die Welt eher die linke Hemisphäre dominieren zu lassen und Ihre eigenen Emotionen (sowie die aller anderen) als nicht so wichtig abzutun. Wenn Sie nicht gesehen wurden, scheint sich das Schaltsystem, das es Ihnen ermöglicht, sich auf den Geist anderer einzustimmen und diese Art von Einsicht zu gewinnen, nicht vollständig zu entwickeln. Letztendlich kann es passieren, dass Sie sich selbst nicht mehr sehen.

Sicherlich hat es in Ihrem Leben schon Menschen gegeben – Ihre Eltern oder Kollegen, Partner oder Freunde –, die sich nicht wohl dabei fühlten, Emotionen zu sehen und mit Emotionen umzugehen – seien es Ihre oder ihre eigenen. Diese Reaktionen und Emotionen werden oft mit nonverbalen Signalen wie Augenkontakt, Mimik, Tonfall, Körperhaltung, Gesten sowie Zeitpunkt und Intensität zum Ausdruck gebracht. Und diese Signale werden alle vorwiegend von der rechten Gehirnhälfte gesteuert und wahrgenommen. Wenn es dieser Seite des Gehirns an den nährenden, eingestimmten Verbindungen gefehlt hat, die ihr Wachstum stimulieren, ist sie möglicherweise relativ unterentwickelt. Dann wartet sie nur darauf, dass ein Buch wie dieses sie einlädt, wieder in den Wachstums- und Verbindungsmodus zurückzukehren. Die Fähigkeit des Gehirns, zu wachsen und sich zu entwickeln, geht nie verloren.

Wenn Sie nicht gesehen wurden, kann es passieren, dass Sie sich letztendlich selbst nicht mehr sehen.

Lassen Sie uns ein paar Erkundungen anstellen und über Ihre Erfahrungen mit Ihren Bindungsfiguren reflektieren, darüber, inwieweit Sie sich gesehen, gekannt, verstanden und beantwortet gefühlt haben. Anschließend lassen wir Sie über Ihre Beziehung zu Ihren eigenen Kindern nachdenken. Stellen Sie sich die folgenden Fragen und achten Sie dabei auf sämtliche aufkommenden Gedanken und Emotionen. *Sehen* Sie sich selbst und Ihre eigenen Antworten, widmen Sie sich jeder Frage einzeln und lassen Sie sich Zeit, um speziell über diejenigen nachzudenken, die eine stärkere Reaktion in Ihnen hervorrufen.

1. Inwieweit haben Sie sich von Ihren Eltern wirklich so gesehen gefühlt, wie wir es hier definieren (das heißt Ihre Eltern haben Ihre innere Landschaft tief wahrgenommen und dann eine passende Reaktion gezeigt)?
2. Haben Sie derzeit Beziehungen, in denen Sie bedeutsamere Gespräche führen? Gespräche, bei denen Sie Dinge besprechen, die mit Ihren Erinnerungen, Ängsten, Wünschen und anderen Facetten Ihres Innenlebens zu tun haben?
3. Was ist mit Ihren Kindern? Tauschen Sie sich mit ihnen auf eine Art und Weise aus, die sie an ihre Innenwelt heranführt und diese anerkennt? Leben Sie modellhaft vor, was es heißt, dem eigenen Geist und den eigenen Emotionen Beachtung zu schenken?
4. Wie oft fühlen sich Ihre Kinder von Ihnen wirklich gesehen? Haben Ihre Kinder das Gefühl, dass Sie sie als die annehmen, die sie wirklich sind, auch wenn sie anders sind als Sie oder nicht so, wie Sie es sich gewünscht hätten?
5. Schämen sich Ihre Kinder manchmal dafür, dass sie Emotionen haben und zum Ausdruck bringen? Glauben sie, dass Sie auch dann für sie da sein werden, wenn sie aufgelöst sind oder sich von ihrer schlechtesten Seite zeigen?
6. Welchen Schritt könnten Sie jetzt tun, heute, um besser darin zu werden, Ihre Kinder wirklich zu sehen und auf ihre Bedürfnisse einzugehen? Vielleicht wollen Sie dem

»Warum« nachgehen, wenn etwas passiert, das Ihnen nicht gefällt. Oder Raum schaffen, um tieferzugehen. Oder vielleicht wollen Sie sich bemühen, sich mehr für Dinge zu interessieren, die Ihren Kindern am Herzen liegen.

Denken Sie daran, niemand ist vollkommen, und alle Eltern verpassen Gelegenheiten, ihre Kinder zu sehen. Zudem ist es unmöglich, jemanden – unsere Kinder eingeschlossen – vollständig zu sehen und gänzlich zu verstehen. Sie sollten also keinen Druck verspüren, zu einer gewissen elterlichen Heiligkeit aufsteigen zu müssen. Tun Sie einfach einen kleinen Schritt, damit sich Ihre Kinder noch stärker gesehen und verstanden fühlen, als es bereits der Fall ist. Genießen Sie die Belohnungen, die dieser Schritt mit sich bringt, und tun Sie dann einen weiteren. Jeder neue Schritt vertieft und stärkt die Verbindung und bereitet Ihre Kinder darauf vor, dasselbe in ihren Beziehungen zu tun – während ihrer gesamten Kindheit und Jugend und bis ins Erwachsenenalter hinein.

beruhigt

KAPITEL 5

Besänftigende Präsenz

Kindern helfen, sich *beruhigt* zu fühlen

Max war die Sorte Kind, in die man sich sofort verliebt. Ein Vierjähriger mit lockigem schwarzem Haar und riesigen braunen Augen hinter einer Brille. Aufgeweckt, kreativ und voller Leben. Eine Person jedoch war von Max nicht so angetan: seine Erzieherin im Kindergarten, Frau Breedlove. Max war sehr unruhig und hatte Mühe, seine Impulse zu kontrollieren und seine Emotionen im Zaum zu halten. Viele Pädagogen lieben emotional intensive, eifrige Jungen und führen deren Herausforderungen erfolgreich mit deren Stärken zusammen. Sie freuen sich darüber, wie viel Spaß man mit ihnen haben kann, auch wenn sie manchmal schwierig sind. Frau Breedlove gehörte nicht zu diesen Pädagogen. Sie war eine strenge Erzieherin der alten Schule mit wenig Geduld für »Fehlverhalten« jeder Art. Sie konnte für Max oder seine Energie einfach nicht präsent sein. Keine günstige Kombination.

Eines Tages war Max gerade konzentriert damit beschäftigt, ein Bild für seine Mutter zu malen, als Frau Breedlove der Gruppe verkündete, dass es Zeit für eine Pause sei. Während die Kinder sich in einer Reihe aufstellten, malte Max weiter. Seine Erzieherin rief ihn beim Namen, er aber sagte, nicht in seinem höflichsten Ton: »Warte doch!«

Wie zu erwarten, antwortete Frau Breedlove: »Max, so reden wir nicht miteinander. Es ist Zeit, dass wir uns jetzt in eine Reihe stellen.«

Max schüttelte einfach den Kopf und malte weiter an seiner Zeichnung. Die nächste Reaktion seiner Erzieherin sah so aus, dass sie zu ihm ging und ihm den Stift aus der Hand riss, woraufhin Max sich zu ihr drehte und durch seine wütenden Tränen hindurch flehte: »Bitte, Frau Breedlove! Bitte, ich brauch nur noch eine Minute!«

Die Situation eskalierte weiter. Frau Breedlove griff nach Max' Bild, und er schob ihre Hand weg. Sie griff erneut zu, und als er versuchte, die Zeichnung zu schützen, riss das Blatt. An diesem Punkt explodierte er und schlug seiner Erzieherin aufs Bein. »Das war für meine Mutter!«, schrie er.

Fünf Minuten später saß er im Büro des Kindergartens, immer noch schäumend vor Wut, immer noch weinend, als die psychologische Beraterin erschien. Sie konnte in seinem Gesicht und seiner Körperhaltung sofort die Wut erkennen. Sie hatte zuvor schon mit Max gearbeitet und kannte ihn ziemlich gut. Sie wusste auch ein wenig über soziale und emotionale Entwicklung. Sie setzte sich neben ihn und legte ihm die Hand auf die Schulter. »Na, kleiner Mann, du bist ja so wütend. Was ist passiert?«

Max' Antwort, wenn auch vielleicht etwas heftig, zeugte von einer beeindruckenden Menge an Kreativität und Weitblick für so einen kleinen Kerl. Noch immer kochend vor

Wut, sagte er: »Ich werde sie mit meiner Zauberkraft in einen Samen verwandeln. Dann warte ich, bis sie ein Baum ist. Wenn er groß ist, fälle ich ihn und stecke ihn in eine Hackmaschine, dann nehme ich die Holzschnitzel und mische sie mit ein bisschen Asphalt, schütte sie auf die Straße und überfahre das Ganze mit einer Dampfwalze!«

Die Beraterin versuchte nicht zu zeigen, wie lustig sie den (sehr, sehr) langfristigen Racheplan dieses fantasievollen jungen Holzfällers und Straßenarbeiters fand. Sie wollte auf keinen Fall zu Gewalt ermuntern, aber sie war beeindruckt von seiner Kreativität und wollte ihm helfen, seine Erfindungskraft für Gutes statt für Böses zu nutzen. Also verwandte sie etwas Zeit darauf, ihn zu beruhigen, damit er sich wieder fassen und verstehen könnte, wie er mit der Situation anders hätte umgehen können. Nach wenigen Minuten führten die beiden ein friedliches, produktives Gespräch, in dem Max tatsächlich eine bemerkenswerte Einsicht im Hinblick auf das Geschehene zeigte. Im Moment der großen Wut hatte er einfach keinen Zugang zum hoch entwickelten Teil seines Gehirns finden können.

Was also wäre gewesen, wenn Frau Breedlove die Situation von vornherein anders angegangen wäre? Wenn sie versucht hätte, Max zu *trösten*, und Beruhigung als Werkzeug eingesetzt hätte, um zu Kooperation und Problemlösen zu ermuntern, statt Kontrolle auszuüben oder Max zu dirigieren? Was wäre gewesen, wenn sie vor der Eskalation versucht hätte, sein Inneres zu sehen und zu verstehen? Und wenn sie dann, als er wütend wurde, erkannt hätte, dass er *Hilfe* bei der Emotionsregulation benötigte? Schließlich war er erst vier. Was wäre gewesen, wenn sie in dem Moment, als er sie bat zu warten, zu seinem Tisch gegangen wäre und versucht hätte, sich mit ihm zu verbinden? Oder etwas zu probieren, das wir als »proaktive Beruhigung« bezeichnen könnten? Sie hätte sagen können: »Ich merke, dass dir dieses Bild wichtig ist. Für wen ist es denn?« Dann hätte sie fortfahren können: »Ich weiß, dass du sehr gerne Dinge für deine Mama machst. Hmmm. Jetzt wollen wir aber nach draußen gehen, um zu spielen. Was meinst du, wo sollten wir das Bild hinlegen, damit es wirklich in Sicherheit ist, bis du es später zu Ende malen kannst? Ja, oben auf meinem Schreibtisch, zusammen mit meinen anderen wirklich wichtigen Papieren. Da wird es geschützt sein, während du draußen spielst. Wenn wir dann wieder reinkommen, werde ich dafür sorgen, dass du Zeit hast, um deine Zeichnung fertig zu machen. Damit du deine Mama überraschen kannst, wenn sie dich abholt.« Wenn Frau Breedlove in der Lage gewesen wäre, präsent zu sein – hätte sie ganz offen und empfänglich dafür bleiben können, was vor sich ging, nicht nur in Max' Verhalten, sondern auch in seinem Innenleben –, dann hätte eine beruhigende Verbindung hergestellt werden können. Statt allein zu sein, hätte Max sich *verbunden* gefühlt. Max und seine Erzieherin hätten zu einem »Wir« werden können, wodurch sich seine Emotionen beim Wechsel von einer Aktivität zur anderen hätten beruhigen lassen. Stellen Sie sich vor, welchen Unterschied ein solcher Ansatz gemacht hätte, wie viel Zeit man damit gespart hätte und wie er sich auf Max' Gehirn

> Stellen Sie sich vor, welchen Unterschied ein solcher Ansatz gemacht hätte, wie er sich auf Max' Gehirn und Nervensystem und damit auf seine Emotionen und sein Verhalten ausgewirkt hätte: So wären Ruhe und Regulation eingetreten, die die Spannung in der Interaktion hätten zerstreuen können.

und Nervensystem und damit auf seine Emotionen und sein Verhalten ausgewirkt hätte: So wären Ruhe und Regulation eingetreten, welche die Spannung in der Interaktion hätten zerstreuen können.

Wegen der Art und Weise, wie der Konflikt tatsächlich gehandhabt wurde, war Max' Reaktion stattdessen typisch für ihn, ja, sogar vorhersehbar. Er wurde von starken Emotionen überwältigt, die immer weiter zunahmen, bis er die Fähigkeit verlor, sich selbst zu regulieren, seinen Körper zu kontrollieren und gute Entscheidungen zu treffen. In dem Moment war die Wahrscheinlichkeit natürlich noch geringer, dass seine Erzieherin für ihn präsent sein würde. Beruhigung war das Letzte, was ihr vorschwebte, und das Letzte, was Max' in seiner Not zu erwarten hatte. Und da Max keine Hilfe im Umgang mit seinen großen Gefühlen bekam, verinnerlichte er eine Lektion: *Wenn ich von großen Gefühlen überwältigt werde, wird mir niemand helfen. Vielmehr bekomme ich Schwierigkeiten.* Verstärkt wurde diese Lektion durch wiederholte Interaktionen mit seiner Erzieherin und anderen Erwachsenen, die von ihm erwarteten, mit seinen Emotionen in einer Art und Weise umzugehen, die er noch nicht beherrschte. Diese wiederholten Interaktionen erhöhen oft noch die Häufigkeit und Intensität der Dysregulation und Unruhe. Wäre die Erzieherin hingegen mit offenem Bewusstsein und empfänglicher Haltung präsent gewesen, hätte ihn das beruhigt und sein Gehirn hätte beginnen können, ein neues Modell zu kodieren: *Wenn meine Gefühle groß werden und außer Kontrolle geraten, wird jemand für mich da sein und mir helfen, mich zu beruhigen und gute Entscheidungen zu treffen.* Wiederholte Interaktionen dieser Art *ver-*

ringern in der Regel die Häufigkeit und Intensität der Dysregulation und Unruhe.

Nachdem Max sich beruhigt hätte, hätte seine Erzieherin das schwierige Verhalten immer noch thematisieren und Max helfen können, Fähigkeiten wie Geduld und Impulskontrolle aufzubauen. Aber zunächst brauchte er Hilfe, um sich zu beruhigen, damit sein Gehirn von einem reaktiven zu einem empfänglichen Zustand wechseln und er die Lektionen, die er zu lernen hatte, überhaupt *hören* konnte. Der einfache Akt des Beruhigens und die Verbindung, zu der er geführt hätte, hätten den gesamten Verlauf der Geschichte ändern können. Wahrscheinlich wäre Max mit seinen Freunden in die Pause gegangen, anstatt im Büro zu sitzen und sich aufwendige Gewaltpläne auszudenken, die mit Baumzucht und Asphalt zu tun haben. Mit wiederholter Beruhigung könnten dann neue Erwartungen und neue Modelle in seinem Geist verstärkt werden. Statt allein zu sein, wäre er verbunden und Teil eines »Wir«.

Wir haben dies im Laufe der Jahre immer wieder bei unserer Arbeit mit Schulen und Familien gesehen. Wenn Erwachsene als Antwort auf die intensiven Reaktionen eines Kindes *ihr* Verhalten ändern, kann sich dadurch das Verhalten des Kindes ändern. Tina hat mit einem Schulbezirk in Texas zusammengearbeitet, der einen Wechsel von einem primär verhaltensorientierten Ansatz zu einem eher beziehungsorientierten, koregulierenden Ansatz vornahm, den wir in *Disziplin ohne Drama* erläutern. Die Lehrenden stellten fest, dass ihre am stärksten dysregulierten und besonders heftig reagierenden Schüler sich schneller beruhigten, wenn man ihnen in den Momenten, in denen sie dysreguliert waren, Empathie, Verbindung, Beruhigung und Unterstützung bot, als wenn sie für ihre Reaktionen bestraft oder mit der Aufforderung, sie sollten sich beruhigen, in einen Raum geschickt wurden. Und bemerkenswerterweise, aber nicht überraschenderweise, entdeckten die Pädagogen, dass diese Beruhigungsmaßnahme im Laufe der Zeit auch die Länge, Intensität und Häufigkeit von Verhaltensausbrüchen und anderen Disziplinproblemen deutlich verringerte.

Das ist nachvollziehbar, oder? Wenn Sie als Kind (oder sogar als Erwachsener) von Ihren reaktiven Emotionen und Ihrer Neurophysiologie überwältigt werden und wissen, dass Sie letztendlich für etwas Schwierigkeiten bekommen werden, für das Sie nichts können, erleben Sie ein erhöhtes Maß an Stress, Wut, Angst und Sorge. Das kann ziemlich erdrückend sein. Wenn Sie aber stattdessen wissen, dass Ihnen geholfen wird, falls Sie die Fassung verlieren, muss Ihr Nervensystem erst gar nicht so hochdrehen. Sie können die erlernte Rückkopplungsschleife umgehen, die entsteht, wenn Ihre großen Gefühle einfach deshalb Angst und Sorge – noch mehr große Gefühle – erzeugen, *weil* Sie starke Emotionen erleben. Diese negative Rückkopplungsschleife kann im Kopf eines Kindes ablaufen, wenn eine Bezugsperson ihm die Botschaft vermittelt: *Wenn du dich in einer Situation befindest, in der du überfordert und außer Kontrolle bist, wirst du bestraft.* Stattdessen möchten wir, dass das Kind eine beständige Botschaft der Unterstützung erhält: *Wenn du dich in einer Situation befindest, in der du überfordert und außer Kontrolle bist, werde ich dir helfen, und gemeinsam werden wir dich wieder zur Ruhe bringen. Vielleicht bekommst du jetzt nicht das, was du willst, aber es ist alles in Ordnung. Ich bin für dich da.*

Beruhigung entsteht durch Verbindung. Und Verbindung entsteht durch unser Präsentsein. Wir beruhigen also dadurch, dass wir da sind.

Das Ziel:
der inneren Beruhigung näherkommen

In den vorangegangenen Kapiteln haben wir darüber gesprochen, welchen Unterschied es für das Leben eines Kindes machen kann, wenn dieses sich *beschützt* und *gesehen* fühlt. In der Geschichte von Max sehen Sie, welche positive Wirkung es hat, wenn ein Kind sich zudem *beruhigt* fühlt – beziehungsweise was passieren kann, wenn wir diese Art von Präsenz nicht bieten. Wenn ein Kind in Not ist – wenn es emotional leidet oder sein Nervensystem es in einen Kampf-, Flucht-, Erstarrungs- oder Ohnmachtszustand befördert –, lässt sich dieser negative Zustand durch eine Interaktion mit einer Bezugsperson, die für das Kind da ist, ändern. Möglicherweise leidet das Kind weiterhin, aber zumindest ist es mit seinem Schmerz nicht allein. Die Erfahrung findet im Kontext der elterlichen Präsenz statt, und die Bezugsperson ist auf das Kind eingestimmt und kümmert sich um das Kind. Aus wissenschaftlicher Sicht verändert diese auch bei Schmerz und Not erfolgende Verbindung die Erfahrung des Kindes: Statt in seinem Unbehagen allein zu sein, ist es Teil eines größeren Ganzen. Diese Art der Verbindung, die *interpersonelle* Erfahrung, dass jemand sein Leid miterlebt und es dann getröstet wird, schafft ein Gefühl des Vertrauens. Und dieses Vertrauen öffnet das Fenster zu vielen *inneren* Mechanismen, die Schmerz heilen, Leid mindern und Resilienz aufbauen. Interpersonelle Beruhigung ist das Tor zu innerer Beruhigung.

Anders ausgedrückt: Die wiederholte Erfahrung der *interpersonellen* (oder *interaktiven*) Beruhigung kann bei dem Kind zu einer *verinnerlichten* Fähigkeit führen, sich bei Bedarf selbst zu beruhigen. Wenn es durch Erfahrung lernt, dass immer und immer wieder jemand für es da sein wird, wenn es leidet, wird es lernen, für sein inneres Selbst da zu sein, und die Fähigkeit entwickeln, seine Emotionen eigenständiger zu beruhigen und zu regulieren. Seine Bezugsperson beruhigt das Kind heute auf interpersonellem Weg und baut so die neurologischen Schaltkreise für seine innere Beruhigung auf.

Die wiederholte Erfahrung der *interaktiven* Beruhigung führt zu einer *verinnerlichten* Fähigkeit des Kindes, sich bei Bedarf selbst zu beruhigen. Mit anderen Worten: Wenn es durch Erfahrung lernt, dass immer wieder jemand für es da sein wird, wenn es leidet, wird es lernen, für sein inneres Selbst da zu sein, und die Fähigkeit entwickeln, seine Emotionen eigenständiger zu beruhigen und zu regulieren.

Der Aufbau der inneren Fähigkeit, sich selbst zu beruhigen, hat enorme Auswirkungen. Wenn ein Kind lernt, inmitten von Wut, Frustration, Enttäuschung oder Angst eigenständig wieder zur Ruhe zu kommen, ist das ein Beweis für das Wachstum und die Entwicklung seines präfrontalen Kortex – des oberen Gehirns. Und wofür ist das obere Gehirn zuständig? Hier sind einige der Kompetenzen und Fähigkeiten, von denen wir uns am meisten wünschen, dass unsere Kinder sie entwickeln:

Das Beruhigen eines Kindes trägt zur Entwicklung des oberen Gehirns bei und fördert dessen anspruchsvollere Funktionen

- ✔ vernünftige Entscheidungsfindung und Planung
- ✔ Regulation von Emotionen und Körper
- ✔ Flexibilität und Anpassungsfähigkeit
- ✔ Empathie
- ✔ Selbst-Verständnis
- ✔ Moral

Mit anderen Worten: Wenn wir Verbindung und Beziehung nutzen, um unsere Kinder zu beruhigen, lernen sie, sich innerlich selbst zu beruhigen. Wir geben ihnen damit nicht nur ein Werkzeug an die Hand, mit dessen Hilfe sie in Situationen mit hoher Stressbelastung ruhig bleiben. Wir fördern zudem auch Veränderungen in der Hardware ihres Gehirns, die es ihnen ermöglichen, eine wesentlich höhere Resilienz zu entwickeln und ein erfüllteres und glücklicheres Leben zu führen. Für diese Veränderungen machen wir uns die Macht der Neuroplastizität zunutze.

Möglicherweise haben Sie gemerkt, dass wir einige gängige Begriffe wie »Selbstberuhigung« oder dessen wissenschaftliches Pendant »Selbstregulation« nicht verwenden. Stattdessen betonen wir, dass die Erfahrung des »Selbst« einen *Intra*- und einen *Inter*-Aspekt besitzt: Das »Selbst« ist zum einen *in uns*, in unserem Körper und unserem Gehirn, und zum anderen *zwischen uns*, das heißt zwischen unserem inneren Selbst und der Welt um uns herum – unabhängig davon, ob es sich bei diesem Raum dazwischen um unsere Verbindungen zu Menschen, wie unseren Eltern oder Gleichaltrigen, oder zu Haustieren und dem Planeten handelt. Wir können »Inter-Beruhigung« finden, indem wir draußen frische Luft einatmen, hinaus in die Natur gehen, unseren Hund streicheln, joggen oder schwimmen. Unser »Selbst« ist also ein mit allem verbundener Teil des Planeten. Wenn Sie als Mutter oder Vater Ihrem Kind etwas über diesen »Inter-Aspekt« seines Seins vermitteln, pflanzen Sie ihm ein wichtiges Gefühl über seine Verbindung zu »etwas mehr« als nur seinem inneren, körperbezogenen Selbst ein. Dieses Etwas-mehr-Geschenk sorgt, wie wir sehen werden, für ein tiefes Gefühl der Zugehörigkeit zu einer Welt, die viel größer ist, als es die ich-zentrierte Sichtweise erahnen lässt, die von der heutigen Gesellschaft so oft betont wird – zur traurigen Isolation und zum Nachteil der Jugend. Auf diese Weise bietet Ihre Präsenz Ihrem Kind die Erfahrung, Teil eines »Wir« zu sein, das aus Ihnen beiden besteht. Ihr Kind entwickelt ein Gefühl der Zugehörigkeit zu etwas mehr als nur einem einzelnen Selbst, ein Gefühl der Identität als Beziehungsselbst sowie als inneres Selbst.

DIE ANATOMIE der INNEREN BERUHIGUNG

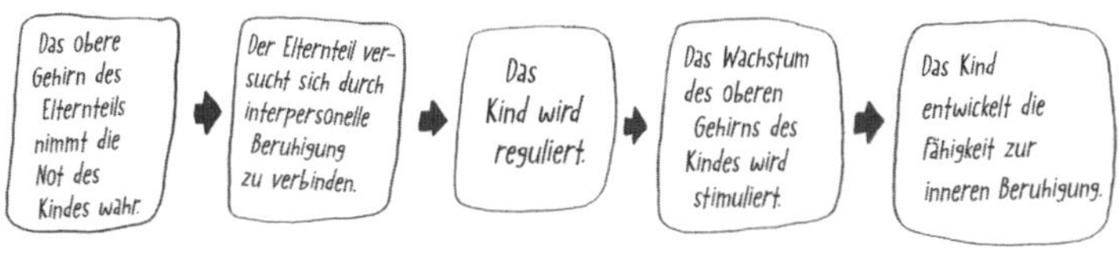

Durch diese interaktiven Verbindungserfahrungen, welche die genannten Veränderungen im oberen Gehirn Ihres Kindes fördern, wird Ihre Aufgabe als Mutter oder Vater außerdem viel leichter. Warum? Schauen Sie sich doch noch einmal die Abbildung an, in der die Funktionen des oberen Gehirns aufgelistet sind. Stellen Sie sich vor, Ihr Kind entwickelt sich zu einem Individuum, das diese verschiedenen Fähigkeiten und Kompetenzen regelmäßig zum Ausdruck bringt. Langfristig wird es von besseren Beziehungen, einem klareren Selbst-Verständnis, Erfolg und allgemein mehr Zufriedenheit profitieren. Und kurzfristig werden Sie beide sich an einer harmonischeren Eltern-Kind-Beziehung erfreuen, da Ihr Kind besser imstande sein wird, Entscheidungen zu treffen, seine Handlungen zu steuern, an andere zu denken, sich selbst zu verstehen und sich moralisch und ethisch zu verhalten. All dies beginnt mit der Beruhigung, mit der sogenannten dyadischen Regulation oder Koregulation, bei der Sie und Ihr Kind als Paar, als Dyade, zusammenarbeiten. Gemeinsam schaffen Sie mehr Verbindung und Ruhe, sodass die Emotionen weniger oft die Oberhand gewinnen und Schaden anrichten.

Das Ziel ist selbstverständlich innere Selbstregulation, das heißt die Fähigkeit unserer Kinder, ihre Psyche und ihre Emotionen selbst zu regulieren. Aber auf dem Weg dorthin müssen wir geduldig sein. Entwicklung braucht Zeit. Das bedeutet, dass wir so lange koregulieren, bis unsere Kinder sich allein regulieren können. Das obere Gehirn ist erst mit Mitte zwanzig voll entwickelt, weshalb unsere Kinder während ihrer gesamten Kindheit und Jugend – und sogar bis ins Erwachsenenalter hinein! – immer wieder darauf angewiesen

Zwei Aspekte zur Beruhigung des Selbst:

Innere Beruhigung

Inter-Beruhigung

sein werden, dass wir sie beruhigen und besänftigen, wenn sie aufgelöst sind. Genauso, wie Kinder und Teenager möglicherweise unseren Input brauchen, wenn sie bestimmte Entscheidungen und die damit verbundenen Auswirkungen und Risiken durchdenken, brauchen sie unter Umständen auch Unterstützung bei der Emotionsregulation.

Beruhigung und der grüne Bereich

Um den Mechanismus der Beruhigung zu verstehen, stellt man sich am besten vor, dass die Intensität der Emotionen eines Kindes durch drei Bereiche repräsentiert wird. Wir haben dieses Modell ausführlich in unserem Buch *Wie Kinder aufblühen* erläutert. Die Grundidee lautet: Unter normalen Umständen wollen wir, dass unsere Kinder sich im grünen Bereich befinden. Dort haben sie sich gut im Griff, fühlen sich sicher und haben die Situation unter Kontrolle, selbst wenn es etwas herausfordernd wird. Drehen sie aber durch – aus Wut, Angst oder einer anderen unangenehmen Emotion, die jenes innere Chaos verursacht, das sie außer Kontrolle bringt –, dann geraten sie in den roten Bereich, in dem ihr Nervensystem hochfährt. Zwingen große Emotionen sie hingegen dazu, abzuschalten und zu erstarren oder sich zu verstecken, geraten sie in den blauen Bereich, in dem ihr Nervensystem runterfährt. Die nachfolgende Abbildung ist zwar schwarz-weiß; aber Sie verstehen, worauf wir hinauswollen.

Wenn Kinder den grünen Bereich verlassen, die Kontrolle verlieren und entweder ins chaotische Rot oder ins starre

Blau abgleiten, sind sie dysreguliert. Wir können von einem Zustand des »Ausrastens« sprechen, denn der präfrontale Kortex, das obere Gehirn, wird von den reaktiven unteren Teilen des Gehirns getrennt, welche die Kontrolle über das denkende, regulierte Selbst übernehmen. Diese Trennung ist der Grund dafür, warum das Gehirn in diesem Moment nicht mehr integriert ist – die Verbindung unterschiedlicher Teile wird vorübergehend aufgehoben. In diesem desintegrierten Zustand brauchen Kinder jemanden, und zwar Sie, der einschreitet und koreguliert, damit sie wieder zur Harmonie der Integration zurückkehren und die Kontrolle über ihre Emotionen, ihren Körper und ihre Entscheidungen zurückgewinnen können.

Stellen Sie sich zum Beispiel vor, Ihre Tochter im Kleinkindalter ist wegen etwas, das vollkommen lächerlich wirkt, ausgerastet und komplett in den roten Bereich gedriftet. Sagen wir, sie will in den Kühlschrank steigen, und Sie sollen die

Tür hinter ihr schließen, damit sie sehen kann, ob das Licht ausgeht. Sie zeigen ihr den Schalter, durch den sich das Licht ausschaltet, wenn die Tür zuklappt. Aber sie will es trotzdem weiterhin unbedingt von innen sehen. Sie weigern sich, ihr das zu erlauben, und trotz der Empathie, die Sie beim Durchsetzen der Grenze zeigen, wird sie immer aufgewühlter und rastet schließlich aus. (Wenn Sie Kleinkinder kennen, wissen Sie, dass dies *kein* weit hergeholtes Szenario ist!)

Der klassische, uralte Ratschlag, den Eltern häufig hören, ist der, einen Wutanfall zu ignorieren. Man sagt uns, wir sollten ihm keine Aufmerksamkeit schenken, sonst könne das Kleinkind ihn als Werkzeug benutzen, um bei jedem »Nein« letztlich doch zu bekommen, was es will. Natürlich wollen wir es vermeiden, nachzugeben und es dem Kind zu erlauben, eine von uns selbst gesetzte Grenze zu überschreiten oder etwas Gefährliches zu tun, nur weil das Kind einen Anfall bekommt. Die Wahrheit aber ist, dass ein Wutanfall, besonders bei kleinen Kindern, oft ein Zeichen dafür ist, dass das Kind in dem Moment wirklich außer Kontrolle ist. Nicht immer, aber häufig handelt es sich bei fehlender Selbstbeherrschung eher um ein *Kann-nicht* als um ein *Will-nicht*. Und ist es sinnvoll, einen Wutanfall zu ignorieren, wenn das aufgelöste Kind die Kontrolle gar nicht wiedererlangen *kann*? Vielleicht *braucht* es Sie in diesem Moment, um die Kontrolle zurückzugewinnen.

Wenn Kinder ausrasten, brauchen sie jemanden, und zwar Sie, der einschreitet und koreguliert, damit sie wieder zur Harmonie der Integration zurückkehren und die Kontrolle über ihre Emotionen, ihren Körper und ihre Entscheidungen zurückgewinnen können.

Sie erinnern sich, dass die dyadische Regulation zu innerer Regulation führt. Daher haben diese koregulierenden Interaktionen ein Wachstum des kindlichen Gehirns zur Folge, welches die Entwicklung autonomerer Fähigkeiten zur Regulation der inneren Zustände ermöglicht. Bezogen auf die drei oben besprochenen Bereiche heißt das: Wenn wir uns mit unseren Kindern verbinden, sofern sie sich im blauen oder roten Bereich befinden, und ihnen zurück in den grünen Bereich helfen, bringen wir ihnen damit bei, dies in Zukunft allein zu schaffen. Dieser Erziehungsansatz zielt sowohl darauf ab, in der jeweiligen Situation Zustände im grünen Bereich herbeizuführen, als auch darauf, die Regulationsschaltkreise für zukünftige Resilienz aufzubauen. Auf diese Weise helfen wir unseren Kindern beim Aufbau von Fähigkeiten und nicht nur dabei, ihr Verhalten im jeweiligen Moment zu kontrollieren.

Und unabhängig davon, ob Ihr Kind wirklich nicht in der Lage ist, sich selbst zu regulieren, und die Kontrolle verloren hat, weil es von Stresshormonen und Bedrohungssignalen aus seinem Gehirn und seinem Körper geflutet wird (was wir einen Wutanfall im unteren Stockwerk nennen, da in diesem Moment der untere Teil des Gehirns das Sagen hat), oder ob es in der Lage ist, sich zu beherrschen, sich aber dafür *entscheidet*, zu weinen und wild um sich zu schlagen, in der Hoffnung, dass es bekommt, was es will (ein Wutanfall im oberen Stockwerk), können Sie ein und dieselbe Reaktion zeigen. Behalten Sie die Grenze bei, aber bieten Sie gleichzeitig Unterstützung und Beruhigung für die da-

Wir wollen unseren Kindern beim Aufbau von Fähigkeiten helfen und nicht nur dabei, ihr Verhalten im jeweiligen Moment zu kontrollieren.

raus resultierenden Emotionen und Reaktionen. Das ist ein Punkt, den viele Eltern oft übersehen: Wir können feste Grenzen in Bezug auf Verhaltensweisen und Erwartungen aufrechterhalten und gleichzeitig »weich« gegenüber dem Kind und seinen Emotionen sein. Nachzugeben oder das Kind und seine Gefühle zu ignorieren, sind nicht unsere einzigen Möglichkeiten! Wir können uns als Erstes verbinden und dann umlenken.

All dies bedeutet mit anderen Worten nicht, dass Sie Ihr Gemüsefach leeren und Ihre Milch und Ihre Erdbeeren herausholen sollten, damit im Kühlschrank genug Platz für Ihre Tochter ist und sie hineinklettern kann. Es bedeutet einfach, dass Sie sie beruhigen und koregulieren müssen, damit sie wieder zur Vernunft kommen und in den grünen Bereich zurückkehren kann.

Wir können feste Grenzen in Bezug auf Verhaltensweisen und Erwartungen aufrechterhalten und gleichzeitig »weich« gegenüber dem Kind und seinen Emotionen sein. Nachzugeben oder das Kind und seine Gefühle zu ignorieren, sind nicht unsere einzigen Möglichkeiten! Wir können uns als Erstes verbinden und dann umlenken.

Indem Sie sich verbinden, kann Ihr Kind also ins Grüne zurückfinden. Zusätzlich macht es somit die Erfahrung, in einen Zustand der Dysregulation geraten und dann mit Ihrer Hilfe wieder zur Regulation zurückgelangt zu sein. Und jedes Mal, wenn es diese Erfahrung macht, verdrahtet sich, während seine Entwicklung voranschreitet, sein Gehirn in einer Weise, durch die es stärker und stärker wird. Dadurch wird Ihr Kind in der Lage sein, sich automatischer selbst zu regulieren, auch wenn Sie nicht da sind. Mit diesen

Statt einen Wutanfall zu ignorieren …

… beruhigen Sie Ihr Kind und helfen ihm, in den grünen Bereich zurückzukehren.

koregulierenden Interaktionen wird Integration in das Gehirn Ihres Kindes eingebaut – die Basis für seine sich entwickelnden inneren Regulationsfähigkeiten und seine Resilienz.

Dasselbe gilt für schlechtes Verhalten. Nehmen wir an, Ihr Neunjähriger ärgert sich so sehr über seine Schwester, dass er eines ihrer neuen Walkie-Talkies gegen die Wand wirft und es zerbricht. Während er wütend heult, völlig außer Kontrolle, hat es keinen Sinn, mit ihm über die Achtung von persönlichem Eigentum zu sprechen oder ihn aufzufordern, sich bei seiner Schwester zu entschuldigen. In diesem reaktiven Zustand wird er nicht einmal in der Lage sein, Sie zu hören oder diese Information zu verarbeiten, und er empfindet *kein* Mitgefühl für seine Schwester. Er wünscht sich sogar, er hätte sämtliche ihrer Sachen zerstört! Es wird der Moment kommen, in dem Sie ihn umlenken können, aber erst einmal müssen Sie sich verbinden. Wenn Beruhigen Ihre erste Reaktion ist, werden Sie ihm helfen, sich abzuregen. Sobald er sich wieder im grünen Bereich befindet, können Sie das Verhalten umlenken und darüber sprechen, wie sich die Sache mit seiner Schwester wieder in Ordnung bringen lässt. Oder ob er vielleicht sein Taschengeld sparen sollte, um das Walkie-Talkie zu ersetzen. Sie können auch viel effektiver mit ihm am Aufbau notwendiger Fähigkeiten arbeiten und ihm helfen, sich für das nächste Mal, wenn ihn seine Wut übermannt, eine bessere Strategie zu überlegen.

Verbinden und umlenken

Zuerst verbinden Sie sich und helfen Ihrem Kind, in den grünen Bereich zurückzukehren.

Dann lenken Sie um.

Wir wollen diesen Verbindungs- und Umlenkungsprozess nicht einfacher klingen lassen, als er ist. Für Eltern kann es hart sein, wenn Kinder auf diese Weise in den roten Bereich abgleiten oder wenn sie weglaufen und sich verstecken und in den blauen Bereich geraten, in dem sie nicht mit einem sprechen oder interagieren wollen. Aber es wird Ihnen viel besser gelingen, Ihrem aufgelösten Kind einen besseren Umgang mit zukünftigen Situationen beizubringen, wenn Sie ihm helfen können, sich zu beruhigen, bevor Sie anfangen, ihm etwas zu vermitteln. Und zugegeben, manchmal werden Ihre Bemühungen Ihrem Kind nicht sofort oder nicht offensichtlich helfen, in den grünen Bereich zurückzukehren. Mitunter dauert es etwas, bis das Kind sich fasst und sein Nervensystem zur Ruhe kommt. In diesem Fall können Sie einfach präsent sein, in der Nähe bleiben und Hilfe anbieten, falls es sich nicht selbst beruhigen kann. So weiß es, dass es in seiner emotionalen Not nicht allein ist.

Beruhigen: Es geht um das Gefühl

Denken Sie an den Dreiklang der Verbindung: wahrnehmen, verstehen und reagieren (auf abgestimmte Art). Diese Reaktion kann durchaus Worte beinhalten, insbesondere, wenn sie in einem liebevollen, einfühlsamen Tonfall gesprochen werden. Für das Kind kann es enorm beruhigend und tröstlich sein zu hören: »Das hat echt wehgetan, stimmt's?« oder »Ich bin da. Ich bin da.« Das Bestätigen, Versichern und Benennen sowie das Bekunden von Empathie sind allesamt wirkungsvolle Mittel, um ein Kind (oder einen Jugendlichen oder sogar einen Erwachsenen) mit Worten zu beruhigen.

Aber der größte Teil des Beruhigungsprozesses findet auf der nonverbalen Ebene statt. Denken Sie nur einmal daran, welchen Unterschied der Tonfall machen kann.

Auch wenn die Worte dieselben sind, kann Ihr Ton einen erheblichen Unterschied bewirken.

Dies gilt auch dann, wenn die Kinder älter werden. Wenn Sie Ihr Kind wegen etwas, das es getan hat, zur Rede stellen und es Sie als Reaktion darauf in seiner Wut und Abwehr angreift, kann Ihr Ton Einfluss darauf haben, ob es sich weiter in Richtung erhöhter Reaktionsbereitschaft und Frustration, also in den roten Bereich bewegt oder wieder Ruhe und Kontrolle erlangt und in den grünen Bereich zurückfindet. Wenn es Ihnen gelingt, dass es sich gehört fühlt – »Ich verstehe das, Schatz. Du hattest das Gefühl, dass ich dir die Schuld gebe, ohne mir erst einmal anzuhören, was du dazu zu sagen hast« –, werden Sie sich viel besser auf das Vermitteln und den Aufbau von Fähigkeiten im Zusammenhang mit dem jeweiligen Thema konzentrieren können und weniger persönliche Angriffe seitens Ihres Kindes hervorrufen.

Was kommunizieren Sie mit Ihren nonverbalen Hinweisen?

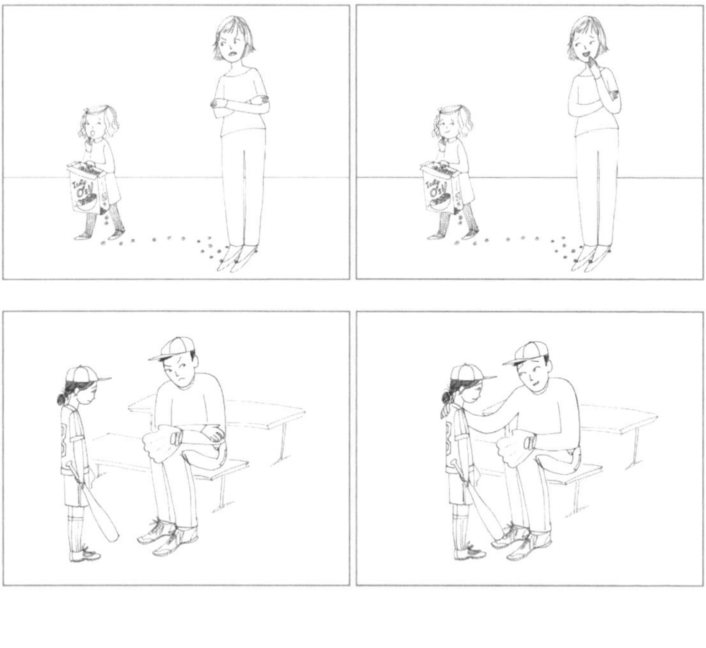

Andere nonverbale Hinweise – Ihr Gesichtsausdruck, Ihr Augenkontakt, Ihre Körperhaltung, der Zeitpunkt und die Intensität Ihrer Reaktion – bieten alle ein enormes Potenzial für die Bändigung tobender Emotionen. Diese nonverbalen Signale sind ein zentraler Weg, wie wir uns miteinander verbinden. Achten Sie darauf, wie Sie auf Ihre Kinder wirken, auch wenn Sie gar nichts sagen.

Die Macht der Berührung kann in einer Situation, die nach Beruhigung verlangt, besonders wirkungsreich sein. Aber auch hier gilt: Stimmen Sie sich auf Ihre Kinder als Individuen ein und ermitteln Sie, was sie brauchen. Manche finden Berührungen vielleicht gar nicht beruhigend. Aber auf die meisten Kinder kann es sehr beruhigend wirken, ihre Hand zu halten, ihnen den Rücken zu streicheln oder zu reiben und sie im Arm zu halten und hin und her zu wiegen. Dies hilft ihnen, in den grünen Bereich zurückzufinden.

Vom Moment ihrer Geburt an kann es Wunder bewirken, kleine Kinder zu halten, besonders wenn sie verzweifelt sind. Eine kürzlich durchgeführte Studie ergab, dass die Menge an Trost und Körperkontakt, die Säuglinge erhalten, nicht nur ihren aktuellen emotionalen Zustand beeinflusst, sondern auch ihr molekulares Profil. Die Forscher untersuchten Vierjährige, die als Babys einem überdurchschnittlich hohen Maß an Stress ausgesetzt gewesen waren und als Antwort darauf wenig beruhigende körperliche Berührung erhalten hatten. Die Ergebnisse zeigten, dass diese Kinder vier Jahre später in ihrer biologischen Entwicklung ihren Altersgenossen hinterherhinkten. Aber nicht nur das: Die Forscher fanden ebenfalls heraus, dass diese negativen Auswirkungen mitunter sogar die Biochemie der Kinder veränderte und die Genexpression beeinflusste, also die Art und Weise, wie ihre Gene bei der sogenannten »epigenetischen« Regulation aktiviert wurden. Andere Studien zeigen, dass hospitalisierte Babys viel schneller gesunden und sich entwickeln, wenn sie gehalten werden. Haut-zu-Haut-Kontakt, wie bei dieser Art von »Känguru-Pflege«, beruhigt nicht nur – er heilt und fördert buchstäblich die Entwicklung. Der Neurowissenschaftler James Coan hat zudem Experimente durchgeführt, aus denen hervorgeht, dass eine Person, die einen leichten Stromstoß erwartet und dann auch erhält, über weniger Angst und sogar geringere körperliche Schmerzen berichtet, wenn eine Bindungsperson – in diesem Fall ein Liebespartner – einfach nur ihre Hand hält.

Auch wenn unsere Kinder älter werden, sollte angemessene körperliche Zuwendung, unter Berücksichtigung persönlicher Vorlieben, bei uns allen zur Standardausstattung unseres elterlichen Werkzeugkastens gehören. Tinas Zwölfjähriger ist größer und wiegt mehr als sie, sodass sie ihn unmöglich hochheben und halten kann, wenn er aufgewühlt ist (obwohl es lustig wäre, wenn sie es einmal versuchen würde – sofern keiner zu Schaden kommt). Aber sie kann viel damit erreichen, dass sie ihn umarmt oder sich neben ihn setzt und den Arm um ihn legt, während sie seinen Rücken reibt. Dasselbe gilt für einen ihrer Jungs im Teenageralter, nicht aber für den

Beachten Sie auch, wie stark die anderen »Schlüssel« ins Spiel kommen, wenn es um das Beruhigen geht. Damit wir koregulieren und zur Besänftigung der Gefühlsstürme beitragen können, müssen wir dafür sorgen, dass sich unsere Kinder *gesehen* und verstanden fühlen. Und das kann unmöglich geschehen, sofern sie sich nicht zunächst *beschützt* und sicher fühlen, wenn sie zu uns kommen.

anderen. Der eine lässt sich gern berühren und umarmen, aber wenn der andere aus der Fassung ist, weiß sie, dass sie sich lediglich dicht neben ihn setzen und ihm die Hand auf den Arm legen darf. Oder vielleicht einen Arm um seine Schultern. Wir wollen jedes Kind so weit wie möglich als Individuum behandeln und ihm das bieten, was es in dem jeweiligen Moment braucht.

Beachten Sie auch, wie stark die anderen »Schlüssel« ins Spiel kommen, wenn es um das Beruhigen geht. Damit wir koregulieren und zur Besänftigung der tobenden Gefühlsstürme beitragen können, müssen wir dafür sorgen, dass sich unsere Kinder *gesehen* und verstanden fühlen. Und das kann unmöglich geschehen, sofern sie sich nicht zunächst einmal *beschützt* und sicher fühlen, wenn sie zu uns kommen.

Was passiert, wenn ein Kind sich nicht beruhigt fühlt?

Wenn ein Kind emotional in Not ist und eine Bezugsperson rasch eine abgestimmte und fürsorgliche Reaktion zeigt, spricht man von einer *kontingenten* Antwort oder Reaktion. Die Bezugsperson beobachtet den inneren Zustand des Kindes, stimmt sich auf ihn ein, macht sich auf diese innere Erfahrung so gut wie möglich einen Reim und zeigt dann eine passende Reaktion. Das ist der Dreiklang der Verbindung. Das Kind wiederum weiß, dass es verstanden wird. Das Kind »fühlt sich gefühlt«. Und nicht nur das, es lernt auch, dass es seiner inneren Erfahrung trauen und sich darauf verlassen kann, von seiner Bezugsperson *begriffen* zu werden. Das haben wir gesehen, als die psychologische Beraterin Max weinend und schäumend vor Wut im Kindergartenbüro antraf. Ihre Reaktion war kontingent, weil sie sich seinen Gefühlen widmete, sie verstand und rasch und effektiv reagierte – »Na, kleiner Mann, du bist ja so wütend« –, womit sie ihn wissen ließ, dass er gehört wurde und jemand ihm beistand.

Eine nicht-kontingente Reaktion ist das Gegenteil davon. Eine solche Reaktion hatte seine Erzieherin gezeigt. Als der Konflikt eskalierte und Max in den roten Bereich abglitt, versäumte es Frau Breedlove, seine Emotionen zu beruhigen. Ja, sie reagierte auf sein *Verhalten* – »Max, so reden wir nicht miteinander« –, aber sie achtete nicht auf die *Gefühle*, die er zum Ausdruck brachte. Sie sagte nicht: »Ich weiß, dass es dir wirklich wichtig ist, die Zeichnung für deine Mutter fertig zu machen« oder: »Ich merke, dass du befürchtest, nicht genug Zeit zu haben. Nach der Pause werden wir darüber reden und dich zu Ende malen lassen.« Weil die Gefühle nicht thematisiert wurden, war Frau Breedloves Antwort nicht kontingent, und der vierjährige Max musste mit seinen großen Emotionen allein fertigwerden. Wenn ein anderer für unsere innere Welt nicht empfänglich ist und nicht versucht, sich auf diese innere Erfahrung so gut wie möglich einen Reim zu machen und rasch und effektiv zu reagieren, fühlen wir uns möglicherweise missverstanden, abgewiesen, ungeliebt und unsichtbar. Die natürliche Reaktion auf eine solche nicht-kontingente Kommunikation kann so aussehen, dass wir zornig in den roten oder verzweifelt und niedergeschlagen in den blauen Bereich abgleiten.

Eine nicht-kontingente Reaktion einer Bezugsperson passt nicht zu dem, was das Kind gerade erlebt. Dies führt dazu, dass das Kind entweder an seiner eigenen inneren Erfahrung zweifelt oder an der Fähigkeit der Bezugsperson, »zu begreifen« und zu helfen. Die Antwort trägt nicht zur Beruhigung des Kindes bei, das im Wesentlichen zwei Möglichkeiten hat, auf seine starken Emotionen zu reagieren. Die erste besteht einfach darin, aufgewühlt zu bleiben und mit den beunruhigenden Gefühlen allein fertigzuwerden, was oft bedeutet, dass es noch aufgewühlter wird. Wenn das Kind den grünen Bereich verlässt und niemand da ist, der ihm hilft, die starken Emotionen zu bewältigen, bekommt das Nervensystem keine Gelegenheit, wieder zur Ruhe und Regulation zurückzufinden. Was bedeutet das normalerweise für die Zukunft? Wenn die Dinge nicht so laufen, wie das Kind es will, werden die Intensität, Dauer und Häufigkeit der Momente, in denen es verzweifelt ist, zunehmen.

Sie erinnern sich an das, was wir in Kapitel 2 im Zusammenhang mit dem Forschungsszenario »Fremde Situation« gesagt haben: Wenn die Babys von ihren Eltern getrennt wurden, beobachteten die Forscher manchmal ein Verhalten, das Ausdruck einer ambivalenten Eltern-Kind-Bindung war. Als die Eltern nach einer kurzen Trennung in den Raum zurückkehrten, zeigte das Kind – in der sogenannten »Wiedervereinigungsphase« – zwar möglicherweise Verzweiflung und bat um Trost, aber die Versuche der Bezugsperson, das Baby zu beruhigen, waren nicht sehr erfolgreich. Mit anderen Worten war das Baby nicht leicht zu beruhigen, denn im Alter von nur zwölf Monaten hatte das Kind bereits aus wiederholten Erfahrungen gelernt, dass dieser Elternteil wahrscheinlich nicht *imstande* sein würde, es zu beruhigen. Im Beisein dieses bestimmten Elternteils wurden Bindungsstrategien ausgelöst. Bindungsstrategien sind verbunden mit der zustandsabhängigen Erinnerung des Kindes – mit Bildern, Gefühlen und Verhaltensweisen, die in der Gegenwart eines bestimmten Elternteils aktiviert werden. In der beschriebenen Situation könnte ein Kind als anhänglich empfunden werden, als unfähig, sich zu beruhigen und zum Spiel zurückzukehren. In Wirklichkeit ist dieses Verhalten jedoch Ausdruck eines Beziehungszustands und nicht ein Merkmal des Kindes. In der Gegenwart eines anderen Elternteils, zu dem das Kind zum Beispiel eine sichere Bindung hat, wird sein Verhalten ganz anders aussehen. Wie kann das sein? Wie wir seit Beginn unserer Ausführungen gesehen haben, prägen wiederholte Erfahrungen die Entstehung eines mentalen Modells im Gehirn: Das Gehirn konstruiert ein generalisiertes Schema aller Erfahrungen, die das Kind mit diesem bestimmten Individuum gemacht hat. Mentale Modelle sind Teil unseres zustandsabhängigen Gedächtnissystems. Das mentale Bindungsmodell wird durch die Erfahrung des aktuellen Moments aktiviert und kann deshalb im Hinblick auf einen Elternteil ein sicheres Modell sein und im Hinblick auf einen anderen ein unsicheres.

Dieses Bindungsmodell mit dem Muster der Ambivalenz entwickelt sich, wenn das Kind die typische Reaktion des Elternteils wiederholt als unzuverlässig erlebt hat und dieser Elternteil die emotionalen Bedürfnisse des Kindes nicht beständig erfüllt. Manchmal war er in der Vergangenheit für das Kind da, manchmal nicht. Dieses Verhaltensmuster kann auch Momente beinhalten, in denen der Elternteil emotional aufdringlich ist und damit eine so dermaßen nicht-kontingente Reaktion zeigt, dass sein eigener innerer Zustand die Kommunikation dominiert. Wie wir gesehen haben, könnte das Kind dabei die Erfahrung machen, dass die Besorgnis des Elternteils Einfluss auf seine Angst nimmt und seine Not noch verstärkt, statt sie zu lindern.

Das Modell wäre in diesem Fall das eines verwirrten Geisteszustands. Deshalb empfindet das Kind Angst und Ambivalenz hinsichtlich der Frage, ob es darauf vertrauen kann, dass die Bezugsperson es beruhigt und ihm hilft. In dieser Dynamik – in diesem Zustand des Zusammenseins mit diesem speziellen Elternteil mit dieser speziellen Geschichte von Interaktionen – wird das Baby also letztlich nicht beruhigt und verbleibt in emotionaler Not, unfähig, schnell in einen Zustand der Ausgeglichenheit zurückzukehren. Hierbei handelt es sich um einen Beziehungszustand, nicht allein um ein Merkmal des Kindes an diesem Punkt in seiner Entwicklung.

Die zweite hauptsächliche Reaktion von Kindern, die große Emotionen erleben, aber niemanden haben, der ihnen verlässlich bei der Regulation hilft, besteht darin, dass sie ihre Gefühle einfach abspalten. In der Fremden Situation führt dies beim Wiedersehen zu etwas, das Bindungsforscher als vermeidendes Bindungsverhalten bezeichnen. Dieses Beziehungsmuster entsteht, wenn Babys lernen, dass auf ihre Bedürfnisse nicht in kontingenter Weise eingegangen wird. Genau genommen verinnerlichen sie die Realität, dass ihre Bezugsperson keine Beruhigung bietet, wenn sie sie brauchen. Obwohl also ihr angeborenes, instinktives Bedürfnis nach Bindung weiterhin aktiviert ist – was sich an einer erhöhten Herzfrequenz und anderen physiologischen Stressindikatoren ablesen lässt –, haben sie sich an die übliche Reaktion ihrer Bezugsperson angepasst: Sie haben im Hinblick auf diesen Elternteil ein Bindungsmodell entwickelt, das ein Modell der Trennung ist – das vermeidende Bindungsmuster. Das bedeutet in der Regel, dass sie ihre Not nicht zeigen und schon gar keine emotionale Antwort von dem Elternteil verlangen. Während der Wiedervereinigungsphase, wenn der Elternteil zurückkommt, versucht dieses Baby nicht, sich wieder zu verbinden oder sich angesichts der Verzweiflung, die es möglicherweise erlebt hat, als seine Bezugsperson den Raum verließ, beruhigen zu lassen. Und die Bezugsperson bietet ihm auch nichts dergleichen. Der inneren Erfahrung des Kindes wird wenig Aufmerksamkeit geschenkt. Das Kind konzentriert sich, ebenso wie der Elternteil, einfach weiter auf die Spielsachen und die Außenwelt. In diesem Beziehungsrahmen besteht die Bindungsstrategie darin, sich auf die Welt der Verhaltensweisen und Dinge zu konzentrieren, nicht auf den inneren Zustand der Gefühle, Gedanken oder Erinnerungen des Geistes.

Diese zwei Bindungsstrategien, die Kinder entwickeln, wenn ihre Bezugspersonen es versäumen, sie zu beruhigen – und bei denen sie entweder im Zustand emotionaler Not verbleiben, wie bei der ambivalenten Bindung, oder ihre Gefühle abspalten, wie bei der vermeidenden Bindung –, können Kinder daran hindern, ein reiches und lohnendes Gefühlsleben aufzubauen. Das kann bedeuten, dass es ihnen schwerfällt, ihre eigenen Emotionen zu sehen und sich dann selbst zu beruhigen. In einer perfekten Welt würden alle Eltern ihren Kindern helfen, eine sichere Bindung zu entwickeln, indem sie ihnen eingestimmte, einfühlsame, rasche und vorhersehbare Zuwendung zukommen lassen, wenn sie aufgewühlt sind. Wenn Kinder verlässlich kontingente Verbindungen haben, entwickeln sie eine sichere Bindung. Die Kinder, die in der Fremden Situation zeigen, dass sie sicher an ihre Mutter beziehungsweise ihren Vater gebunden sind, verlassen sich auf diese Art der Beruhigung. Deshalb kommunizieren sie während der Wiedervereinigungsphase ihre aufgewühlten Gefühle und greifen nach ihrer Bezugsperson, lassen sich dann schnell beruhigen und wenden sich wieder dem Spiel zu. Sie sind sich sicher, dass ihre Mutter oder ihr Vater das nächste Mal, wenn sie es nötig haben, da sein werden, um sie zu trösten. Leider erhält nur etwas mehr als die Hälfte der Kinder von ihrer primären Bezugsperson diese Art von beständiger, kontingenter Zuwendung; viel zu viele Kinder haben diese Sicherheit nicht.

Beruhigen ist nicht das Gleiche wie Verhätscheln

Bevor wir Ihnen einige praktische Anregungen geben, wie Sie Ihren Kindern helfen können, sich emotional aufgefangen und sicher zu fühlen, möchten wir noch einmal einen wichtigen Punkt wiederholen: Wir sagen *nicht*, dass Sie ihnen alles geben sollen, was sie wollen. Wenn wir über das Beruhigen von Kindern sprechen, die sich mit etwas schwertun – was sich möglicherweise als herausforderndes Verhalten manifestiert –, nehmen Eltern manchmal an, wir würden zu permissiver Erziehung ermuntern, bei der es nur wenige Grenzen gibt und Eltern ihren Kindern die Herrschaft überlassen. Das ist jedoch *nicht* das, was wir sagen.

Wenn wir über das Beruhigen von Kindern sprechen, die sich mit etwas schwertun – was sich möglicherweise als herausforderndes Verhalten manifestiert –, nehmen Eltern manchmal an, wir würden zu permissiver Erziehung ermuntern, bei der es nur wenige Grenzen gibt und Eltern ihren Kindern die Herrschaft überlassen. Das ist jedoch *nicht* das, was wir sagen.

Eine Welt ohne Regeln

Regeln sorgen für ein Sicherheitsgeländer.

Falls Sie eines oder mehrere unserer anderen Bücher gelesen haben, wissen Sie, dass wir sehr viel davon halten, Kindern klare, feste Grenzen zu setzen und sogar hohe Erwartungen an sie zu stellen – insbesondere wenn es darum geht, dass sie sich selbst und andere respektieren. Das alte Klischee, dass Kinder Grenzen brauchen, stimmt vollkommen. Eine Welt ohne Regeln und Grenzen ist eine Welt des Chaos, die beängstigend ist. Kinder müssen wissen, was von ihnen erwartet wird. Sie müssen wissen, was in Ordnung ist und was nicht. Dies gibt ihnen das Gefühl, dass die Welt berechenbar und sicher ist.

Außerdem müssen Kinder das Wort »Nein« verinnerlichen und sich daran gewöhnen, es zu hören. Dadurch erhalten sie Übung darin, sich selbst zu bremsen und zu stoppen. Schließlich wird die Welt ihnen nicht immer alles erlauben. Und sie können bestimmt nicht einfach jederzeit tun, was sie wollen, ohne dass dies ziemlich ernste Konsequenzen hat.

Gleichwohl gilt: Während Sie Nein zu bestimmten Verhaltensweisen sagen, können Sie Ja dazu sagen, wer Ihr Kind ist und was es fühlt. *Natürlich* müssen Sie Grenzen setzen. Ja dazu zu sagen, wer Ihr Kind ist, bedeutet nicht, dass Sie Ihren Sohn im Restaurant mit seinen Pommes werfen lassen sollten. Es bedeutet nicht, dass Sie es Ihrer Tochter durchgehen lassen sollten, wenn sie ihren kleinen Bruder schlägt oder mit Ihnen respektlos spricht. Es bedeutet, dass Sie die Beziehung schätzen, *selbst wenn* Sie schlechtem Verhalten begegnen. Wir lieben unsere Kinder, und das Grenzensetzen gehört zu dieser Liebe dazu. Aber wir können Grenzen in einer Weise setzen, die dem Kind dennoch Liebe und Akzeptanz vermittelt.

Auch wenn Sie Nein zu bestimmten Verhaltensweisen sagen, sagen Sie Ja dazu, wer Ihr Kind ist und was es fühlt.

Stellen Sie sich zum Beispiel vor, Sie lassen Ihren Siebenjährigen einen Abend länger aufbleiben, weil sein großer Bruder Freunde zu Besuch hat. Aber als es für ihn Zeit ist, ins Bett zu gehen, weint er und wehrt sich. Möglicherweise sind Sie versucht, aus Ihrer eigenen Frustration heraus streng zu reagieren und zu sagen: »Ich hab dir schon mehr Zeit gegeben! Warum weinst du? Du solltest froh sein, dass ich dir noch eine halbe Stunde extra gegeben habe. Geh jetzt ins Bett.« Obendrein könnten Sie vielleicht sogar noch so etwas hinzufügen wie: »Nächstes Mal lasse ich dich überhaupt nicht länger aufbleiben, wenn du trotzdem jammerst.«

Praktisch jeder Elternteil hat in einem Moment der Verzweiflung ähnliche Sätze geäußert. Wenn wir uns ärgern, gehen wir alle mit bestimmten Situationen in einer Weise

Anstatt zu befehlen und zu fordern …

… und anstatt einfach nachzugeben …

… setzen Sie Grenzen durch, beruhigen jedoch Ihr Kind.

um, die wir nicht wollen (und von der wir hoffen, dass unsere Nachbarn sie nicht hören!). Beachten Sie aber, dass die verärgerte Reaktion wahrscheinlich nicht nur dem Kind nicht helfen wird, sich wieder zu fangen – vermutlich wird es noch weiter in den roten Bereich abrutschen –, sondern auch vollkommen wirkungslos ist, was Ihr primäres Ziel in dem Moment angeht: Ihren Sohn rasch zum Schlafen zu bringen. Jetzt wird er noch mehr weinen, weshalb es noch viel länger dauern wird, bis er einschläft. Außerdem landen Eltern bei Kämpfen um das Zubettgehen oft selbst im roten Bereich. Ist es nicht ironisch, dass wir manchmal am Ende schreien: »*Geh jetzt schlafen*!«? Als ob man einschlafen würde, wenn man wütend dazu aufgefordert wird. Es ist wirklich komisch, wie oft wir Eltern uns auf eine Art und Weise verhalten, die durch unsere eigene erhöhte Reaktionsbereitschaft hervorgerufen wurde und am Ende immer kontraproduktiv ist – häufig wirken wir unseren eigenen Zielen entgegen!

Demgegenüber ist eine beruhigende Antwort nicht nur fürsorglicher und mitfühlender, sondern auch effektiver. Sie ermöglicht es Ihnen, Ihre Vereinbarung mit Ihrem Sohn aufrechtzuerhalten, dies aber in einer Weise zu tun, die seine Gefühle anerkennt *und* ihm hilft, sich zu beruhigen, damit er einschlafen kann. Sie könnten also sagen: »Ich merke, wie enttäuscht du bist. Du möchtest nichts verpassen. Ich weiß, dass es schwer ist, ins Bett zu gehen, wenn die anderen Jungs noch auf sind. Das ist hart, stimmt's?« Dann könnten Sie eine Pause machen, bevor Sie fortfahren: »Enttäuschung fühlt sich nicht gut an, ich weiß. Komm, ich deck dich zu, und dann reden wir darüber, wann bald mal einer deiner Freunde vorbeikommen kann und du vielleicht sogar selbst

Übernachtungsbesuch haben kannst.« Das ist eine kontingente Antwort, die von Mitgefühl erfüllt ist und gleichzeitig Grenzen und Struktur respektiert.

Sie müssen Worte wählen, die sich angesichts dessen, wer Sie sind und wer Ihr Kind ist, richtig anfühlen. Achten Sie darauf, dass Sie mit Ihrem Tonfall und Ihrer nonverbalen Kommunikation Empathie zeigen, und versuchen Sie, keinen Vortrag zu halten beziehungsweise nicht zu viele Worte zu verwenden. Einfach nur präsent zu sein, innezuhalten und ein paar kurze, einfühlsame Sätze zu sagen, ist normalerweise effektiver, als einen Vortrag zu halten oder übermäßig zu erklären. Der beruhigende Moment kann ganz unterschiedlich aussehen; der springende Punkt ist, dass *es möglich ist, an der Grenze festzuhalten, selbst während Sie Ihr Kind beruhigen.* Obwohl Sie nicht nachgeben, können Sie emotional für Ihre Kinder da sein. Man könnte auch sagen, dass Sie Ihrer Beziehung zu Ihren Kindern den Vorrang geben wollen. Die meisten anderen Dinge, die mit dem Verhalten zu tun haben, können Sie erst mal zurückstellen. Vermitteln Sie die Lektionen, die Sie vermitteln müssen, aber tun Sie dies in einer Weise, mit der Sie die Beziehung wertschätzen und ihr die Priorität einräumen.

Geben Sie Ihrer Beziehung zu Ihren Kindern den Vorrang. Die meisten anderen Dinge, die mit dem Verhalten zu tun haben, können Sie erst mal zurückstellen. Vermitteln Sie die Lektionen, die Sie vermitteln müssen, aber tun Sie dies in einer Weise, mit der Sie die Beziehung wertschätzen und ihr die Priorität einräumen.

Was Sie tun können: Strategien, mit denen Sie Ihren Kindern helfen, die Fähigkeit zur inneren Selbstberuhigung zu entwickeln

Wir haben es bereits zu Beginn des Kapitels gesagt: Wenn unsere Kinder leiden und wir eine kontingente Reaktion zeigen, besteht eines unserer Hauptziele darin, dass sie die Fähigkeit zu eigenständigerer innerer Selbstberuhigung entwickeln. Wenn Kinder durchdrehen, nach einem verlorenen Spiel schmollen oder ihnen in der Schule etwas Angst macht, können Eltern wiederholt die Erfahrung interaktiver Beruhigung bieten. Dabei arbeiten wir mit unseren Kindern zusammen, damit sie wieder zur Ruhe kommen und in den grünen Bereich zurückfinden. Man spricht in diesem Zusammenhang auch vom »Containing« – wir sind eine Art »Container« und bieten unseren Kindern einen sicheren Raum für das Ausdrücken starker oder schwieriger Emotionen oder Gedanken, ohne dass wir mit eigenen Gefühlen reagieren. Dadurch entwickeln die Kinder eine verinnerlichte Fähigkeit, sich selbst zu beruhigen, wenn sie auf Hindernisse stoßen und in emotionaler Not sind. Wir beruhigen unsere Kinder jetzt und sorgen damit für den Aufbau ihrer Fähigkeit, sich später selbst zu beruhigen, wenn wir nicht da sind. Auch werden sie dann andere besser beruhigen können – in ihrer Rolle als Freunde, Geschwister (ja, das ist tatsächlich möglich!), Partner und schließlich als Eltern.

Zusätzlich dazu, dass wir beständig da sind, um unsere Kinder zu beruhigen, wenn sie uns brauchen, haben wir noch eine andere sehr gute Möglichkeit, ihre neurologischen Schaltkreise für die innere Selbstberuhigung aufzubauen. Wir können unseren Kindern einige konkrete Werkzeuge an die Hand geben, mit denen sie in sich selbst Ruhe erzeugen können, wenn das innere Chaos die Kontrolle zu übernehmen droht. Hier sind einige Strategien, die Ihnen dabei helfen können.

Strategie Nr. 1 zur Förderung der inneren Selbstberuhigung: Bauen Sie einen beruhigenden »inneren Werkzeugkasten« auf

Weiter oben haben wir die Idee von der »proaktiven Beruhigung« erwähnt, bei der man das emotionale Chaos nicht erst dann angeht, wenn es vollständig ausgebrochen ist, sondern die erhöhte Reaktionsbereitschaft des Kindes zu zügeln sucht, bevor sie zu heftig wird. Auf diese Weise können Sie Ihrem Kind helfen, sich gar nicht erst zu weit aus dem grünen Bereich zu entfernen, und gleichzeitig seine Fähigkeiten zur Emotionsregulation und Resilienz fördern. Der Aufbau eines beruhigenden Werkzeugkastens ist eine ähnliche Idee: Sie suchen nach Wegen, ein Problem zu entschärfen, bevor es schwer in den Griff zu bekommen ist. Die Grundidee dabei ist, dass Sie und Ihr Kind *im Voraus* zusammenarbeiten und sich einige einfache Strategien einfallen lassen, die das Kind anwenden kann, wenn es das Gefühl hat, vollständig in den roten oder blauen Bereich abzugleiten.

> Bringen Sie Ihren Kindern bei, dass sie Problemlöser sein können, indem sie vorausdenken und sich Schritte überlegen, die sie ergreifen können, wenn sie spüren, dass ihre großen Emotionen die Kontrolle übernehmen.

Reden Sie zunächst mit Ihrem Kind und erklären Sie ihm, dass Enttäuschungen und frustrierende Situationen im

Leben zwar unweigerlich auftreten werden, wir aber nicht hilflos auf sie reagieren müssen. Wir können Problemlöser sein, indem wir vorausdenken und uns Schritte überlegen, die wir ergreifen können, wenn wir spüren, dass große Emotionen die Kontrolle übernehmen.

Welche konkreten Schritte Sie und Ihr Kind sich ausdenken, bleibt Ihnen überlassen; hier sind jedoch einige Vorschläge.

Eine »ruhige Höhle« schaffen

Manchmal müssen wir einfach nur weg, müssen uns aus einer sehr stressigen Situation entfernen. Unseren Kindern ergeht es nicht anders. Einen Ort zu haben, an den sie sich zurückziehen und an dem sie sich erholen können, wenn sie spüren, dass starke Emotionen die Oberhand gewinnen, kann ein großartiges Instrument für die Rückkehr in den grünen Bereich sein. Nehmen Sie sich also in einem Moment, in dem Ihr Kind ruhig und gefasst ist, ein paar Minuten Zeit, um eine »ruhige Höhle« einzurichten, die es aufsuchen kann, wenn es das nächste Mal die Kontrolle verliert.

Ein kleines Zelt im Wohnzimmer kann diesem Zweck ebenso dienen wie eine Schrankecke oder der Platz unter einem Schreibtisch oder Tisch, über den ein Laken geworfen wurde. Sie und Ihr Kind können in die Höhle seine Lieblings-Stofftiere, ein weiches Kissen und eine kuschelige Decke, Bücher, Kopfhörer, Legosteine oder andere Dingen legen, die Ihrem Kind Trost spenden. Stärken Sie Ihr Kind, indem Sie es an der Gestaltung des beruhigenden Ortes beteiligen. Achten Sie dann darauf, dass dieser Bereich auch weiterhin ausschließlich mit positiven Assoziationen verbunden ist. Er wird kein beruhigender Ort bleiben, wenn Sie

Die ruhige Höhle

Ihr Kind zur Bestrafung dorthin schicken. Hat Ihr Kind aber einen schwierigen Moment, können Sie das Aufsuchen der Höhle vorschlagen, fast so, als wäre dies ein besonderes Privileg: »Möchtest du in deine stille, ruhige Höhle gehen? Wenn du meinst, dass dir das hilft, ist es für mich völlig in Ordnung.« Oder: »Was brauchst du jetzt, damit du dich besser fühlst? Soll ich dir einen kleinen Snack in deine besondere, beruhigende Höhle bringen?« Es geht darum, dem Kind zu helfen, sich einen Bereich einzurichten, in dem es sich entspannt und wohlfühlt. Einen Bereich, von dem es weiß, dass es ihn aufsuchen kann, wenn es merkt, dass es kurz davor ist, auszurasten.

Beruhigende Musik auswählen

Ein weiteres selbstberuhigendes Instrument, das Ihr Kind seinem Werkzeugkasten hinzufügen sollte, ist das Singen oder Hören eines Liedes. Jedes Kind wird sich ein anderes Lied aussuchen. Vielleicht findet Ihr Kind klassische Musik beruhigend. Ein anderes könnte Motown-Songs oder die komplexe und fröhliche Musik von Dans Sohn, Alex Siegel, mögen. (Entschuldigen Sie an dieser Stelle die Schleichwerbung eines stolzen Vaters!) Einige Kinder sprechen gut auf Wald- oder Strandgeräusche oder geführte Visualisierungen an. Und falls Ihr Kind eine bunte Mischung bevorzugt, können Sie auch eine Playlist erstellen, mit der es sich beschäftigen kann, wenn es Unterstützung braucht, um sich zu beruhigen. Es kann sich dann durch verschiedene Songs und Musikstile klicken und ein Lied finden, das ihm hilft, das Chaos in seinem Inneren zu besänftigen. Schon das Einsetzen der Ohrstöpsel und das Aussuchen eines Liedes können ihm helfen, einen proaktiven Schritt zur Selbsthilfe zu tun.

Musik beruhigt das wilde Biest im Inneren.

Sich Bewegungen ausdenken, mit denen Energie freigesetzt wird

Neben dem Sichflüchten in eine Höhle und dem Abspielen von Musik ist körperliche Bewegung einer der besten und einfachsten selbstberuhigenden Tricks, die man Kindern beibringen kann. Tanzen, auf der Stelle rennen, schaukeln, einen Ball dribbeln – alles, was den Körper bewegt, besitzt das Potenzial, die Erregung des Nervensystems zu verringern. Körperliche Bewegung hat direkte Auswirkung auf die Gehirnaktivität. Der Körper sendet dem Gehirn ständig Informationen, auch über Emotionen. Sie kennen das von Situationen, in denen Sie vor Angst Bauchschmerzen hatten, sich Ihre Zähne zusammenpressten, weil Sie wütend waren, oder sich Ihre Schultern anspannten, weil Sie in höchster Alarmbereitschaft waren. In solchen Momenten sendet der Körper Botschaften, egal, ob wir uns dieser Emotionen bewusst sind oder nicht.

Bewegung verändert Stimmungen.

Bei intensiver körperlicher Bewegung kann sich der emotionale Zustand eines Menschen vollkommen verändern. Wut, Frustration, Anspannung und andere negative Emotionen werden freigesetzt, sodass das emotionale Gleichgewicht zurückkehren kann. Anders ausgedrückt: Bewegung beruhigt den Körper und die von ihm erlebten Emotionen.

Dies ist ein einfaches Konzept, das man selbst kleinsten Kindern beibringen kann. Wir kennen eine Mutter, die diese Methode regelmäßig anwendet, seit sie uns darüber reden gehört hat. Sie sagte, sie würde zuerst die Gefühle ihrer Kinder anerkennen und sie ihre Empathie spüren lassen – das ist entscheidend – und dann sofort dafür sorgen, dass sie sich bewegen. Sie lässt sie im Haus herumlaufen oder sagt so etwas wie: »Lauft mit mir in den Garten. Ich glaube, ich höre den Vogel, den wir gestern beobachtet haben« – was immer nötig ist, damit sie ihre Muskeln und ihren Körper bewegen. Ihre Kinder sind noch klein, drei und fünf Jahre alt, und sie meinte zu uns: »Wenn die Kinder älter werden, muss ich meine Strategien hier sicherlich ändern, aber im Moment lassen sich die verletzten Gefühle durch Bewegung besser überwinden als durch Sonstiges.«

Bei intensiver körperlicher Bewegung kann sich der emotionale Zustand eines Menschen vollkommen verändern. Wut, Frustration, Anspannung und andere negative Emotionen werden freigesetzt, sodass das emotionale Gleichgewicht zurückkehren kann.

Wie alle anderen Techniken funktioniert auch diese nicht jedes Mal. Sie ist nur eines von mehreren Instrumenten in Ihrem Werkzeugkasten. Aber sie ist ein durchweg effektives

Mittel, um den emotionalen Zustand eines Kindes zu verändern. Und wenn Sie Ihrem Kind helfen können, zu verstehen, was Sie tun, kennt es eine weitere Strategie, die es bei Bedarf selbst anwenden kann. Als Teenager merkt es dann vielleicht sogar, dass es am besten eine Runde laufen geht, wenn es aufgewühlt ist.

Sich ein »Notsignal« ausdenken

Dies ist das letzte Instrument, das wir hier erwähnen wollen. Wir vermitteln unseren Kindern, dass sie nicht *immer* innere Selbstberuhigungsstrategien anwenden müssen. Sie sind nicht allein. Eine der besten Möglichkeiten, wie sie sich selbst helfen können – kleine wie große Kinder (und sogar Erwachsene) –, besteht darin, dass sie bei Bedarf um Hilfe bitten. Unser gesamtes Leben lang müssen andere uns helfen, unseren inneren Zustand zu regulieren. Diese Koregulation vollzieht sich in engen Beziehungen, ganz egal wie alt wir sind. Kleine Kinder benötigen die Koregulation vor allem früh im Leben, doch müssen wir alle unsere inneren Ressourcen mithilfe der Interregulation ausgleichen, die aus unseren kontingenten Verbindungen mit anderen Menschen entsteht.

Es gibt Situationen, in denen wir jemanden brauchen, der eingreift und mithilft. Vielleicht müssen wir einfach nur reden. Oder weinen. Oder in den Arm genommen werden. Wie bereits gesagt, gilt das besonders für unsere Kinder, wenn sie noch klein sind. Sie brauchen unsere Präsenz und dass wir ihnen zeigen, wie Beruhigung aussieht. Aber auch während sie wachsen und sich entwickeln, wird es viele Momente geben, in denen sie das, was sie bedrückt, nicht bewältigen können. Es ist also wichtig, dass sie die Fähigkeit ausbilden, zu erkennen, wann sie um Hilfe bitten müssen.

Sprechen Sie mit Ihren Kindern darüber, dass sie darauf achten müssen, was in ihnen vorgeht. Und erklären Sie ihnen, wie wichtig es ist, dass sie um Hilfe bitten, wenn sie Hilfe brauchen. Damit richten Sie den Fokus sowohl auf die inneren als auch auf die interaktiven Aspekte der Beruhigung. Möglicherweise haben Sie ein Kind, das sich in solchen Situationen besonders gut ausdrücken kann. Viele Kinder können das jedoch nicht. In diesem Fall überlegen Sie sich mit ihnen ein »Notsignal«, vielleicht ein Codewort, das sie verwenden können und das bedeutet: »Ich brauche Hilfe. Ich weiß nicht, wie ich mich jetzt gerade beruhigen soll.« Vielleicht ist es ein Wort, das sie lustig finden, wie zum Beispiel »Boysenbeere«, oder irgendein erfundener, alberner Begriff. Oder vielleicht wählen sie einen gebräuchlicheren

Begriff wie »Pappe«. Das Signal muss aber gar kein Wort sein. Sie können sich stattdessen auch für einen nonverbalen Code entscheiden. Der kann zum Beispiel so aussehen, dass Ihr Kind Ihnen immer, wenn es an seinem Ohrläppchen zupft, signalisiert: »Ich brauche jetzt Hilfe.«

Es spielt keine Rolle, wie Ihre Kinder die Botschaft vermitteln. Entscheidend ist, dass sie Folgendes verstehen: Auch wenn sie lernen, sich innerlich selbst zu beruhigen, wird es Momente geben, in denen sie weiterhin darauf angewiesen sind, dass Sie da sind und ihnen bei ihrer interaktiven Selbstberuhigung helfen.

Ihre Kinder profitieren von mehreren Vorteilen, wenn Sie ihnen helfen zu lernen, sich innerlich und interaktiv zu beruhigen. Der offensichtlichste ist der, dass sie beim Eintritt ins Jugend- und Erwachsenenalter besser in der Lage sein werden, schwierige und schmerzhafte Momente allein zu bewältigen. Dies wird dadurch möglich, dass sie die wichtigen Fähigkeiten der inneren und der interaktiven Regulation erlernt haben. Ein weiterer bedeutender, damit verbundener Vorteil ist der, dass Sie Ihre Kinder stärken, wenn Sie sie mit einem beruhigenden Werkzeugkasten voller Methoden für den Umgang mit emotionalem Schmerz ausstatten. Ihre Kinder verstehen, dass ihnen spezielle Strategien zur Verfügung stehen, die sie anwenden können, wenn sie merken, dass sie die Kon-

> Wenn Wut die Oberhand zu gewinnen droht und der rote Bereich schon ganz nah ist oder wenn eine Wolke aus dem blauen Bereich alles verdüstert und die Kinder nur noch abschalten und sich verstecken wollen, können sie konkrete Schritte unternehmen, um nicht länger schutzlos ihren Gefühlen und ihrer Situation ausgeliefert zu sein.

trolle über sich selbst verlieren. Einige Strategien werden innere sein, andere interaktive. Wir brauchen in unserem gesamten Leben beide. Wenn Wut die Oberhand zu gewinnen droht und der rote Bereich schon ganz nah ist oder wenn eine Wolke aus dem blauen Bereich alles verdüstert und die Kinder nur noch abschalten und sich verstecken wollen, können sie konkrete Schritte unternehmen, um nicht länger schutzlos ihren Gefühlen und ihrer Situation ausgeliefert zu sein.

Beachten Sie auch, dass alle hier beschriebenen Methoden – wie die meisten Prinzipien und Strategien, die das integrierte Gehirn fördern – ebenfalls für Erwachsene gelten. (Vielleicht möchten Sie also in Ihrem eigenen Schrank hinten etwas Platz für einen Schokoladenvorrat schaffen?)

Strategie Nr. 2 zur Förderung der inneren Selbstberuhigung: Bieten Sie P-E-A-C-E

Es gibt alle möglichen Techniken und Strategien, die wir anwenden und ausprobieren können, wenn unsere Kinder aufgewühlt sind. Einige haben wir hier aufgelistet, zahllose weitere finden Sie in Erziehungsbüchern und Online-Ressourcen sowie in Ihrem eigenen kreativen Kopf. Tatsache aber ist, dass es keine Wunderwaffe gibt, die jedes Mal funktioniert, keine »eine richtige Antwort« auf die Frage, was man sagen oder tun soll, damit Kinder sich wieder besser fühlen, wenn sie leiden.

Es gibt jedoch eine allgemeine Reaktion auf die Schmerzen Ihrer Kinder, die praktisch immer angemessen sein wird. Sie ist vielleicht nicht immer wirksam, wenn Sie Ihren Kindern helfen wollen, sich zu beruhigen, und sie führt vielleicht auch nicht immer sofort zu den gewünschten Ergebnissen.

Aber wenn es darum geht, für Ihre Kinder da zu sein und ihnen zu zeigen, wie Liebe und Beruhigung aussehen, ist sie genau das Richtige. Sie können Ihren Kindern P-E-A-C-E (Frieden) bieten: Ihre Präsenz (P*resence*), Ihr Sich-Einlassen (E*ngagement*), Ihre Zuneigung (A*ffection*), Ihre Ruhe (C*alm*) und Ihre Empathie (E*mpathy*).

Lassen Sie uns besprechen, was P-E-A-C-E konkret bedeutet. Jedes der Elemente, aus deren Anfangsbuchstaben das Akronym gebildet wurde, ist ein wesentlicher Bestandteil des Verhaltens, mit dem wir für unsere Kinder da sind, wenn sie gerade mit irgendeiner Form emotionaler Not fertigwerden müssen.

Presence = Präsenz

Engagement = Sich-Einlassen

Affection = Zuneigung

Calm = Ruhe

Empathy = Empathie

Präsenz

Seien Sie für Ihre Kinder da, wenn sie Kummer haben, und schenken Sie ihnen Ihre Präsenz. Wir haben über dieses Konzept im gesamten Buch gesprochen, und es ist niemals wichtiger als dann, wenn unsere Kinder in irgendeiner Weise leiden und unsere Hilfe brauchen. Präsenz ist gleichbedeutend mit einem offenen Bewusstseinszustand, einer empfänglichen Art des Seins, die zur Verbindung einlädt. Mit dieser Geisteshaltung beurteilen wir unsere Kinder nicht, sondern sehen sie vielmehr so klar wie möglich als die, die sie wirklich sind. Wir stehen ihnen zur Verfügung, sind offen und empfänglich für sie, und sie wissen, dass sie bei uns Priorität haben und dass sie nicht allein sind.

Seien Sie da, wenn Ihr Kind Sie braucht.

Manchmal muss Ihr Kind vielleicht warten, bis Sie von der Arbeit nach Hause kommen, oder kann nur am Telefon mit Ihnen sprechen, falls Sie auf Geschäftsreise sind. Aber es weiß: Wenn es Sie braucht, werden Sie da sein.

Denken Sie daran, Präsenz bedeutet auch, dass Sie sich ausreichend auf Ihr Kind und die Situation einstimmen, um Momente zu erkennen, in denen es *nicht* möchte, dass Sie bei ihm sind – in physischer Hinsicht. Möglicherweise stellen Sie fest, dass es das Beste ist, wenn Sie sagen: »Ich gebe dir jetzt ein bisschen Raum. Wenn du mich brauchst – ich bin in der Küche.« Es geht also darum, dass Sie Ihre Präsenz anbieten und dass sie zur Verfügung steht. Ihr Kind wird sich dann niemals fragen, ob Sie sich für es interessieren oder ob Sie da sein werden, wenn es Sie braucht.

Sich einlassen

Beim zweiten Element von P-E-A-C-E geht es darum, dass Sie sich wirklich einlassen, wenn Sie da sind. Das heißt, es geht um *die Art*, wie Sie präsent sind. Sie hören aktiv zu. Sie nutzen die nonverbale Kommunikation, um zum Ausdruck zu bringen, wie wichtig Ihnen Ihr Kind ist und wie viel Ihnen das, was es Ihnen erzählt, wert ist und wie sehr es Sie interessiert. Sie stellen Augenkontakt her. Sie nicken mit dem Kopf. Sie legen den Arm um Ihr Kind oder halten es, während es weint. Sie bieten Ihre Präsenz, und Sie bieten sie auf eine Art, mit der Sie sich vollständig auf Ihr Kind und seinen Schmerz einlassen. Sie reden ihm den Schmerz nicht aus, sie bagatellisieren ihn nicht und Sie halten keine Vorträge.

Das Folgende ist eine Übung, die Ihnen helfen soll, über verschiedene Möglichkeiten der Verbindung mittels nonverbaler Kommunikation nachzudenken. Nutzen Sie Ihre Hände, um – vom Kopf abwärts – sieben nonverbale Signale zu beschreiben und sich damit an die vielen Möglichkeiten zu erinnern, wie Sie sich auf Ihr Kind einlassen können, ohne auch nur ein Wort zu sagen. Beginnen Sie damit, Ihren

Unsere zahlreichen Möglichkeiten nonverbaler Kommunikation

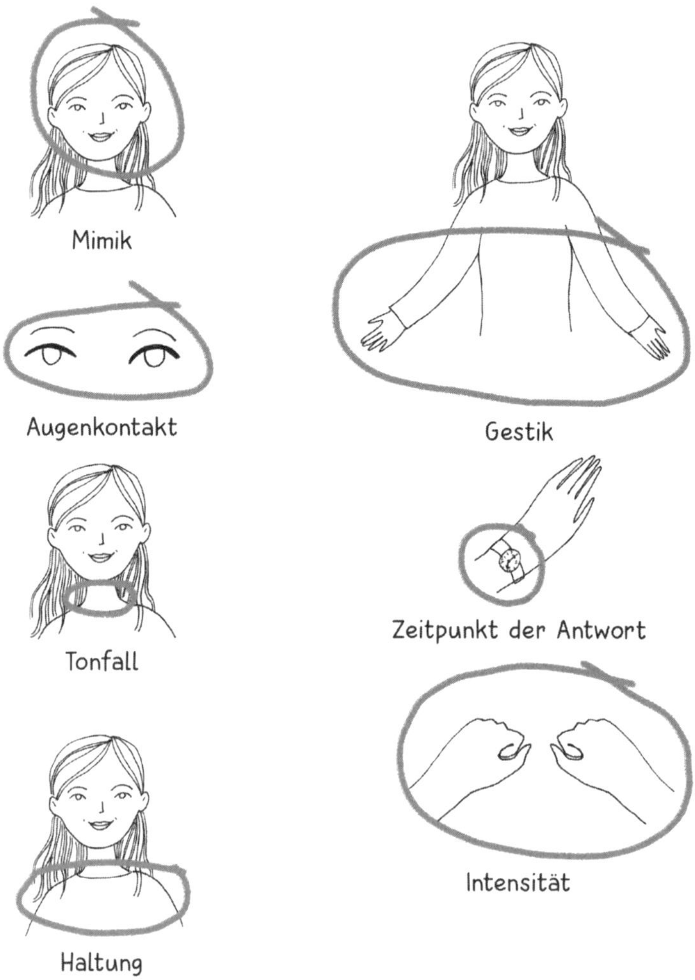

Zeigefinger um Ihr Gesicht kreisen zu lassen; dieses repräsentiert die Mimik. Zeigen Sie dann auf Ihre Augen, die für den Augenkontakt stehen. Zeigen Sie nun auf Ihren Hals, der den Tonfall repräsentiert. Zeigen Sie als Nächstes auf Ihre Schultern und Ihren Körper, die Ihre Körperhaltung symbolisieren. Bewegen Sie dann Ihre Hände und Arme, die für die Gestik stehen. Zeigen Sie auf Ihr Handgelenk (wo sich eine Uhr befinden würde), um den Zeitpunkt Ihrer Antwort darzustellen, und ballen Sie schließlich Ihre Hände zu Fäusten, die die Energie oder Intensität Ihrer Reaktion demonstrieren.

Wenn wir uns auf unser Kind einlassen wollen, um es zu beruhigen, stehen uns nahezu unbegrenzte Ansätze zur Verfügung. Finden Sie denjenigen, der für Sie am besten geeignet ist.

Zuneigung

Zum vollständigen Sich-Einlassen gehört es, sowohl explizite als auch implizite Wege zu finden, die eigene Zuneigung auszudrücken. Mit Ihren Worten und mit Ihren Taten kommunizieren Sie, wie viel Liebe Sie für Ihr Kind empfinden. Wie viel Mitgefühl für das, was es durchmacht. Wie sehr Sie helfen möchten, wenn Sie können. Eines der wirkungsvollsten Mittel, jemanden zu beruhigen – ob ein Kind oder einen Erwachsenen –, besteht darin, dieser Person zu helfen, sich voll und ganz geliebt zu fühlen.

Drücken Sie Ihre Zuneigung aus, wenn Ihr Kind aufgewühlt ist.

Ruhe

Ruhig zu bleiben, ist manchmal eine der schwierigsten Aufgaben, wenn es darum geht, P-E-A-C-E zu bieten. In gewissen Situationen stellt dies keine große Herausforderung dar – etwa dann, wenn sich Ihr Kind über eine soziale Situation auf dem Spielplatz aufregt, die nichts direkt mit Ihnen zu tun hat. Aber wenn es gerade einen Test nicht bestanden hat, auf den es sich angeblich vorbereitet hatte, oder wenn ein anderer Konflikt dazu führt, dass es Sie angreift, stellt es mitunter eine echte Herausforderung dar, die Ruhe zu bewahren. In einer solchen Situation ist es umso wichtiger, dass *Sie* im grünen Bereich bleiben. Sie müssen in der Beziehung der beziehungsweise die Erwachsene sein. Möglicherweise sind Sie ärgerlich; es ist nichts Schlechtes daran, zu fühlen,

Erzeugen Sie Ruhe inmitten eines Konflikts.

was immer Sie in diesem Moment fühlen, und Ihre Emotionen zum richtigen Zeitpunkt in angemessener Weise zum Ausdruck zu bringen. Aber je besser es Ihnen gelingt, Ihrem Kind modellhaft vorzuleben, wie man sagen kann, was man fühlt, ohne zum Angriff überzugehen oder die Kontrolle zu verlieren, desto mehr wird es sowohl über emotionales Management als auch über zwischenmenschlichen Respekt lernen.

Eine unserer bevorzugten Techniken, um in einer Situation, in der ein Kind aufgewühlt ist, Ruhe einkehren zu lassen, besteht darin, dass wir uns während des Gesprächs unter die Augenhöhe des Kindes begeben. Hiermit vermitteln wir dem Kind und uns selbst, dass wir nicht beabsichtigen, irgendeine Art von Bedrohung zu sein. Denken Sie daran: Das Gehirn Ihres Kindes geht möglicherweise in den Auf-Bedrohung-reagieren-Modus über, wenn Ihrem Kind in irgendeiner Weise »Bedrohung« kommuniziert wird. Wenn Sie in entspannter Haltung unterhalb seiner Augenhöhe sitzen, das heißt eine Position einnehmen, bei der Ihr Körper das Gegenteil einer Bedrohung darstellt, kommunizieren Sie »keine Bedrohung«. Ihr Kind wird erkennen, dass es nicht in seiner Abwehrhaltung verharren muss, dass es nicht kämpfen muss und dass es, bildhaft gesprochen, Schwert und Schild niederlegen kann.

Wenn Sie sich unter die Augenhöhe des Kindes begeben, nehmen Sie keine unterwürfige Position ein. Darum geht es hier nicht, und Sie können und sollten in dieser Situation der Elternteil bleiben. Sie wählen einfach eine strategische Haltung, um das Nervensystem Ihres Kindes interaktiv herunterzuregulieren. Es ist, als würden Sie die starke Reaktionsbereitschaft drosseln. Manchmal kann es sogar helfen, sich vorzustellen, dass man einen Lautstärkeregler langsam zurückdreht. Sie kommunizieren einfach durch Ihre Körperhaltung und Körpersprache, dass Sie für Ihr Kind zur Verfügung stehen und eben keine Bedrohung darstellen, auch wenn Sie beide ärgerlich aufeinander sind. Das funktioniert, denn wenn wir eine nicht-bedrohliche Körpersprache verwenden, wird ein völlig anderes neuronales Netzwerk aktiviert als dann, wenn wir eine aggressive, Achtung gebietende Haltung einnehmen. Das Gehirn erhält vom Körper die Botschaft, dass Sicherheit herrscht und es keinen Grund zum Kämpfen gibt.

Empathie

Der letzte Aspekt von P-E-A-C-E ist Empathie. Was ist darunter zu verstehen? Auch wenn Sie das, womit eine andere Person gerade zu tun hat, nicht persönlich erlebt haben, können Sie die Erfahrung doch in ausreichendem Maße nachempfinden, um mit der Person *mitfühlen* zu können. Empathie hat noch andere Komponenten, wie Perspektivenübernahme, kognitives Verständnis, empathische Freude und Sorge. In einer Eltern-Kind-Beziehung, die durch Fürsorge und sichere Bindung gekennzeichnet ist, entspringt Empathie der elterlichen Einstimmung und ermöglicht es dem Kind, sich *gefühlt zu fühlen*. In Kombination mit Präsenz, Sich-Einlassen, Zuneigung und Ruhe kann Empathie zu einer Atmosphäre beitragen, die optimal dafür geeignet ist, Ihr Kind auf den Weg zurück in den grünen Bereich zu bringen.

Zeigen Sie bei Schmerz Empathie.

Noch einmal: Es gibt kein Rezept, mit dem sich alle emotionalen Wehwehchen kurieren oder jedes Problem, mit dem Ihr Kind konfrontiert ist, beheben lassen. Aber wenn Sie P-E-A-C-E bieten können, stellen Sie sicher, dass Ihr Kind sich verstanden, umsorgt und geliebt fühlt – und all dies sind wichtige Schritte, damit es sich wieder beruhigt.

Für uns selbst da sein

Das Leben ist schön, voller Wunder und Bedeutung. *Und* es ist auch schmerzhaft und manchmal extrem schwierig. Jeder von uns, ohne Ausnahme, muss sich Hindernissen und Schwierigkeiten, Rückschlägen und Herzschmerz stellen. Wir werden von Momenten herausgefordert, die uns noch das letzte Quäntchen Kraft und Mut abverlangen. Wertvolle Beziehungen enden. Wir stehen vor einem verheerenden Verlust. Wir werden erschüttert durch schwierige gesundheitliche, berufliche, familiäre oder finanzielle Veränderungen oder durch eine andere entscheidende Lebenssituation.

Wenn wir Glück haben, gibt es in unserem Erwachsenenleben Bindungsfiguren – wichtige Personen in unserem Unterstützungssystem aus Angehörigen, Partnern und/oder Freunden –, die uns helfen, die schwierigsten Zeiten zu überstehen. Und einige von uns haben in ihrer Kindheit von ihren Bezugspersonen eine sichere Bindung erhalten. Diese sorgte für den Aufbau des integrierten neuronalen Schaltsystems, das uns die Stärke und Resilienz verleiht, um Stürme zu überstehen. Während unser Gehirn sich entwickelte, fühlten wir uns beschützt, gesehen und emotional aufgefangen, und jetzt verfügen wir über ein sicheres inneres Bindungsmodell. Wenn die unvermeidlichen Härten des Lebens auftauchen, wissen wir deshalb, dass wir sie durchstehen können, selbst wenn das lediglich bedeutet, den aktuellen Moment zu ertragen und zu überstehen.

Aber auch dies gilt nur, wenn wir Glück haben. Viele von uns – etwa vier von zehn – wurden als Kinder *nicht* so fürsorglich erzogen. Wir hatten *nicht* die Art von Familie, die uns beschützte oder in der wir uns gesehen fühlten. Einige von uns machten widersprüchliche Bindungserfahrungen, sodass wir kein inneres Werkzeug entwickelten, um uns selbst zu beruhigen. Vielmehr verließen wir uns noch mehr auf unzuverlässige andere. In dieser Situation der ambivalenten Bindung entwickelten wir die Strategie des verstärkten Drangs nach Verbindung. Andere von uns machten stattdessen die Erfahrung, vermeidend an unsere primären Bezugspersonen gebunden zu sein. In diesem Fall mussten wir eine Art internen Mechanismus, ein mentales Modell, entwickeln, um unseren Drang nach Verbindung zu verringern. Hierbei trennten wir uns buchstäblich nicht nur von unserer eigenen inneren Welt, sondern auch von den zwischenmenschlichen Verbindungen zu anderen. Außerdem waren wir aufgrund unserer vermeidenden Bindung ganz allein, wenn wir Kummer hatten. Niemand war da, um uns zu beruhigen, wenn wir wütend, enttäuscht, verletzt oder auf irgendeine andere Art emotional in Not

Wenn wir Kummer hatten, waren wir ganz allein. Niemand war da, um uns zu beruhigen, wenn wir wütend, enttäuscht, verletzt oder auf irgendeine andere Art emotional in Not waren. Wir mussten mit den Herausforderungen des Lebens allein zurechtkommen.

waren. Wir mussten mit den Herausforderungen des Lebens allein zurechtkommen.

Und im Falle einer desorganisierten Bindung war unsere Bezugsperson eine Quelle des Schreckens. Wir machten die innere Erfahrung, uns zur Bezugsperson hingezogen zu fühlen, weil wir Schutz suchten, und uns gleichzeitig von ihr weggezogen zu fühlen – von der Quelle unserer Not. Diese fragmentierende Erfahrung kann, besonders unter Stress, zu einem inneren Zustand der Dissoziation führen. Sogar unser Realitätssinn, unser epistemisches Vertrauen, kann auf wackligem Boden stehen, wenn solch ein biologisches Paradox das Vermächtnis unserer Bindung ist. Sowohl die internen als auch die interaktiven Möglichkeiten der Beruhigung sind beeinträchtigt, und selbst unser Gefühl dafür, wann wir darauf vertrauen können, dass etwas real ist, wird bei der desorganisierten Bindungserfahrung möglicherweise fragmentiert.

Denken Sie einen Augenblick über Ihre eigenen Erfahrungen nach, insbesondere darüber, inwieweit Sie das Gefühl hatten, beruhigt zu werden, wenn Sie in irgendeiner Weise aufgewühlt waren. Widmete man sich Ihrer inneren Landschaft? Schauen Sie sich die folgenden Fragen an, und lassen Sie sich bei jeder etwas Zeit, während Sie Ihre eigenen Erfahrungen überdenken – die der Vergangenheit und die der Gegenwart. Je mehr Sie sich über Ihre eigene Vergangenheit klar werden können, umso wird es Ihnen nutzen. Das gilt sowohl im Hinblick auf Ihre Selbsterkenntnis als auch in Bezug auf Ihre Beziehung zu Ihren Kindern.

1. Wer war für Sie da, wenn Sie als Kind in emotionaler Not waren? Welche konkreten Erinnerungen haben Sie daran, dass ein Elternteil oder eine Bezugsperson präsent war und Ihnen P-E-A-C-E bot?
2. Falls Ihnen diese Art von Einstimmung zuteil wurde, wenn Sie aufgewühlt waren: Welche Aspekte davon würden Sie Ihren eigenen Kindern geben wollen?
3. Falls diese Art der Fürsorge in Ihrer Kindheit fehlte: Wie haben Sie gelernt, mit diesem Mangel umzugehen? Blieben Sie meistens einfach aufgewühlt, bis Sie sich ausgeschrien oder -geweint hatten? Lernten Sie, Ihre Gefühle zu leugnen und deren Bedeutung zu ignorieren?
4. Wie gehen Sie jetzt als Erwachsene oder Erwachsener mit Ihren eigenen schwierigen Momenten um? Haben Sie jemanden, der Sie beim Umgang mit herausfordernden Erfahrungen unterstützt? Fällt es Ihnen schwer, in den grünen Bereich zurückzukehren, wenn Sie diesen erst einmal verlassen haben? Erleben Sie, wenn Sie wütend, aufgewühlt oder enttäuscht sind, mit größerer Wahrscheinlichkeit eine für den roten Bereich typische emotionale Flut (bei der Ihre Gefühle die Oberhand gewinnen) oder eine für den blauen Bereich typische emotionale Wüste (bei der Sie abschalten und ignorieren, was in Ihnen vorgeht)?
5. Wie präsent sind Sie für Ihre Kinder, wenn sie Kummer haben? Bieten Sie ihnen P-E-A-C-E? Können sich Ihre Kinder darauf verlassen, dass Sie mit Ihrer Präsenz, Ihrem Sich-Einlassen, Ihrer Zuneigung, Ihrer Ruhe und Ihrer Empathie da sind? Oder werden sie manchmal mit ihren Schwierigkeiten allein gelassen?
6. Gibt es Situationen, in denen Sie sich so sehr in den Gefühlen Ihrer Kinder verfangen, dass Sie ihre Not noch

verstärken? Sind Sie mit anderen Worten koeskalierend statt koregulierend?

7. Nehmen Sie sich einen Moment Zeit und denken Sie über jedes Ihrer Kinder einzeln nach. Stellen Sie sich vor, wie ein jedes Kind aussieht, wenn es in irgendeiner Weise aufgewühlt ist. Sie kennen sie gut genug, um zu wissen, warum dies am ehesten geschieht. Vielleicht haben Sie ein besonders sensibles Kind, das leicht überfordert ist. Oder vielleicht ist ein älteres Kind gerade verärgert über eine Grenze, die Sie in Bezug auf seine Bildschirm- oder Schlafenszeit gesetzt haben. Wer immer Ihre Kinder sind, denken Sie darüber nach, was sie wohl fühlen und denken, wenn die Dinge nicht so laufen, wie sie es gerne hätten. Wie wollen Sie darauf reagieren? Wie können Sie Ihren Kindern unter Berücksichtigung Ihrer eigenen Kindheitserfahrungen am effektivsten P-E-A-C-E bieten? Wollen Sie stärker präsent sein? Sich vollständiger einlassen? Liebevoller, ruhiger oder empathischer sein? Selbst wenn Sie von Ihren eigenen Eltern nicht die Art von Beruhigung erhalten haben, die Sie gebraucht hätten, können Sie doch für Ihre Kinder da sein und ihnen Beruhigung bieten. Wie wollen Sie dieses Ziel erreichen, wenn Ihre Kinder Sie das nächste Mal brauchen?

Für seine Kinder da zu sein bedeutet, für sie präsent zu sein, auch und vielleicht gerade dann, wenn sie sich von ihrer schlechtesten Seite zeigen. Dann brauchen sie uns am meisten. Entwickeln Sie also bei Ihren inneren Überlegungen ein kohärenteres Narrativ über die Art und Weise, wie Sie selbst erzogen wurden. Sie können neue und hilfreiche Strategien lernen – sowohl innere als auch interaktive –, um in eigenen

Zuständen innerer Not wieder zur Ruhe zu kommen. Indem Sie ein klares Verständnis davon aufbauen, wer Sie jetzt sind, und dabei ein kohärentes Narrativ darüber entwickeln, wie Beziehungen Sie geprägt haben, können Sie in Ihrem Leben Sicherheit erwerben und erlernen. Darüber hinaus werden Sie durch das Erlernen neuer und hilfreicher Techniken der inneren und interaktiven Beruhigung – in Ihrem Inneren und in Verbindung mit anderen – nicht nur ein klares Verständnis gewinnen, sondern auch einen emotionalen Zustand der Ruhe erlangen. Dadurch werden Sie in der Lage sein, Ihren Kinder P-E-A-C-E zu bieten. Ihre Kinder werden zu Jugendlichen und Erwachsenen heranwachsen, die wissen, wie es sich anfühlt, umsorgt zu sein und emotional aufgefangen zu werden; und sie werden lernen, wie sie sich selbst und denen, die sie lieben, diese Art von Zuwendung schenken.

sicher

KAPITEL 6

Alle Schlüssel zusammenfügen

Kindern helfen, sich *sicher* zu fühlen

Jetzt kommen wir zum letzten Schlüssel und legen unser Augenmerk auf das, worauf wir im gesamten Buch hingearbeitet haben: das Erzeugen eines Gefühls innerer Sicherheit bei unseren Kindern. Wenn Kinder sich beschützt, gesehen und emotional aufgefangen fühlen, fühlen sie sich *sicher*, weil sie eine sichere Bindung entwickeln.

Zur Veranschaulichung wollen wir Ihnen von einem Konflikt erzählen, den ein Vater, Jamal, mit seinem zwölfjährigen Sohn Clay hatte. Clays Pfadfindergruppe war von einem einwöchigen Campingausflug zurückgekehrt, und um ihre Leistung zu feiern, wollte die Gruppe zusammen ins Kino gehen. Die Jungs suchten einen Film aus, den unter 17-Jährige nur in Begleitung Erwachsener sehen durften, und als Jamal sich im Internet über den Streifen informierte, wurde ihm klar, dass er für seinen zwölfjährigen Sohn nicht geeignet war. Ein paar andere Eltern äußerten ebenfalls Bedenken, als Jamal sie nach ihrer Meinung zu der Entscheidung fragte, aber sie antworteten alle ungefähr wie folgt: »Ich finde das auch nicht gut, aber alle anderen Jungs gehen hin, also …« Jamal teilte Clay auch nur äußerst ungern mit, dass ihm der Spaß mit seinen Kumpels entgehen würde, aber er hatte keinerlei Zweifel an seinem Entschluss. Clay konnte nicht mitgehen.

Wie zu erwarten, war Clay fuchsteufelswild. Als er in den roten Bereich des Chaos glitt, verlieh er erst mal seinem Schock Ausdruck: »Ist das dein Ernst?! Aber *alle* gehen!« Dann begann er über seinen Vater herzufallen und schrie: »Weißt du überhaupt noch, was es heißt, ein Kind zu sein? Ich bin der Einzige, der nicht geht! Das kann ja wohl nicht sein, dass du das wirklich willst!« Jamal versuchte die Sache zu erklären und bot sogar an, mit ihm zur selben Zeit in einen anderen Film im gleichen Kino zu gehen, damit er vorher und nachher mit seinen Freunden zusammen sein könnte, aber verständlicherweise hatte Clay kein Interesse an dieser «dummen« Alternativlösung und griff seinen Vater erneut an: »Dir ist das nicht mal wichtig genug, um zu versuchen, mich zu verstehen.« Damit kehrte er seinem Vater buchstäblich den Rücken und ging in sein Zimmer; eine zugeschlagene Tür war sein letztes Wort zu diesem Thema.

Augenblicke wie diese sind hart. Wir wollen nicht, dass unsere Kinder etwas verpassen, aber manchmal müssen wir Nein sagen, um den ersten Schlüssel zu bieten und sie zu beschützen. Und obwohl Jamal wusste, dass er die richtige Entscheidung traf – er wusste, dass Clay für die Bilder und Ideen in dem Film noch nicht reif war –, gefiel es ihm doch nicht, dass sein Sohn sich dieser wichtigen verbindenden Erfahrung mit seinen Freunden beraubt fühlen würde und dass er so wütend auf seinen Vater war.

Nach einigen Minuten tauchte Clay wieder auf und wollte

offensichtlich noch ein bisschen austeilen. In einem Moment verteidigte er seinen Standpunkt, im nächsten kritisierte er seinen Vater, so ging es hin und her. Jamal blieb in seiner Entscheidung standhaft – da sah er keinen Spielraum –, aber er konzentrierte sich weiterhin auf das, was für ihn vorrangig war: seinen Sohn zu beschützen und gleichzeitig ihrer Beziehung oberste Priorität zu geben. Er vermied es immer wieder, sich auf das Spiel einzulassen und die Situation durch die gleiche erhöhte Reaktionsbereitschaft, die Clay an den Tag legte, eskalieren zu lassen – selbst als die Dinge ein wenig persönlich wurden und Clay zu seinem Vater sagte, er könne das nicht verstehen, weil er als Kind ja gar keine Freunde gehabt habe.

Bei einem solchen Angriff ruhig zu bleiben, kann eine echte Herkulesleistung darstellen. Wie bekam Jamal das hin? Indem er sich auf die anderen Schlüssel konzentrierte. Seine Priorität bestand darin, seinen Sohn zu *sehen* und zu verstehen, woher die Wut kam. Es war vollkommen einleuchtend, dass Clay wütend war, und Jamal sagte ihm das. (»Ich weiß, mein Freund. Es kann sich schrecklich und sogar peinlich anfühlen, der Außenseiter zu sein.«) Er ging an die Situation zudem eher mit Neugier als mit erhöhter Reaktionsbereitschaft heran und empfand Mitgefühl, selbst als Clay ihn einen Moment lang heftig attackierte. Dabei bot er eine *beruhigende* Präsenz. Er ließ sich nicht auf die rhetorische Ebene herab, die sein Sohn gewählt hatte, und schimpfte deshalb nicht zurück: »Ich bin dein Vater, und ich habe dich nicht nach deiner Meinung gefragt. Dies ist keine Demokratie!« Und er beendete die ganze Sache auch nicht mit der alten Methode der Drohung: »Nimm dich in Acht, junger Mann. Wenn du so weitermachst, wirst du deine Freunde lange Zeit gar nicht mehr sehen.« Derartige Erwiderungen sind für uns Eltern unglaublich verlockend, weil wir uns angegriffen fühlen und das Bedürfnis haben, zu kontern; Clay hätte sich aber auf keinen Fall beruhigt oder auch nur ruhiger fühlen können, wenn sein Vater diesen Weg gewählt hätte. Sein Nervensystem wäre in einem Zustand erhöhter Erregung geblieben, und die Beziehung hätte unter den Folgen gelitten. Es wäre zu einer Situation gekommen, bei der es nur Verlierer gegeben hätte.

Stattdessen blieb Jamal in der Situation der Erwachsene – ein reifer, regulierter Erwachsener – und erlaubte es Clay, sich zu äußern. Jamal konzentrierte sich darauf, P-E-A-C-E zu bieten (Präsenz, Sich-Einlassen, Zuneigung, Ruhe und Empathie), und sagte Dinge wie: »Ich weiß, dass du enttäuscht bist« und »Ich nehme es dir nicht übel, dass du wütend bist«.

Er hatte Clay im Laufe der Jahre etwas über Grenzen beigebracht. Er wusste, dass sein Sohn momentan respektlos war und gegen ihn losging, weil er sich in erhöhter Reaktionsbereitschaft befand, und dass dies nicht seine typische Art war, mit seinem Vater zu reden. Indem er P-E-A-C-E bot und Clay Zeit ließ, mit seinen großen Emotionen fertigzuwerden und sie zu überwinden, beruhigte er ihn und führte ihn so zurück in den grünen Bereich.

Selbst in seiner Wut und seinem Unmut lernte Clay etwas über seinen Vater, der ihm vorlebte, wie Eltern für eine sichere Bindung sorgen: Sie beschützen ihre Kinder, selbst wenn dies bedeutet, eine unliebsame Entscheidung treffen zu müssen; sie sehen und hören zu, selbst wenn ein Kind verbal um sich schlägt (wobei sie manchmal Grenzen setzen, damit der Ton der Kommunikation respektvoll bleibt); und sie bemühen sich, zu beruhigen und P-E-A-C-E zu bieten, wenn ihre Kinder aufgewühlt sind.

Statt zu kontern …

… bieten Sie P-E-A-C-E.

Was hat Jamal während dieser gesamten Interaktion für seinen Sohn getan? Von der Entscheidung, ihn den Film nicht sehen zu lassen, bis schließlich zum Ende des Wutausbruchs? Er bot ihm die ersten drei Schlüssel. Clay wurde beschützt, gesehen und schließlich beruhigt. Und indem er die ersten drei Schlüssel bot, bot Jamal seinem Sohn auch den vierten und letzten Schlüssel: Sicherheit. Selbst in seiner Wut und seinem Unmut lernte Clay etwas über seinen Vater, der ihm modellhaft vorlebte, wie Eltern für eine sichere Bindung sorgen: Sie beschützen ihre Kinder, selbst wenn dies bedeutet, dass sie eine unliebsame Entscheidung treffen müssen; sie sehen und hören zu, selbst wenn ein Kind verbal um sich schlägt (wobei sie manchmal Grenzen setzen, damit der Ton der Kommunikation respektvoll bleibt); und sie bemühen sich, zu beruhigen und P-E-A-C-E zu bieten, wenn ihre Kinder aufgewühlt sind.

Und sobald Clay sich beruhigt hatte, konnte er diese Lektionen verinnerlichen und all den anderen Momenten zuordnen, in denen Jamal ihm zeigte, was es bedeutet, jemanden zu lieben und für ihn da zu sein. Dies führte dazu, dass Clay weiterhin eine sichere Bindung an seinen Vater entwickelte und die notwendige Kraft und Resilienz aufbaute, um mit einem Gefühl innerer Stärke und einem Verständnis der Macht von Beziehungen durchs Leben zu gehen.

Eines der wunderbaren Dinge an dieser Dynamik – unseren Kindern Sicherheit zu geben – besteht darin, dass sie mit der Zeit immer *weniger* darauf angewiesen sein werden, dass wir ihnen Sicherheit geben. Beziehungen werden immer wichtig sein – auch sichere Menschen verlassen sich auf andere und finden Sinn und Bedeutung in Verbindung –, aber wenn Kinder erwachsen werden und innere Sicherheit besitzen, ist es immer weniger *notwendig*, dass jemand anders in jeder Situation die anderen Schlüssel bereitstellt. Ihre Sicherheit wird sich als übergreifendes mentales Modell ihrer Identität etablieren, und sie werden die inneren Ressourcen besitzen, um *sich selbst* zu beschützen, *sich selbst* als wertvoll zu sehen und *sich selbst* zu beruhigen, wenn etwas schiefgeht.

Anders ausgedrückt: Es gibt ein *inneres Arbeitsmodell* von Sicherheit, das im Kopf eines Kindes entsteht, wenn es sich auf einer relativ vorhersehbaren und beständigen Basis beschützt, gesehen und emotional aufgefangen fühlt (und wenn eine Reparatur vorgenommen wird, sofern diese Beständigkeit gerade nicht gegeben ist). »Arbeitsmodell« bedeutet, dass das Modell offen für Veränderungen ist und dass es sich bei ihm zudem um unser mentales Modell handelt, das auf vielen Ebenen der Funktionsweise unseres Geistes wirkt. Dieses Arbeitsmodell prägt direkt die Art, wie wir uns selbst in der Welt sehen, wie wir lernen, unseren eigenen emotionalen Zustand zu regulieren, und wie wir uns in unserem Leben auf andere einlassen. In vielerlei Hinsicht werden unsere Beziehungen durch unser inneres Arbeitsmodell von Bindung geprägt, was wiederum zur Ausbildung dessen beiträgt, wer wir selbst sind. Infolgedessen entwickelt

Wenn Kinder erwachsen werden und innere Sicherheit besitzen, ist es immer weniger *notwendig*, dass jemand anders in jeder Situation die anderen Schlüssel bereitstellt. Ihre Sicherheit wird sich als übergreifendes mentales Modell ihrer Identität etablieren, und sie werden die inneren Ressourcen besitzen, um *sich selbst* zu beschützen, *sich selbst* als wertvoll zu sehen und *sich selbst* zu beruhigen, wenn etwas schiefgeht.

ein Kind ein Schema – eine auf wiederholten Erfahrungen aufbauende Verallgemeinerung –, das lautet: »Mein Innenleben ist es wert, gesehen zu werden.« Damit wird kein Anspruch erhoben. Das Kind hat lediglich ein Gefühl von innerem Wert, das ihm sagt: »Meine innere Welt – meine Gefühle, meine Gedanken, meine Träume, meine Sehnsüchte, meine Sicht der Dinge, die Geschichte dessen, wer ich bin – ist gut und ist es wert, mit anderen geteilt zu werden.« Das ist Sicherheit. Das ist das innere Arbeitsmodell, das Jamal seinem Sohn Clay in Momenten wie dem oben beschriebenen einpflanzte.

Schauen wir uns ein weiteres Beispiel an. Von Zeit zu Zeit haben wir es mit dem Fall zu tun, dass ein Kind Verhaltensauffälligkeiten zeigt – nicht unbedingt, wenn es aufgewühlt ist, sondern vielmehr, um auf diese Weise Grenzen auszuloten. Vielleicht ist es eine Dreijährige, die ständig ihren kleinen Bruder schlägt, aber eben nicht inmitten eines Wutanfalls, sondern scheinbar *einfach so*. Manchmal fragen uns Eltern, wie sie in einer solchen Situation reagieren sollen. Wir sagen diesen Eltern, dass jedes Kind anders ist und es keine erzieherische Universalmethode gibt, die Vier Schlüssel aber fast immer das sind, was die Situation erfordert.

Nehmen wir beispielsweise einmal an, Sie wären in dieser Situation die Mutter oder der Vater. Sie würden sowohl den kleinen Bruder als auch die große Schwester beschützen. Sie würden sich zudem stark bemühen, Ihre Dreijährige wirklich zu sehen. Es könnte so wirken, als tobe sie sich ganz willkürlich aus und sei über nichts Bestimmtes verärgert. Aber bei genauerem Hinsehen, wenn Sie »dem Warum nachgehen« und sich der Situation mit Neugier nähern, würden Sie wahrscheinlich feststellen, dass sie Ihre Aufmerksamkeit gesucht hat, und zwar vermutlich deshalb, weil das Baby so viel davon beansprucht hat. Dann, nachdem Sie ihr Bedürfnis gesehen haben – sei es nun ihr Bedürfnis nach Ihrer Aufmerksamkeit oder nach etwas anderem –, könnten Sie auf der Grundlage dessen, was Sie beobachtet haben, den Zustand Ihrer Tochter anerkennen und darauf reagieren, während Sie gleichzeitig klare Grenzen setzen.

Und schließlich würden Sie Ihre kleine Tochter beruhigen. Sie könnten zu ihr sagen: »In unserer Familie sollen alle in Sicherheit sein. Ich lass dich nicht deinen Bruder schlagen und ihm wehtun, deshalb werde ich dir helfen, dich zu beruhigen. Wir können an deinen friedlichen Ort gehen, oder ich kann dich hier im Arm halten.«

Sie würden ihr helfen zu verstehen, dass sie sich Ihrer Liebe auch dann sicher sein kann, wenn sie große Emotionen

Wenn Sie Ihre Liebe kommunizieren, während Sie Grenzen setzen, helfen Sie beim Aufbau innerer Sicherheit.

empfindet oder das Bedürfnis verspürt, Grenzen auszuloten, und sich nicht gut im Griff hat. Sie würden das Tosen in ihrem Inneren beruhigen, das sie dazu veranlasst hat, ihren Bruder zu schlagen, und gleichzeitig beide Kinder beschützen. Und Ihre Tochter würde lernen, dass Sie beständig da sind, um ihre Bedürfnisse zu sehen und rasch, einfühlsam und vorhersehbar auf sie einzugehen. Als Ergebnis würde sie die innere Sicherheit entwickeln, die ihr ein Leben lang gute Dienste leisten wird.

Einfach ausgedrückt, entwickeln Kinder mit einer sicheren Bindung – jene, die das Glück hatten, ein sicheres inneres Arbeitsmodell von Bindung zu entwickeln – die Eigenschaften und Fähigkeiten, die es ihnen ermöglichen, ein glücklicheres und erfolgreicheres Leben zu führen. Die Vorteile von Sicherheit (siehe gegenüberliegende Seite) sind bemerkenswert.

Diese Eigenschaften stehen sicher gebundenen Kindern auch dann zur Verfügung, wenn Eltern und andere Bezugspersonen nicht körperlich anwesend sind. Hierfür liefert die Neuroplastizität folgende Erklärung: Die wiederholten Erfahrungen, die zu Sicherheit führen, verändern das Gehirn und erzeugen bei Kindern intra- und interpersonelle Kompetenzen und Eigenschaften, die es ihnen ermöglichen, mehr Freude, Sinn und Bedeutung in ihrem Leben zu finden. Und all dies entsteht durch ein sicheres Arbeitsmodell von Bindung.

Wenn sich Kinder bei einer Bindungsfigur nicht dieser Art von Sicherheit erfreuen, trifft in der Regel das Gegenteil zu. Ihre Beziehungsfähigkeit nimmt häufig ab, und dasselbe gilt für ihre Resilienz, ihre Anpassungsfähigkeit, ihre Selbststän-

Die Vorteile von SICHERHEIT:

- → ein Verständnis der Bedeutung von Beziehungen
- → Unabhängigkeit und Objektivität, auch im Rahmen der Verbindung zu anderen
- → Resilienz angesichts von Stress
- → Regulation des Körpers und der Emotionen
- → Freiheit, über die Vergangenheit zu reflektieren und sie in die Gegenwart zu integrieren, während flexible Pläne für die Zukunft geschmiedet werden
- → die Fähigkeit, abgestimmte Kommunikation zu bieten
- → Flexibilität und Anpassungsfähigkeit
- → Empathie
- → persönliche Einsicht und die Fähigkeit, ein reiches Innenleben zu entwickeln

digkeit und die anderen Eigenschaften. Denken Sie noch einmal an die Beschreibung der verschiedenen Formen unsicherer Bindung. Manchmal entwickelt ein Kind ein vermeidendes Bindungsmuster, bei dem es lernt, seine Emotionen zu ignorieren, und das Kommunizieren seiner Bedürfnisse vermeidet. Dadurch werden Beziehungen natürlich sehr viel schwieriger, und die Fähigkeit des Kindes, den Blick nach innen zu richten, verringert sich, sodass es sich seiner Innenwelt weniger bewusst ist und weniger dazu neigt, um Hilfe zu bitten, wenn es sie braucht. Ebenso muss ein Kind, das ein ambivalentes Bindungsmuster entwickelt und meint, sich nicht darauf verlassen zu können, dass Menschen vorhersehbar sind, auf einige der aufgelisteten Eigenschaften verzichten. So könnte es Schwierigkeiten damit haben, seine Emotionen zu beruhigen, oder es könnte ihm die Fähigkeit oder Neigung fehlen, sich anderen offen mitzuteilen, aus Furcht, dass sie im Gegenzug nicht für es da sein werden. Und Kinder mit einem desorganisierten Bindungsmuster haben wahrscheinlich von allen die schlechtesten Karten. Werden sie aufgrund ihrer Interaktionen mit einer Bezugsperson zu der Annahme verleitet, Menschen seien gefährlich und unzuverlässig, kann sich diese Perspektive in ihrem Leben erbarmungslos durchsetzen und sie daran hindern, viele der Vorteile zu erfahren, in deren Genuss Kinder mit einer sicheren Bindung kommen dürfen.

Sicherheit hingegen geht mit einer Stärkung des Kindes einher. Was bedeutet das im Hinblick auf die ersten drei Schlüssel? Ein sicher gebundenes Kind glaubt, dass es sich selbst schützen kann, dass es schützenswert ist und dass es Schutz finden kann, wenn es ihn braucht. Es erwartet, dass Schutz eine seinem Leben innewohnende Qualität ist. Ebenso kann es sich selbst sehen und beruhigen. Es lernt, dass es über Fähigkeiten verfügt, die es ihm im Zustand der Not ermöglichen, das Geschehen in seinem Inneren zu verfolgen und dann sein eigenes Innenleben zu beruhigen und zu regulieren.

Weil mindestens eine Person beständig für das Kind da war, lebt es sein Leben und trifft seine Entscheidungen auf der Grundlage einer sicheren Basis. Dies erzeugt Gefühle von Sicherheit und Mut.

Wenn Sie einem Kind Sicherheit geben …

… entwickelt es die Fähigkeit, sich selbst Sicherheit zu geben.

Wenn es erwachsen wird, trägt es diese Sicherheit in sich und interagiert mit der Welt aus einem inneren Gefühl des Wohlbefindens, der Kohärenz und der Resilienz heraus. Es fühlt sich wertvoll und in der Lage, sich mit anderen zu verbinden und die verschiedenen Kräfte in sich selbst zu verstehen. Weil mindestens eine Person beständig für das Kind da war, lebt es sein Leben und trifft seine Entscheidungen auf der Grundlage einer sicheren Basis. Dies erzeugt Gefühle von Sicherheit und Mut.

Sicherer Hafen und Startrampe: sichere Basis

Es ist offensichtlich, warum Kinder, die mindestens eine Bezugsperson haben, welche verlässlich und beständig (wenn auch nicht auf vollkommene Weise) da ist, um ihre Bedürfnisse zu erfüllen und ihrer inneren Realität Aufmerksamkeit zu schenken, eine sichere Basis entwickeln, von der aus sie die Welt erkunden können. Von dieser Basis aus können sie sich dann über das hinauswagen, was sie bereits kennen, ihre Landschaft vermessen und die Welt um sie herum erforschen. Das ist das Ziel. Wenn sich Kinder nicht auf verlässlicher Basis beschützt, gesehen und emotional aufgefangen fühlen, ist das Gegenteil der Fall: Es gibt keine Sicherheit. Bei Kindern, deren Bezugspersonen nicht die Vier Schlüssel bieten, zeigt sich häufig, dass sie Schwierigkeiten mit engen Beziehungen haben, es ihnen schwerfällt, unter Stress logisch zu denken, oder sie Angst davor haben, Neues auszuprobieren beziehungsweise ihre Komfortzone zu verlassen. Deshalb ist es so wichtig, dass wir Kindern helfen, eine sichere Bindung zu entwickeln.

Denken Sie an einen schüchternen Jungen im Kleinkindalter, der zum ersten Mal einen Spielplatz besucht. Im Falle eines sicheren Bindungsmodells könnte er sich am Bein seines Vaters festhalten, wenn er zunächst auf die Bank in der Nähe des Klettergerüsts gesetzt wird. Dann macht er vielleicht ein paar Schritte in Richtung Spielgerät, bis ein größeres Kind vorbeiläuft und ihn erschreckt. An diesem Punkt eilt er zurück zu seinem Vater, wagt sich dann aber wieder hervor und diesmal näher an die Rutsche heran. Sobald er darüber nachdenkt, wie weit weg er von seinem Vater ist, kehrt er möglicherweise zu ihm zurück, zu seiner sicheren Basis. Dann versucht er es noch einmal und erreicht tatsächlich die Leiter, an der er interessiert ist. Diese sich allmählich steigernden Expeditionen ins Unbekannte fordern das Kind heraus und stärken es gleichzeitig. Und der Junge ist bereit, sich seiner Furcht zu stellen und die Entfernung zwischen ihm und seinem Vater zu vergrößern, gerade weil er darauf vertraut, dass sein Vater für ihn da ist, wenn er zurückkommt. Er verlässt sich darauf, dass es jederzeit eine sichere Basis gibt, wenn er sie braucht. Deshalb ist es für ihn in Ordnung, immer größere Risiken einzugehen. Der Schutz, den ihm die sichere Basis bietet, erlaubt es ihm, immer mehr in Angriff zu nehmen.

> Bei Kindern, deren Bezugspersonen nicht die Vier Schlüssel bieten, zeigt sich häufig, dass sie Schwierigkeiten mit engen Beziehungen haben; es ihnen schwerfällt, unter Stress logisch zu denken; oder sie Angst davor haben, Neues auszuprobieren und ihre Komfortzone zu verlassen. Deshalb ist es so wichtig, dass wir Kindern helfen, eine sichere Bindung zu entwickeln.

Wenn ein Kind aus diesen wiederholten und verlässlichen Verbindungserfahrungen lernt, verändert sich die Struktur seines Gehirns und es wächst auf integrativere Art und Weise. Dies ermöglicht eine effektivere Regulation. Was zuvor eine externe Reihe von Interaktionen der Verbindung mit seinem Vater war, wird nun zu einer internen Reihe von Verbindungen in seinem Gehirn. Wenn dann eine Herausforderung auftaucht, dient dieses verinnerlichte sichere Modell als Quelle der persönlichen Resilienz. Das Kind kann Schwierigkeiten offen gegenübertreten, und wenn mal etwas richtig schwer wird und nicht so läuft wie erwartet, kann es wieder aufstehen und einen erneuten Anlauf nehmen. Das ist der resiliente Geist eines sicher gebundenen Kindes.

Eine hilfreiche Erklärung dieses Prozesses stammt vom Circle of Security International (COS). Diese Organisation hat Familien in der ganzen Welt gestärkt, indem sie Eltern über die Bedeutung von Bindung aufgeklärt hat sowie darüber, wie ein Elternteil, der beständig da ist, den Sicherheitskreis eines Kindes vergrößern kann. Wie in dem COS-Buch *The Circle of Security Intervention* erläutert wird, erweitert sich der Sicherheitskreis eines Kindes, wenn sein Elternteil zwei grundlegende »Räume« zur Verfügung stellt: eine Startrampe und einen sicheren Hafen. Der Sicherheitskreis erfordert, dass der Elternteil die Erkundung des Kindes unterstützt, indem er ihm eine Startrampe bietet, von der aus es sich entfernen

Der Sicherheitskreis erfordert, dass der Elternteil die Erkundung des Kindes unterstützt, indem er ihm eine Startrampe bietet, von der aus es sich entfernen kann, während er gleichzeitig ein sicherer Hafen bleibt, ein Ort, an den das Kind bei Sturm zurückkehren kann.

kann, während er gleichzeitig ein sicherer Hafen bleibt, ein Ort, an den das Kind bei Sturm zurückkehren kann.

Wir versorgen mit dem sicheren Hafen und wir unterstützen und ermutigen mit der Startrampe.

Wenn ein Kind, das über eine sichere Basis verfügt, älter wird, wiederholt sich dieser Prozess in unterschiedlichen Facetten seines Lebens. Denken wir noch einmal an den schüchternen Jungen, den wir auf dem Spielplatz kennengelernt haben. Sein erster Tag im Kindergarten könnte ihm Angst machen, und möglicherweise muss sein Vater eine Weile bei ihm bleiben, bevor er sich zu den anderen Kindern auf dem Teppich gesellt. Am nächsten Tag aber muss sein Vater vielleicht nur noch für kürzere Zeit dableiben. Vertrauensvoll lässt das Kind an jedem der folgenden Tage schneller los, weil es in seinem jungen Leben durch wiederholte Erfahrungen gelernt hat, dass sein Vater immer und immer wieder für es da sein wird. Mit jeder Expedition nach draußen, die es im Zuge seines Aufwachsens unternimmt – es lernt Radfahren, schließt sich einer Sportmannschaft an, spielt ein Lied bei seinem Klaviervorspiel, nimmt an einem Ferienlager teil, bis es schließlich an die Uni geht –, entwickelt dieses charakterlich zurückhaltende Kind Selbstvertrauen, Resilienz und den Glauben, dass es schwierigen und beängstigenden Hindernissen begegnen kann. Sein Sicherheitskreis festigt sich weiter und hilft ihm, sich in der Welt sicher zu fühlen. Es weiß, dass es immer nach Hause kommen kann. Und das wird es auch tun. Es besitzt die zwei Komponenten einer sicheren Basis – einen verlässlichen und versorgenden sicheren Hafen und eine unterstützende, ermutigende Startrampe.

Eine sichere Basis erzeugt Stärke, keine Anspruchshaltung

Keine Sorge. Wenn Sie Ihren Kindern bedingungslose emotionale Unterstützung und eine sichere Basis bieten, machen Sie aus ihnen keine wehleidigen, verwöhnten oder zerbrechlichen Menschen. Und Sie erzeugen damit auch keine Anspruchshaltung. Von Zeit zu Zeit hören wir von Eltern Sätze dieser Art: »Die Welt ist hart, und es ist meine Aufgabe, sie abzuhärten. Ich will sie nicht verhätscheln.«

> Wenn Sie Ihren Kindern bedingungslose emotionale Unterstützung und eine sichere Basis bieten, machen Sie aus ihnen keine wehleidigen Menschen. Vielmehr werden sie mutiger Erkundungen anstellen und sich weiter hinauswagen als Kinder, die nicht diese Art von Aufmerksamkeit und Zuwendung erhalten haben.

Das Erfüllen der emotionalen Bedürfnisse eines Kindes …

…führt nicht zu einem verwöhnten oder anspruchsvollen Erwachsenen.

Wir verstehen die Angst, die hinter dieser Besorgnis steht, aber wir möchten Sie beruhigen. Kinder, deren emotionale Bedürfnisse schnell, einfühlsam und beständig erfüllt werden, werden *nicht* innerlich zusammenbrechen, wenn nicht unaufhörlich jemand für sie da ist. Wenn Sie Ihren verängstigten Fünfjährigen manchmal in Ihrem Bett schlafen lassen, bedeutet das nicht, dass er für den Rest seines Lebens seine Nächte dort verbringen muss.

Tatsächlich zeigt die Forschung genau das Gegenteil. Kinder, die glauben, dass ihre Bezugspersonen immer und immer wieder für sie da sein werden, entwickeln die Selbstständigkeit und Resilienz, die ihnen das notwendige Selbstvertrauen geben, um ihre Komfortzone zu verlassen. Sie werden mutiger Erkundungen anstellen und sich weiter hinauswagen als Kinder, die nicht diese Art von Aufmerksamkeit und Zuwendung erhalten haben.

Ja, es kann ein Zeitpunkt kommen, an dem Sie sich – aus welchem Grund auch immer – dazu entscheiden, Ihre Kinder nicht in Ihrem Bett schlafen zu lassen. Aber treffen Sie diese Entscheidung nicht aus der Angst heraus, die Erfüllung ihrer emotionalen Bedürfnisse könnte ihren Kindern irgendwie schaden. Ein Kind zu verwöhnen bedeutet, jeder seiner Launen nachzugeben oder ihm jeden Gegenstand zu kaufen, den es sich wünscht. Aber seinen emotionalen Bedürfnissen Beachtung zu schenken? Das ist kein Verwöhnen. Das ist kein Verhätscheln. Das nennt man Einstimmung oder Verbindung. Und das ist es, was ihm beim Heranwachsen das Gefühl ausreichender Sicherheit gibt, um auf eigene Faust auf Erkundungstour zu gehen. Es wird dadurch nicht anspruchsvoll und zerbrechlich; es wird resilient. Die Forschung zeigt, dass ein Kind, das sich ausreichend sicher fühlt, den Schritt zur Selbstständigkeit wagt, wenn es von seiner Entwicklung her dafür bereit ist. Es zu diesem Schritt zu drängen, wenn es noch nicht bereit ist, kann nach hinten losgehen und zu größerer Abhängigkeit führen.

Ein damit zusammenhängender Einwand, den wir häufig hören, wenn wir über die Bedeutung der emotionalen Beständigkeit von Eltern sprechen, hat mit dem Erfordernis zu tun, sich den Respekt eines Kindes zu verdienen. Zum Beispiel erzählt uns eine Mutter, dass ihr Ehepartner gegen die Strategie sei, sich erst einmal mit dem Kind zu verbinden, bevor dessen Verhaltensprobleme angesprochen werden. Möglicherweise sagt der Partner: »Sie werden dich nie respektieren, wenn du zulässt, dass sie dir so auf der Nase herumtanzen. Manchmal muss man hart sein. Manchmal muss man sogar schreien.« Und die Mutter befürchtet, dass ihr Mann recht hat.

Die Forschung zeigt, dass ein Kind, das sich ausreichend sicher fühlt, den Schritt zur Selbstständigkeit wagt, wenn es von seiner Entwicklung her dafür bereit ist. Es zu diesem Schritt zu drängen, wenn es noch nicht bereit ist, kann nach hinten losgehen und zu größerer Abhängigkeit führen.

Wir teilen den Standpunkt dieses Vaters, dass Eltern es ihren Kindern nicht erlauben sollten, ihnen »auf der Nase herumzutanzen«. Es ist in der Tat wichtig, dass die Eltern in der Beziehung die Autoritätspersonen bleiben – das sagen wir, wie Sie gesehen haben, im gesamten Buch. Aber unsere auf wissenschaftlichen Erkenntnissen und Erfahrung beruhende Position ist die, dass Eltern ihre Autorität durchaus aufrechterhalten können, wenn sie der Beziehung die Priorität geben und Selbstbeherrschung wahren.

Wie können Eltern von einem Kind Respekt erwarten, wenn sie schreien, übermäßig heftig reagieren, befehlen und fordern, weil sie die Kontrolle über sich selbst verloren haben? Respekt stellt sich mit viel größerer Wahrscheinlichkeit ein, wenn Sie die Kontrolle über Ihre Emotionen behalten, wenn Sie überlegt, besonnen, ruhig und gerecht bleiben. Das ist Stärke, keine Schwäche. Denken Sie zum Vergleich an den Gegensatz zwischen dem Trainer einer Kindermannschaft, der im Umgang mit seinen Spielern einen kühlen Kopf bewahrt, und dem, der immer aus der Haut fährt und die Kinder und Schiedsrichter anschreit. Letzterer könnte in seiner Mannschaft für Furcht, ja sogar für Ordnung sorgen. Aber das wird seinen Preis haben. Und Respekt? Nicht sehr wahrscheinlich. Bei ansonsten gleichen Bedingungen werden die Kinder denjenigen Trainer respektieren (und sogar mögen), der stark und klug sein kann, weil er weiß, wer er ist und wie er mit Kindern sowie mit anderen Erwachsenen umgehen will, und der starke Beziehungen unterhält.

Unsere auf wissenschaftlichen Erkenntnissen und Erfahrung beruhende Position ist die, dass Eltern ihre Autorität durchaus aufrechterhalten können, wenn sie der Beziehung die Priorität geben und Selbstbeherrschung wahren.

Außerdem gilt: Wenn Ihre Standardreaktion darauf, dass Ihre Kinder etwas tun, das Ihnen nicht gefällt, darin besteht, dass Sie schreien, um Ihren Standpunkt durchzusetzen – besonders wenn es offensichtlich ist, dass Sie ausgetickt sind –, kann das Konsequenzen für die Beziehung haben. Vielleicht bekommen Sie kurzfristig tatsächlich Gefügigkeit und weniger »Verhaltensprobleme«. Aber wie bei dem Trainer stellt sich die Frage, zu welchem Preis dies geschieht. Statt bei Ihren Kindern »Respekt« zu erzeugen, kann Ihre Reaktion negative Auswirkungen darauf haben, was sie Ihnen gegenüber empfinden und ob sie zu Ihnen kommen, wenn sie etwas erzählen wollen.

Wir möchten Sie übrigens daran erinnern, dass wir nicht sagen, Sie würden einen irreparablen Schaden anrichten, wenn Sie manchmal Ihren Kindern gegenüber die Stimme erheben. Es ist gut, seinen Emotionen Ausdruck zu verleihen, und gelegentlich geht das eben mit Lautstärke und Intensität einher. Unsere Meinung ist einfach, dass Autorität *nicht* von Natur aus mit Gewalt oder Strenge verbunden ist. Auch wenn Sie nie laut werden, können Sie sich den Respekt Ihrer Kinder bewahren und die Autoritätsperson im Haus bleiben. Und denken Sie wie immer daran, dass es wichtig ist, sich zu entschuldigen und den Bruch in der Beziehung so schnell wie möglich zu reparieren, wenn Sie doch ausrasten oder mit Dingen auf eine Art und Weise umgehen, die sich für Sie oder Ihr Kind nicht gut anfühlt.

Zusammenfassend lässt sich sagen, dass es definitiv Situationen gibt, in denen wir es unseren Kindern ermöglichen sollten, sich Herausforderungen zu stellen und Hindernisse zu überwinden, auch wenn dies schwierig ist. Damit sie Stärke und Resilienz entwickeln können, müssen wir Grenzen setzen und Nein sagen. Aber wir müssen mit Scharfblick vorgehen, wenn wir entscheiden, wie viel Anstrengung sie aushalten können, und wir wollen ihnen auf ihrem Weg immer – ja, *immer* – emotionale Unterstützung bieten. Wenn wir Fehler machen, können wir mit einer aufrichtigen Entschuldigung stets eine Reparatur vornehmen. Und wir können ver-

Respekt entsteht nicht durch Strenge und Schreien …

… sondern dadurch, dass Sie stark und klug sind und wissen, wer Sie sind und wie Sie mit Ihrer Umwelt umgehen wollen.

suchen, aus derartigen Brüchen in einer Weise zu lernen, die zu Wachstum und zu einer stärkeren Beziehung mit unseren Kindern führt. Wir werden ihnen ein Vorbild dafür sein, wie man menschlich ist und Verbindungen schafft. Damit bieten wir ihnen sowohl den sicheren Hafen als auch die Startrampe, auf die sie sich verlassen können, während sie die Stärke und Selbstständigkeit entwickeln, die es ihnen erlauben, ein Leben mit Sinn und Bedeutung zu führen.

Positiver, erträglicher und toxischer Stress

Wenn wir darüber nachdenken, wie wir unseren Kindern helfen können, sich angesichts von Herausforderungen sicher zu fühlen, gilt es, einen Faktor zu berücksichtigen: welche Art von Stress in der jeweiligen Situation vorliegt. Wussten Sie, dass nicht jeder Stress schlecht für Sie ist? Tatsächlich sprechen Forscher von einem Phänomen namens *positiver* Stress, das auftritt, wenn wir unter einem Leistungsdruck stehen, der uns motiviert, ohne uns zu überfordern oder aufzufressen. Dieser Stress kann uns dazu veranlassen, fleißig für einen Test zu lernen, produktiver zu sein oder unter Druck gute Leistungen zu erbringen. Er kann uns mobilisieren und sogar stärken, uns dazu bringen, Aufgaben zu erfüllen, zu denen wir sonst vielleicht nicht in der Lage wären.

Eine größere Herausforderung ist der sogenannte *erträgliche* Stress, das heißt der Druck, den wir aushalten können, der aber nicht von Natur aus vorteilhaft ist. Je nach Kontext kann er positiv und hilfreich oder negativ und schädlich sein. Zum Beispiel kann es sich für Kinder stressig anfühlen, die von uns gebotene sichere Basis zu verlassen. Denken Sie noch einmal an den kleinen Jungen, der ängstlich über den unbekannten Spielplatz tapst. Wenn sein Vater den sicheren Hafen bietet, zu dem er zurückkehren kann, bleibt dieser Stress relativ handhabbar. Er kann sogar zu einer positiven Kraft werden, denn wenn der Junge sein Ziel auf dem Klettergerüst erreicht, hat er nicht nur die Distanz zwischen seinem Vater und der Rutsche überwunden, sondern auch seine eigenen Ängste. Er hat ein aus unserer Sicht geringes Maß an Stress erfahren – auch wenn es sich für ihn zu diesem Zeitpunkt nicht gering anfühlte – und sich am Ende gut gefühlt. Der Stress, den er empfand, hat sich zu seinen Gunsten ausgewirkt.

Beachten Sie jedoch, dass der kleine Junge diesen Stress aushalten konnte, weil jemand genug Unterstützung bot, um ihn erträglich zu machen. Tatsächlich ist das ein wesentlicher Aspekt des erträglichen Stresses: Ob er eine günstige oder ungünstige Wirkung hat, hängt weitgehend davon ab, ob die betroffene Person die nötige Unterstützung erhält, um mit dem Stress umzugehen, sowie davon, wie lange sie den Druck ertragen muss.

Wenn eine Person aufgefordert wird, mehr zu ertragen, als sie verkraften kann, oder dies allein oder zu lange zu tun, entsteht sogenannter *toxischer* Stress, der schädlich werden kann. Toxischer Stress hat das Potenzial, die Entwicklung, den Lebensverlauf und die Lebensqualität, ja sogar die körperliche Gesundheit und die Lebenserwartung erheblich zu beeinträchtigen. Dies ist die Art von Stress, die aus den belastenden Kindheitserfahrungen resultiert, über die wir in Kapitel 3 gesprochen haben. Insbesondere im Leben eines Kindes birgt toxischer Stress das Potenzial, Traumata zu erzeugen, die lang anhaltende Schäden verursachen können.

Auch hier ist einer der Schlüsselfaktoren, der darüber ent-

Sicherheit macht Stress erträglicher

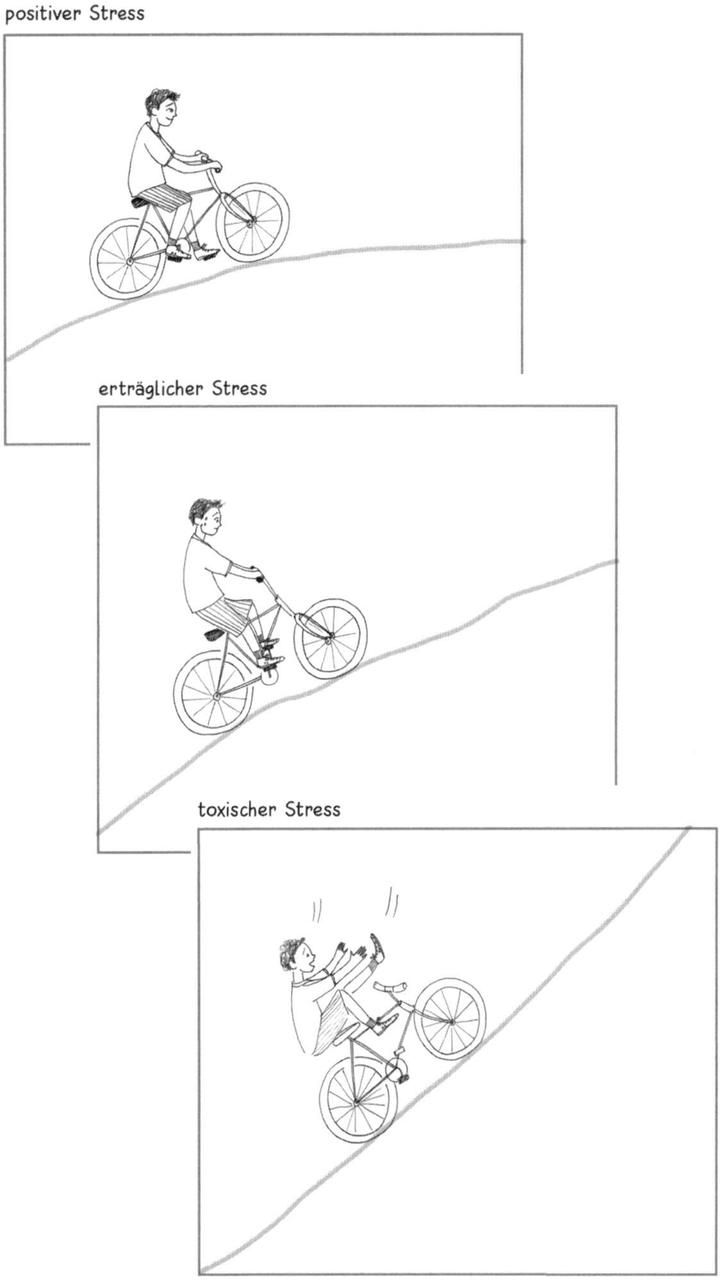

scheidet, ob ein bestimmtes Ereignis positiven, erträglichen oder toxischen Stress verursacht, die Frage, ob die Person, die dem Stress ausgesetzt ist, über ausreichende Unterstützung verfügt. Ohne eine sichere Bindung kann ein Stressor, der vielleicht eigentlich relativ gut zu bewältigen gewesen wäre, in die toxische Kategorie fallen. Das ist zum Beispiel der Fall, wenn ein Kind mit der Widrigkeit allein fertigwerden muss oder es nicht das sichere Arbeitsmodell entwickelt hat, das eine innere Ressource der Resilienz darstellt. Mit einer sicheren Bindung hingegen können einige Stressoren, die für jemanden ohne sichere Bindung eventuell schädlich sind, nicht nur zu erträglichen, sondern sogar zu positiven Stressoren werden und möglicherweise die Resilienz fördern. Denken Sie an die Hügel-Metapher aus dem ersten Kapitel, in dem wir über ein Kind sprachen, das mit dem Fahrrad einen Hügel hinauffährt. Je mehr Sicherheit wir unseren Kindern geben, desto eher werden die Schwierigkeiten, die sie erleben, erträglichen oder positiven statt toxischen Stress erzeugen.

Zugegeben, manchmal konfrontiert uns das Leben nun mal mit toxischem Stress. Selbst sicher gebundene Kinder mit Eltern, die beständig da sind, werden bisweilen gezwungen sein, sich mit einer Situation auseinanderzusetzen, mit der kein Kind jemals konfrontiert sein sollte. Eine sichere Basis schützt sie nicht vor jeglichen unangenehmen Gegebenheiten des Lebens – sie ist keine Garantie für ein Leben ohne Herausforderungen. Aber die Vier Schlüssel können als schützender Puffer dienen. Sie können einem Kind helfen, Widrigkeiten in Resilienz und Wachstum zu verwandeln. Während das Gefühl, nicht beschützt zu sein, zu Toxizität führt, macht Schutz Schwierigkeiten erträglich. Sich gesehen zu fühlen, kann das Gleiche bewirken. Und emotional aufgefangen zu werden, kann den physiologischen Tribut, den ein übererregtes Nervensystem fordert, und das Chaos, das die Oberhand zu gewinnen droht, verringern; es trägt zur Regulation einer Person bei, sodass der Stress erträglich bleibt. Um es anders auszudrücken: Die vier Reaktionen auf Bedrohung (Kampf, Flucht, Erstarren, Ohnmacht) werden nicht so häufig aktiviert, weil die Vier Schlüssel da sind und ihre Arbeit tun. Das ist die Resilienz durch eine sichere Bindung.

Was Sie tun können: Strategien, mit denen eine sichere Basis für Ihr Kind gefördert wird

Strategie Nr. 1 zur Förderung einer sicheren Basis: Investieren Sie in einen Beziehungs-Vertrauensfonds

Wenn Sie für Ihre Kinder da sind, sorgen Sie für den Aufbau von Vertrauen. Jedes Mal, wenn die Kinder Sie brauchen und Sie für sie da sind, steigt ihr Vertrauen in die Beziehung. Es ist so, als würden Sie eine Einzahlung auf ein Bankkonto vornehmen. Nennen wir dieses Konto einen Vertrauensfonds.

Vom Moment der Geburt Ihres Kindes an können Sie für den Aufbau dieses Vertrauens sorgen, indem Sie da sind, wenn das Kind Sie braucht. Ihr Baby braucht Sie, um sich beschützt, gesehen, beruhigt und sicher zu fühlen. Indem Sie schnell, einfühlsam und vorhersehbar auf es eingehen, seine Bedürfnisse erfüllen und es im Arm halten, machen Sie ihm ein Geschenk. Und zwar das beste Geschenk, das Sie ihm für die Entwicklung seines Gehirns machen können sowie für seine Fähigkeit, darauf zu vertrauen, dass man sich um es kümmern wird.

Früher glaubte man, Babys würden verwöhnt, wenn sie zu viel gehalten werden. Einige Fachleute verbreiteten sogar die Information, Babys seien in der Lage, ihre Eltern zu manipulieren. Glücklicherweise hat die Wissenschaft das Gegenteil bewiesen. Wir wissen heute, dass Neugeborene nicht die Fähigkeit besitzen, zu manipulieren. Schließlich ist Manipulation eine sehr anspruchsvolle Fähigkeit, für deren Ausübung der präfrontale Kortex komplexes Denken verarbeiten muss; und die Entwicklung dieses Teils des Gehirns braucht Zeit. Die Bedürfnisse von Babys sind *Bedürfnisse* und nicht einfach nur Wünsche. Wir verwöhnen nicht, wenn wir unse-

Vom ersten Moment an bauen Sie die sichere Basis Ihres Kindes auf.

ren Kindern geben, was sie brauchen – wenn wir sie trösten, wenn sie aufgewühlt sind, sie füttern, wenn sie hungrig sind, sie halten, wenn sie darum bitten, oder ihnen helfen zu schlafen, wenn sie müde sind. Wenn Sie darauf achten, was Ihr kleines Kind braucht, und es ihm geben, bauen Sie mehr Vertrauen in Ihre eigenen Instinkte auf sowie in Ihre Fähigkeit, zu verstehen, was das Kind Ihnen mitteilt. Manchmal, ja, kann ein Baby »stärkere Bedürfnisse haben« (diese Beschreibung ist hilfreicher und genauer als die, dass das Kind »schwierig« oder »anstrengend« oder »verwöhnt« ist), und in diesem Fall braucht es vielleicht einfach mehr Hilfe von Ihnen, um sich ruhig und beschützt und getröstet zu fühlen. Auf diese Weise beginnen Sie, eine sichere Basis aufzubauen – indem Sie sich auf das Kind einstimmen, präsent sind und da sind, wenn es Sie braucht –, von der Sie beide profitieren werden, wenn das Kind heranwächst.

Ein kurzer Hinweis für frischgebackene Eltern: Unabhängig von all dem haben auch Sie Bedürfnisse! Es könnte von Zeit zu Zeit hilfreich sein, wenn jemand zu Ihnen kommt und für eine Weile die Pflege Ihres Babys übernimmt, damit Sie schlafen und duschen oder etwas für sich selbst tun können. Und nehmen Sie sich bitte einfach eine oder zwei Stunden Zeit, um ohne Ihr Kleines essen zu gehen – am besten innerhalb der ersten sechs Wochen seines Lebens. Das kann sehr viel dazu beitragen, dass Sie sich wieder wie Sie selbst fühlen und sich daran erinnern, dass auch Sie wichtig sind. Denken Sie daran, dass wir unsere Babys früher nicht so isoliert von der Unterstützung und Hilfe anderer aufgezogen haben. In unserer Entwicklungsgeschichte – und in vielen Kulturen auf der ganzen Welt in nicht allzu ferner Vergangenheit – war die Elternschaft eine Verantwortung, die mit einigen auserwählten nichtelterlichen Individuen geteilt wurde. In der Literatur spricht man hierbei von der »alloparentalen Pflege«. Die heutige Gesellschaft unterstützt diesen wichtigen Weg, den wir zur gemeinschaftlichen Erziehung unserer Kinder entwickelt haben, häufig nicht. Es kann also sein, dass Sie diese Vertrauenspersonen in Ihrem Leben finden müssen – es könnten Ihre Angehörigen sein oder enge Freunde oder Menschen in Ihrer Nachbarschaft, die ebenfalls für Kinder sorgen –, um eine notwendige Pause einzulegen. Kümmern Sie sich um sich selbst und tanken Sie neue Energie und Lebenskraft. Die Chancen stehen gut, dass Sie sich nach dieser Pause tatsächlich freuen, nach Hause zu kommen und Ihre Aufmerksamkeit wieder den Bedürfnissen Ihres Babys zu schenken.

Während Ihr Kind heranwächst, werden Sie schier unendlich viele Möglichkeiten haben, dem Vertrauensfonds etwas hinzuzufügen. Als Zweijähriges im Park wird es Sie wahrscheinlich irgendwann einmal brauchen, weil jemand seine Schaufel genommen oder mit einem Ball nach ihm geworfen hat. Wenn es unter Tränen zu Ihnen kommt, können Sie eine Reaktion zeigen, die Vertrauen schafft. Je nachdem, wie Sie selbst von Ihren Eltern behandelt wurden, sind Sie möglicherweise versucht, etwas Geringschätziges zu sagen wie: »Nun weine mal nicht, es geht dir doch gut.« Wie bereits gesagt, argumentieren die Anhänger einiger Denkrichtungen, dass eine solche Reaktion das Kind stärker mache, härter – nach dem Motto: »Irgendwann müssen sie ja mal lernen!«

Aber diese Logik hat einige Schwächen. Eine davon hat mit dem Timing zu tun. Ja, Kinder müssen irgendwann lernen, dass die Welt ein schmerzhafter Ort sein kann. Aber das haben sie ja gerade aus eigener Erfahrung gelernt. Und da sich die Regulationsschaltkreise des Gehirns in den ersten drei Lebensjahren entwickeln, ist elterliche Einstimmung auf die innere Erfahrung der Kinder eine wichtige Hilfe beim Aufbau ihrer Fähigkeit, ihre eigenen inneren Zustände zu regulieren. Und: Müssen sie wirklich *als Zweijährige* lernen, sich allein all den harten Realitäten dieser Welt zu stellen? Können sie nicht noch ein bisschen länger unterstützt werden? Denken Sie zudem an die Botschaft, die sie erhalten, wenn sie in Not sind, und ihre Eltern ihnen sagen, dass sie (1) ihre Gefühle nicht ausdrücken sollen, weil sie (2) im Grunde *nicht* in Not sind. Es ist ein ziemlich heftiger doppelter Schlag, gesagt zu bekommen, man solle seine Emotionen verbergen und dem, was man empfindet, nicht trauen. Die Kinder fühlen sich nicht »gut«, aber Sie sagen ihnen, dass es ihnen gut geht, also müssen sie entweder Ihnen oder ihrer eigenen Erfahrung misstrauen.

Wir wollen diesen Punkt nicht überbewerten. Sie werden die emotionale Anlage Ihres Kindes nicht ruinieren, indem Sie zu ihm sagen: »Nun weine mal nicht, es geht dir doch gut.« Aber wenn es diese Botschaft immer und immer wieder hört, wenn es große Emotionen empfindet und ihm ein Gefühl von Sicherheit vermittelt werden muss, kann dies erhebliche Auswirkungen darauf haben, wie es Sie und seine innere Welt sieht. Dabei ist alles, was erforderlich ist, um die Erfahrungen unserer Kinder zu respektieren und ihre Sicht der Welt *positiv* zu beeinflussen, eine leichte Veränderung der Sprache. Eine kraftvolle Botschaft, die Sie Ihren Kindern übermitteln können, wenn sie aufgewühlt sind, lautet: »Du bist in Sicherheit. Ich bin da. Du bist nicht allein. Es wird alles gut werden.« Versuchen Sie dies das nächste Mal, wenn Ihr Kind heftig weinend und ängstlich oder aufgelöst wegen irgendetwas zu Ihnen gelaufen kommt. Fühlen Sie, wie sein kleiner Körper sich entspannt, während sein Nervensystem zu verstehen beginnt, dass Sie für es da sind, dass es sich nicht bedroht fühlen muss und sich stattdessen in Ihren Armen beschützt und sicher fühlen kann.

Wenn Ihr Kind älter wird, werden Ihre Reaktionen auf seine Erfahrungen weiterhin seine Bindungsbeziehung zu Ihnen prägen und damit auch seine Sicht auf Beziehungen und auf die Welt. Und zwar bis ins Schulkindalter und sogar bis ins Teenageralter hinein. Wenn das Kind aus einer sozialen Gruppe ausgeschlossen wird, die Rolle im Theaterstück nicht bekommt oder seine erste Trennung erlebt, nehmen Sie jedes Mal, wenn es Sie braucht und Sie da sind, eine Einzahlung in seinen Vertrauensfonds vor. Und das gilt nicht nur für die individuellen Erfahrungen des Kindes, die es ohne Sie macht, sondern auch für die Situationen, in denen sich zwischen Ihnen beiden etwas abspielt. Etwa dann, wenn es ihm nicht gelingt, die Enttäuschungen und Frustrationen des Alltags und die von Ihnen gesetzten Grenzen erfolgreich zu bewältigen – wenn Ihre Tochter zum Beispiel *völlig am Boden zerstört* ist, weil Sie ihr nicht die frittierten Fischstäbchen servieren, die sie bei ihrer Tante so gerne mochte, oder wenn sie wütend ist, dass die Medienzeit um ist, oder wenn sie schreit, ihr Bruder sei »der nervigste Mensch, der je gelebt hat«. Das sind ebenfalls Gelegenheiten, Vertrauen aufzubauen, indem wir mit Empathie da sind und gleichzeitig die Regeln und Grenzen der Familie respektieren. Sie leisten eine Einzahlung in den Vertrauensfonds, wenn Sie antworten: »Das ist so frustrierend, wenn deine Bildschirmzeit um ist und du gerade mittendrin bist. Ich weiß, dass das schwer

Der Beziehungs-Vertrauensfonds: Nehmen Sie Abhebungen oder Einzahlungen vor?

Abhebung

Einzahlung

ist. Ich bin auch frustriert, wenn ich etwas unterbrechen muss, an dem ich gerade arbeite.« Auch hier gilt, dass Sie nicht nachgeben müssen. Seien Sie einfach da. Das stärkt die Beziehung.

Wenn es Ihnen hingegen schwerfällt, da zu sein, wird das Vertrauen in die Beziehung einen Schlag erleiden. Wir kennen eine Frau, Lee Ann, die uns vom Besuch ihrer ersten Highschool-Party als Vierzehnjährige erzählte. Eine ältere Freundin, die sie zu der Party gefahren hatte und sie später nach Hause bringen wollte, trank dann an diesem Abend Alkohol. Lee Ann rief ihre Eltern an, um zu fragen, was sie tun solle. Sie wusste, dass sie nicht bei jemandem mitfahren sollte, der getrunken hatte. Die Eltern gaben an dem Abend jedoch selbst eine Party, und als Lee Ann ihre Mutter um Rat fragte, wurde ihr gesagt: »Kann sie noch fahren? Wenn sie nicht allzu viel getrunken hat, sollte es schon gut gehen.« Lee Ann sagt heute: »Das war der Moment, in dem ich wirklich *begriff*, was ich wohl schon immer gewusst hatte. Dass ich auf mich allein gestellt war. Dass meine Eltern nicht für mich da sein würden, wenn ich sie brauchte.«

Wie Sie sich vorstellen können, war dies nicht das einzige Mal, dass Lee Anns Eltern es versäumten, für sie da zu sein. Sie wuchs zu einer Erwachsenen heran, die in vielen Bereichen ihres Lebens erfolgreich ist, in ihrer Ehe aber auch Probleme hatte und jetzt die schmerzhafte (jedoch äußerst wichtige) Anstrengung unternehmen muss, die sichere Bindung zu erwerben, die ihre Eltern ihr nie gegeben haben. Anstatt als Kind eine sichere Basis aufzubauen, mit der Hilfe von Eltern, die ihr das Gefühl gaben, beschützt zu sein, muss sie dies nun als Erwachsene tun.

Inzwischen wissen Sie, dass wir nicht sagen, Eltern sollten einschreiten und jedes Problem ihrer Kinder lösen. Vielmehr sagen wir, dass wir unseren Kindern die feste Überzeugung vermitteln wollen, dass wir da sein werden, um sie zu unterstützen, wenn sie uns brauchen, auch wenn wir das spezielle Problem, mit dem sie konfrontiert sind, nicht lösen können – oder uns dagegen entscheiden, es zu lösen. Achten Sie also auf Möglichkeiten, Einzahlungen in den Beziehungs-Vertrauensfonds vorzunehmen. Jedes Mal, wenn Sie das tun, stärken Sie die sichere Basis Ihres Kindes. Und das heißt, dass es sich von einer stabilen Startrampe aus auf eigene Faust hinauswagen und noch mehr Selbstvertrauen und Selbstständigkeit entwickeln kann.

> Wir wollen unseren Kindern die feste Überzeugung vermitteln, dass wir da sein werden, um sie zu unterstützen, wenn sie uns brauchen, auch wenn wir das spezielle Problem, mit dem sie konfrontiert sind, nicht lösen können oder wir uns dagegen entscheiden, es zu lösen.

Strategie Nr. 2 zur Förderung einer sicheren Basis: Vermitteln Sie Mindsight-Fähigkeiten

Wie wir im gesamten Buch und auch in diesem Kapitel gesagt haben, besteht eines der primären elterlichen Ziele darin, Kindern eine so tiefe Erfahrung von Sicherheit zu bieten, dass sie einen Punkt erreichen, an dem sie Sicherheit in sich selbst finden können. Als abschließende Strategie möchten wir Ihnen beispielhaft ein paar Wege aufzeigen, wie Sie Ihren Kindern beibringen können, für sich selbst da zu sein, wenn sie sich sicherer fühlen müssen. In all unseren Büchern betonen wir, wie wichtig es ist, Kinder auf diese Weise zu stärken. Denn wenn wir sie mit der Gabe der

Mindsight ausstatten, mit der sie ihren eigenen Geist und den Geist einer anderen Person besser verstehen können, geben wir ihnen die Möglichkeit, ein Leben voller Sinn und Bedeutung zu führen, sowohl als Individuen als auch in Beziehung zu anderen. Unabhängig davon, ob sie Mindsight dafür nutzen, sich beschützt zu fühlen, die Essenz dessen zu verstehen, wer sie wirklich sind, oder sich beim Auftauchen starker Emotionen selbst zu beruhigen und in den grünen Bereich zurückkehren, bieten Mindsight-Fähigkeiten Kindern (wie auch Erwachsenen) die Möglichkeit, eine fest verwurzelte Sicherheit weiterzuentwickeln, auf die sie jederzeit zugreifen können.

Wenn ein Kind seine Mindsight-Fähigkeiten nutzt, kann es zum Beispiel Eigeninitiative zeigen und die schmerzhaften Auswirkungen schwieriger Momente in seinem Leben abmildern. Eine Mutter, Lucia, erzählte uns einmal, wie sie ihrem Sohn Joey, kurz bevor er auf die Mittelschule kam, Mindsight-Fähigkeiten vermittelte. Die beiden waren gerade vom Strand zurückgekommen, als Lucia eine Idee kam, wie sie Joey helfen könnte, das Konzept zu verstehen. Beim gemeinsamen Spiel in der Brandung hatte sie ihrem Sohn beigebracht, unter den Wellen hindurchzutauchen, anstatt sich von ihrer vollen Wucht treffen zu lassen. Joey war begeistert und überrascht davon gewesen, wie

Unabhängig davon, ob sie Mindsight dafür nutzen, sich beschützt zu fühlen, die Essenz dessen zu verstehen, wer sie wirklich sind, oder sich beim Auftauchen starker Emotionen selbst zu beruhigen, bieten Mindsight-Fähigkeiten Kindern (wie auch Erwachsenen) die Möglichkeit, eine fest verwurzelte Sicherheit weiterzuentwickeln, auf die sie jederzeit zugreifen können.

ruhig das Wasser unter der Oberfläche erschien, selbst wenn besonders starke Wellen über ihm zusammenschlugen.

Als sie nach Hause kamen, erklärte Lucia ihrem Sohn, dass Wellen wie Ereignisse seien, die im Leben über uns hereinbrechen. Manche sind angenehm, manche nicht. Und sie sagte, dass Joey das, was er im Wasser gelernt hatte, nämlich sich unter die heftigen Wellen des Ozeans zu ducken und darunter Ruhe zu finden, im übertragenen Sinn auch tun könnte, wenn schwierige Ereignisse ihm das Leben schwer zu machen drohten. Er könnte nach Wellen Ausschau halten, die auf ihn zurollen, und sie bestimmen. Er könnte sagen: »Da kommt eine unheimliche Welle, und ich habe Angst«, oder »Diese Welle ist irgendwie traurig, und genauso fühle ich mich auch«. Dann könnte er sich vorstellen, wie er unter diese Welle taucht und sie über sich hinwegrollen lässt, bevor er wieder an die Oberfläche steigt. Lucia brachte ihm diese Art der Visualisierung bei und zeigte ihm noch einige andere einfache Möglichkeiten, wie er Ruhe in sich selbst finden konnte – etwa die, still zu werden und auf seine Atmung zu achten; mit einer Hand auf dem Bauch und einer auf dem Herzen auf seinem Bett zu liegen; draußen zu sitzen und sich auf die Wolken zu konzentrieren, die am Himmel entlangziehen, und dabei innerlich ruhig zu werden –, und sie übten diese Techniken gemeinsam.

Sie arbeitete mit Joey zusammen, um ihm zu helfen, Folgendes zu verstehen: Sollte er irgendwann Sorge, Anspannung, Furcht oder irgendeine andere negative Emotion empfinden, brauchte er nur diese unterschiedlichen Mindsight-Fähigkeiten anzuwenden, um in sich zu gehen und Ruhe zu finden. Nicht um seine Gefühle zu leugnen, sondern um sie daran zu hindern, die Oberhand zu gewinnen.

Er hätte jederzeit Zugang zu diesen Strategien, wenn er sie bräuchte. Sie würden ihm helfen, unter die Wellen zu tauchen, die ihn zu überwältigen drohten, und es ihm ermöglichen, den Frieden und die Sicherheit in sich selbst zu finden. Lucia erklärte Joey: »Das unter dem Wasser da, das ist dein wahres Ich. Die Wellen werden immer herandonnern – manchmal auf eine Weise, die Spaß macht, und manchmal auf eine Weise, die keinen Spaß macht. Das ist genau wie am Strand. Die Wellen werden immer weiter auf das Ufer zurollen. Aber du hast die Wahl: Du musst dein inneres ruhiges Selbst nicht von Wellen der Angst oder Traurigkeit herumschleudern lassen. Dein Kern-Ich ist dieser stille Ort in dir selbst, und du kannst jederzeit dorthin gehen, egal, ob du glücklich oder traurig bist.«

Sie können Ihren Kindern ähnliche Mindsight-Fähigkeiten beibringen und sie damit in die Lage versetzen, ihren Geist zu nutzen, um auch dann ihre Sicherheit einzufordern, wenn Sie nicht in der Nähe sind. Wie Joey können sie auf gefährliche oder überwältigende oder ängstliche oder traurige Wellen achten, die über sie hereinbrechen, und anstatt sich ihnen frontal entgegenzustellen und umgehauen zu werden, können sie hinabtauchen und die Ruhe in sich selbst finden.

Doch wie Lucia sagte, werden die Wellen weiterhin kommen, ob wir nun wissen, wie man unter ihnen durchtaucht, oder nicht. Einige werden über uns zusammenkrachen, und zwar heftig, selbst wenn wir alles richtig machen. Wenn die Kinder älter werden, können wir die Metapher deshalb erweitern und wichtige Punkte ansprechen, die etwas mehr Erfahrenheit erfordern. Eine wichtige Lektion, die wir unseren

Anstatt von jeder emotionalen Welle umgehauen zu werden, die auf sie zukommt …

… können Kinder lernen, hinabzutauchen und die darunter liegende Ruhe zu finden.

Kindern vermitteln können, lautet zum Beispiel: Vorübergehende emotionale Ereignisse sind *nicht* unsere Kernidentität. Sie sind Erlebnisse, die *als Teil* unseres Lebens stattfinden. Sie sind nicht die Essenz oder die Gesamtheit dessen, wer wir sind. Nur weil ein Kind schikaniert wird und Angst hat, muss es nicht in jedem Bereich seines Lebens ein Opfer sein. Nur weil jemand in einem Test schlecht abschneidet, muss er kein schlechter Schüler sein. Das sind lediglich emotionale Ereignisse im Leben der Kinder, und sie haben nichts mit ihrer Kernidentität zu tun, mit diesem ruhigen Ort in ihrem Inneren. Es gilt also, die Wellen als das zu erkennen, was sie wirklich sind.

Wenn Sie Ihren Kindern Mindsight-Fähigkeiten beibringen, die sie in die Lage versetzen, die Ereignisse ihres Lebens von ihren inneren Erfahrungen zu trennen, bringen Sie ihnen auch eine zentrale Wahrheit über Emotionen bei: Gefühle sind wichtig und sollten auf jeden Fall als solche anerkannt werden; zugleich sollten wir erkennen, dass sie im Laufe unseres Lebens und im Laufe unseres Tages fließen und sich verändern. Wir müssen unseren Kindern beibringen, darauf zu achten, was sie fühlen – klar. Gefühle verraten uns vieles und geben dem Leben Sinn. Wir wollen unsere Gefühle nie leugnen; es ist wichtig, dass wir uns dessen bewusst sind, was in unserem Inneren geschieht. Aber wir wollen unseren Kindern auch beibringen, auf ihre Gefühle nicht *über*zureagieren. Wenn wir lernen, als Eltern Präsenz zu zeigen, bedeutet das, dass wir einen Raum in uns selbst schaffen, der es uns erlaubt, für die Gefühle unseres Kindes empfänglich zu sein, ohne von ihnen überwältigt zu werden. Sind unsere eigenen Mindsight-Fähigkeiten aktiviert, können wir ein Vorbild dafür sein, wie man sich

Gefühlen als real und wichtig bewusst sein kann, ohne von ihnen überflutet zu werden. Wenn unsere Kinder unsere Offenheit sehen für das, was sie fühlen, können auch sie lernen, für ihre eigenen inneren Zustände empfänglich zu sein, ohne von ihnen fortgerissen zu werden. Sie lernen von uns, dass Gefühle sich ständig ändern können, wie die Wellen und die Gezeiten. Und wie beim Meer wollen wir darauf achten, was passiert, damit wir nicht vom steigenden Wasser überflutet oder von den Wellen umgeworfen werden.

Wenn Emotionen schmerzhaft sind, sollten wir unseren Kindern vermitteln, dass selbst Schmerzen ins Bewusstsein gerückt werden können und man von ihnen lernen kann. Hierbei handelt es sich um eine wichtige Mindsight-Fähigkeit. Kinder empfinden es mitunter als sehr beeindruckend, zu lernen, dass ihr Schmerz nicht ewig andauert. Ja, emotionale Wellen werden kommen, und sie werden immer wieder kommen, aber man kann lernen, auf ihnen zu surfen oder unter ihnen hindurchzutauchen. Wir wollen, dass unsere Kinder verstehen, wie sie die guten Momente genießen und die schmerzhaften ertragen können, und dabei wissen, dass Emotionen schnell vergehen und sich in etwas anderes verwandeln.

Dan wurde kürzlich im Radio von einem Vater interviewt, der ihm von folgender Begebenheit erzählte: An einem stressigen Tag, als er ungeduldig mit seiner jüngeren Tochter umging, kam deren Schwester zu ihm und sagte, er solle »versuchen, mit ihr über ihre Gefühle zu reden, statt ihr zu sagen, was sie fühlen soll«. Als der Vater seine kluge ältere Tochter fragte, wo sie das denn gelernt habe, sagte sie, sie habe es in dem Abschnitt für Kinder in unserem Buch *Achtsame Kom-*

munikation mit Kindern gelesen, das er an dem Wochenende gerade gekauft, aber noch nicht gelesen hatte. (Inzwischen hat er es gelesen.)

Kinder haben *uns* ebenfalls eine Menge beizubringen. Familien, die offen dafür sind, den Geist in jedem Familienmitglied zu sehen, bieten den liebevollen Rahmen, in dem jeder stärker für sein eigenes Innenleben und das Leben jedes Einzelnen in der Familie präsent sein kann. Mindsight ermöglicht es uns, uns daran zu erinnern und daran erinnert zu werden, dass das Respektieren der subjektiven Erfahrungen eines jeden Familienmitglieds die Art von emotionaler Integration fördert, die das Herzstück der sicheren Bindung darstellt.

Alle diese Lehren und die Wege, wie wir Sicherheit kultivieren, haben mit ein paar einfachen Mindsight-Fähigkeiten zu tun, die Sie Ihren Kindern beibringen können. Indem Sie ihnen helfen, die Wellen- und Gezeitenmetapher zu verstehen, zu lernen, auf ihren Atem zu achten, und die Ereignisse ihres Lebens als etwas zu sehen, das von ihrer Identität getrennt ist, geben Sie ihnen Werkzeuge an die Hand, die ihr Gehirn so verdrahten, dass sie sich *selbst* Sicherheit geben können. Natürlich werden sie trotzdem auch weiterhin auf Sie angewiesen sein, aber sie werden wissen: Wenn sie auf ihre inneren Ressourcen angewiesen sind, die zu Sicherheit führen, stehen diese ihnen immer zur Verfügung.

Für uns selbst da sein

Wie sicher fühlen Sie sich in Ihrem eigenen Leben? Haben Sie Menschen, die Ihnen regelmäßig helfen, sich beschützt, gesehen und emotional aufgefangen zu fühlen, sodass Sie eine tiefe und umfassende Sicherheit empfinden? Und unabhängig davon, ob dies bei Ihnen zutrifft oder nicht – wie gut sind Sie in der Lage, sich selbst die Vier Schlüssel zu bieten? Sie sich auf die Weise zu bieten, die wir, wie besprochen, unseren Kindern beibringen wollen?

Wir haben festgestellt, dass viele fürsorgliche Erwachsene, denen es sehr gut gelingt, den Menschen um sich herum zu helfen, sich beschützt, gesehen, beruhigt und sicher zu fühlen, nicht immer so gut darin sind, sich mit sich selbst anzufreunden und sich um sich selbst zu kümmern.

Wir haben festgestellt, dass viele fürsorgliche Erwachsene, denen es sehr gut gelingt, den Menschen um sich herum zu helfen, sich beschützt, gesehen, beruhigt und sicher zu fühlen, nicht immer so gut darin sind, sich mit sich selbst anzufreunden und sich um sich selbst zu kümmern.

Normalerweise stellen sie sich nicht die Frage: »Was brauche ich jetzt gerade?«, sondern entscheiden sich stattdessen dafür, sich um andere zu kümmern – selbst wenn dies zu ihrem eigenen Nachteil ist. Halten Sie jetzt inne, und nehmen Sie sich etwas Zeit, um sich in Ruhe mit den folgenden Fragen zu beschäftigen. Diese fordern Sie dazu auf, über Ihre eigenen allgemeinen Erfahrungen mit Sicherheit in der Kindheit nachzudenken und zu überlegen, wie gut Sie sich als Erwachsener die Zuwendung und das Mitgefühl zukommen lassen, die Sie brauchen. Und wie gut Sie darin sind, dasselbe dann auch Ihren Kindern zu schenken.

1. Wie sicher haben Sie sich als Kind gefühlt?
2. Welchen der ersten drei Schlüssel haben Ihre Eltern Ihnen am besten geboten?
3. Was hätten sie besser machen können? Wären Sie gerne besser beschützt worden? Besser gesehen oder beruhigt worden?
4. Haben Ihre Eltern Ihnen geholfen, die Fähigkeit zu entwickeln, Sicherheit in sich selbst zu finden und sich nicht ausschließlich auf andere verlassen zu müssen? Oder waren Sie hierbei auf sich allein gestellt?
5. Was könnten Sie in dieser Phase Ihres Lebens tun, um besser für sich selbst da zu sein? Wie könnten Sie sich mehr Sicherheit geben, indem Sie sich großzügig mit den Vier Schlüsseln bedenken?
6. Was ist mit Ihren Kindern? Haben sie die Sicherheit entwickelt, die dadurch entsteht, dass man sich beständig beschützt, gesehen und beruhigt fühlt, wenn man es braucht? Was meinen Sie, wie gut Sie schnell, einfühlsam und vorhersehbar auf ihre Bedürfnisse eingegangen sind?
7. Finden Sie Wege, ihnen auch dann beim Aufbau von Fähigkeiten zur Entwicklung ihrer eigenen inneren Sicherheit zu helfen, wenn Sie nicht bei ihnen sind? Wie sind Sie als sichere Basis? Als solide und unterstützende Startrampe?

Welche eine Sache können Sie heute tun, jetzt gleich, um Ihren Kindern zu helfen, sich sicherer zu fühlen, als sie es bereits tun? Vielleicht möchten Sie ihnen helfen, sich beschützter zu fühlen. Oder vielleicht haben Sie das Gefühl, dass Sie zu sehr wegen Noten, Leistungen oder Ihren eigenen Erwartungen auf ihnen herumgeritten sind und sich Ihre Kinder nicht als die gesehen und angenommen gefühlt haben, die sie sind. Gibt es etwas, was sie gerade durchmachen und bei dem Sie ihnen helfen könnten, indem Sie einfach nur in ihrer Nähe sind und ihnen eine beruhigende Präsenz bieten? Kleine Schritte in Richtung Sicherheit können sehr viel bewirken.

SCHLUSS

Vom Spielplatz zum Studentenwohnheim

Ein Blick in die Zukunft

Stellen Sie sich einen Augenblick vor, der noch in weiter Ferne zu liegen scheint, der aber – das versichern wir Ihnen – im Nu da sein wird. Ihr hinreißendes Kind hat seine Jugendzeit hinter sich und beginnt nun sein Studium an der Uni. Können Sie sich das vorstellen? Versuchen Sie es, jetzt gleich, als Gedankenexperiment. Wie wird Ihr Kind in nicht allzu ferner Zukunft aussehen? Wird es groß sein? Wird es eine Brille tragen? Welche Haarfarbe wird es haben? Stellen Sie sich jetzt vor, wie Sie es zum Abschied umarmen und unter Tränen wieder in Ihr Auto steigen.

Während Sie vom Studentenwohnheim wegfahren, denken Sie darüber nach, was für ein Mensch Ihr Kind geworden ist. Haben Sie ihm eine sichere Basis geboten? Wie wird es sich beim Eintritt in diese neue, aufregende und, ja, beängstigende Lebensphase fühlen? Stellen Sie sich vor, Sie haben ihm in seinem gesamten jungen Leben verlässlich geholfen, sich beschützt, gesehen und emotional aufgefangen zu fühlen, und mit achtzehn Jahren hat es die Sicherheit entwickelt, diese Unterstützung auch in sich selbst zu finden. Es braucht Sie immer noch sehr und muss auf seinem Weg noch viel lernen, aber inzwischen weiß es, wie es bei Bedarf Zugang zu den Vier Schlüsseln erhält – sowohl dadurch, dass es auf andere zugeht, als auch dadurch, dass es sich auf seine inneren Ressourcen verlässt.

Im Hinblick auf Schutz bedeutet dies, dass junge Erwachsene gute Entscheidungen bezüglich Autofahren, Alkohol, sexuellen Aktivitäten und all den anderen wichtigen Dingen treffen müssen, die Eltern Sorge bereiten. Es bedeutet aber auch, dass sie sich selbst schützen, wenn es um Beziehungen geht, und dass sie sich gut um sich selbst kümmern. Die Hoffnung ist, dass sie den inneren Kompass entwickelt haben, um persönliche Grenzen zu ziehen und kluge Entscheidungen zu treffen, unabhängig davon, wozu eine andere Person oder eine Gruppe sie drängen mag.

Was das Gesehenwerden betrifft, werden sie die Fähigkeit entwickelt haben, nach innen zu schauen und ihren eigenen Geist zu betrachten (persönliche Einsicht). Sie, die Mutter oder der Vater, werden viele Jahre damit verbracht haben, für sie da zu sein, zu beobachten und Interesse an dem zu zeigen, was in ihrer inneren Welt vor sich geht, und mit Respekt darauf einzugehen. Infolgedessen werden die jungen Menschen gelernt haben, dieser Welt selbst Beachtung zu schenken. Sie werden wissen, wie sie sich in einer bestimmten Situation fühlen, und sie werden die Momente erkennen können, in denen sie zum Beispiel in den roten Bereich des Chaos abzugleiten drohen. Als Antwort darauf werden sie in der Lage sein, sich emotional zu regulieren und eine von ihrem oberen Gehirn ausgehende Reaktion zu zeigen, anstatt dem unteren Gehirn die Führung zu überlassen. Ebenso werden sie in der Lage sein, auf Augenblicke zu achten, in denen sie versucht sind, die Opferrolle zu spielen, anstatt sich bewusst dafür zu entscheiden, eine Situation, in der sie sich nicht wohlfühlen, zu verlassen oder zu verändern. Indem sie einfach beobachten, was in ihnen selbst vor sich geht, und ihrem Innenleben Aufmerksamkeit schenken, so wie sie es von Ihnen im Laufe der Jahre gelernt haben, werden sie sich gesehen und verstanden fühlen. Und sie werden wahrscheinlich Freunde und Liebespartner wählen, die dasselbe tun, sodass dieses Merkmal ein gemeinsamer und selbstverständlicher Teil der Beziehung ist.

Sie werden auch wissen, wie sie sich in den schwierigen Momenten selbst beruhigen können, die das Von-zu-Hauseweg-Sein mit sich bringt. Als Kind werden sie gesehen haben, wie Sie mit P-E-A-C-E (mit Ihrer Präsenz, Ihrem Sich-Einlassen, Ihrer Zuneigung, Ihrer Ruhe und Ihrer Empathie) auf ihre körperlichen und seelischen Prellungen reagierten, wann immer sie Kummer hatten. Sie werden diese Art der interaktiven Beruhigung erlebt haben und wissen, wie wichtig sie in einer Beziehung ist. Und sie werden wissen, wie sie sich selbst die nötige innere Beruhigung verschaffen können, wenn sie Heimweh haben, Herzschmerz erleben, mit Ängsten und Unsicherheiten konfrontiert sind oder sich irgendeiner der anderen Herausforderungen stellen müssen, die mit diesem neuen Grad an Selbstständigkeit einhergehen.

Kurz, sie werden in ihre neue Welt von der sicheren Basis aus starten, die sie jahrelang mit Ihrer Hilfe aufgebaut haben. In diesem wichtigen Moment ihres Lebens werden sie dasselbe tun wie damals, als sie sich auf dem Spielplatz ängstlich von Ihnen entfernten und den Sicherheitskreis immer weiter ausdehnten, weil sie wussten, dass Sie da waren und zusahen.

Und genau wie damals, als sie Kinder waren, werden sie darauf vertrauen, dass Sie da sein werden, wenn sie Sie brauchen, und einen sicheren Hafen bieten werden, zu dem sie zurückkehren können. Sie werden weiterhin viele Fehler machen und sie werden ihre Portion Schmerz abbekommen, aber sie werden dabei Sicherheit in sich tragen. Sie, die Mutter oder der Vater, haben ihnen geholfen, dieses innere Arbeitsmodell von Sicherheit zu konstruieren, das ein Leben lang bestehen bleibt. Die jungen Erwachsenen werden ihre ersten Vorlesungen besuchen, neue Freunde treffen und einen unbekannten Campus erkunden, alles mit der Gewissheit, dass Sie für sie da sein werden, wenn sie auf Sie zukommen und Ihre Präsenz brauchen – genau so, wie Sie es ihr ganzes Leben lang getan haben. Und sie werden wissen, dass sie in ihrem Leben andere Menschen finden können, die ebenfalls gesunde, sichere Bindungsfiguren werden können – als Freunde, Mentoren oder Liebespartner. Das ist gesunde Interdependenz.

Eltern, die ihre Aufmerksamkeit auf die innere Erfahrung ihrer Kinder richten und deren Seelenleben wahrnehmen, verstehen und respektvoll darauf eingehen, machen ihren Kindern das Geschenk einer sicheren Bindung. Wenn wir uns auf diese Weise einstimmen, wenn wir unseren Kindern und ihrer inneren Landschaft Aufmerksamkeit schenken, fühlen sie sich gesehen, können sie beruhigt werden und fühlen sich wiederum emotional beschützt. Sie entwickeln ein Gefühl des Vertrauens und ein mentales Modell von Sicherheit.

Die Erfüllung dieser Vision von Ihrem oder Ihrer sicher gebundenen Achtzehnjährigen nimmt ihren Ursprung im Heute, im Jetzt, unabhängig davon, wie jung Ihr Kind ist. Eltern, die ihre Aufmerksamkeit auf die innere Erfahrung ihrer Kinder richten und dieses Seelenleben wahrnehmen, verstehen und respektvoll darauf eingehen, machen ihren Kindern das unermessliche Geschenk einer sicheren Bindung. Wenn wir uns auf diese Weise einstimmen, wenn wir unseren Kindern und ihrer inneren Landschaft große Aufmerksamkeit schenken, fühlen sie sich gesehen, können sie beruhigt werden und fühlen sie sich wiederum emotional beschützt. Sie entwickeln sowohl ein Gefühl des Vertrauens als auch ein mentales Modell von Sicherheit.

Die Wissenschaft bestätigt: Diese Sicherheit setzt nicht voraus, dass Sie als Mutter oder Vater perfekt sind. Sie können Ihrem Kind nicht bei jeder Interaktion mit einwandfreier Zuwendung begegnen. Aber indem Sie immer wieder da sind, verlässlich Reparaturen vornehmen, wenn die unvermeidlichen Brüche auftreten, und die Vier Schlüssel bieten, werden Sie die Art von Zukunft erschaffen, die es Ihrem Kind erlaubt, auch inmitten der Widrigkeiten des Lebens aufzublühen und zu gedeihen, als junger Erwachsener und sein ganzes Leben lang.

Wir hoffen, klar gemacht zu haben, dass Sie diese Art von Zukunft für Ihre Kinder erschaffen können, unabhängig davon, was in Ihrer eigenen Vergangenheit geschehen ist. Geschichte ist kein Schicksal. Die Forschung zeigt ganz deutlich: Ganz gleich, was uns widerfahren ist, können wir uns innerlich frei machen und die Art von Mensch beziehungsweise Mutter oder Vater werden, die wir sein wollen. Hierfür müssen wir uns lediglich die Zeit nehmen, zu verstehen, wie die Vergangenheit unsere Entwicklung geprägt hat. Die Bindungsforschung gibt Anlass zu großen Hoffnungen, bestätigt sie doch immer wieder, dass wir unseren Kindern eine sichere Bindung bieten können, egal, wie wir selbst erzogen wurden.

Noch dazu können wir selbst eine sichere Bindung erwerben, indem wir einfach die Anstrengung unternehmen, über die Vergangenheit nachzudenken und uns einen Reim auf unsere vergangenen Erfahrungen zu machen. Wenn wir eine kohärente Geschichte darüber erzählen können, woher wir kommen und wie sich das heute auf uns auswirkt, können wir konkrete und wirkungsvolle Schritte ergreifen, um zu der Art von Eltern zu werden, die wir sein wollen.

> Die Bindungsforschung gibt Anlass zu großen Hoffnungen, bestätigt sie doch immer wieder, dass wir unseren Kindern eine sichere Bindung bieten können, egal, wie wir selbst erzogen wurden.

Was ist das für eine wunderbare Zeit, in der wir Kinder mit dem Wissen darum großziehen können, wie sich das Wachstum von starken Verbindungen in ihrem Gehirn und Körper beeinflussen lässt. Dieses Wissen ist heute vorhanden. Wir hoffen, die von uns vorgestellten Ideen haben Sie davon überzeugt, dass Sie Ihren Kindern kein besseres Geschenk machen können, als für sie da zu sein. Denn Sie helfen ihnen damit, die inneren Ressourcen und sozialen Kompetenzen zu entwickeln, die dauerhafte Resilienz fördern und sie in die Lage versetzen, ein erfülltes, verbundenes und sinnvolles Leben zu führen. Wenn wir lernen, für unsere Kinder da zu sein, vermitteln wir ihnen in vielerlei Hinsicht die Fähigkeit, im Leben vollständig präsent zu sein. Könnten wir ihnen ein besseres Geschenk machen?

KÜHLSCHRANKNOTIZ

Kinder, die sichere Bindungen zu ihren Bezugspersonen aufbauen, führen ein glücklicheres und erfüllteres Leben. Diese Bindungen entstehen, wenn Eltern auf die Bedürfnisse ihrer Kinder eingehen, indem sie die Vier Schlüssel bieten:

---

1. **Beschützt:** Eltern haben zwei Hauptaufgaben, wenn es darum geht, ihre Kinder zu beschützen und dafür zu sorgen, dass sie sich beschützt fühlen: Sie müssen sie vor Schaden bewahren und es vermeiden, selbst zur Quelle von Angst und Bedrohung zu werden.

Strategien zur Förderung des Schutzes:

- *Erstens, richten Sie keinen Schaden an:* Verpflichten Sie sich dazu, in Ihrem Zuhause nicht die Quelle von Angst zu sein.
- *Reparieren, reparieren und abermals reparieren!* Wenn es in Ihrer Beziehung zu Ihrem Kind einen Bruch gibt, stellen Sie so schnell wie möglich wieder eine Verbindung her und entschuldigen Sie sich, falls es nötig ist.
- *Helfen Sie Ihren Kindern, sich in einem sicheren Hafen geborgen zu fühlen:* Schaffen Sie in Ihrem Zuhause eine Umgebung von Schutz und Wohlbefinden.

---

2. **Gesehen:** Um unsere Kinder wirklich zu sehen, müssen wir vor allem drei Dinge tun: (1) uns auf einer tiefen und bedeutsamen Ebene auf ihre innere Befindlichkeit einstimmen; (2) ihr Innenleben verstehen; und (3) auf das,

was wir sehen, rasch und effektiv reagieren. Dieser dreistufige Prozess hilft Kindern, sich »gefühlt zu fühlen«.

Strategien, um Ihren Kindern zu helfen, sich gesehen zu fühlen:

- *Tauchen Sie mithilfe Ihrer Neugier tiefer ein:* Beobachten Sie Ihre Kinder einfach. Nehmen Sie sich die Zeit, hinzuschauen und wirklich zu verstehen, was mit ihnen vor sich geht; werfen Sie vorgefasste Meinungen über Bord und vermeiden Sie vorschnelle Urteile.
- *Schaffen Sie Raum und Zeit zum Beobachten und Lernen:* Bieten Sie Ihren Kindern Gelegenheiten, Ihnen zu zeigen, wer sie sind. Schaffen Sie Raum für Gespräche, die Sie umfassender in ihre Welt hineinführen, damit Sie mehr über sie erfahren und Einzelheiten sehen können, die Ihnen sonst vielleicht entgehen würden.

---

3. **Beruhigt:** Wenn sich ein Kind in einem Zustand innerer Not befindet, lässt sich diese negative Erfahrung durch eine Interaktion mit einer Bezugsperson, die sich auf das Kind einstimmt und sich um es kümmert, verändern. Das Kind leidet möglicherweise immer noch, aber zumindest ist es mit seinem Schmerz nicht allein. Auf der Grundlage dieser vom Elternteil gelenkten »Inter-Beruhigung« lernt das Kind, sich selbst »innere Beruhigung« zu bieten.

Strategien zur Förderung der inneren Selbstberuhigung:

- *Bauen Sie einen beruhigenden inneren Werkzeugkasten auf:* Arbeiten Sie mit Ihrem Kind *vor* dem Eintreten emotionaler Situationen an der Entwicklung einfacher Werkzeuge und Strategien, die ihm helfen, sich zu beruhigen.

- *Bieten Sie P-E-A-C-E:* Wenn Ihre Kinder aufgewühlt sind, schenken Sie ihnen Ihre Präsenz, Ihr Sich-Einlassen, Ihre Zuneigung, Ihre Ruhe und Ihre Empathie.

Sicher: Der vierte Schlüssel ergibt sich aus den ersten drei. Wir geben unseren Kindern eine sichere Basis, wenn wir ihnen zeigen, dass sie beschützt sind, dass jemand da ist, der sie sieht und sich liebevoll um sie kümmert, und dass wir sie beruhigen, wenn sie in Not sind. Dann lernen sie, sich *selbst* zu beschützen, sich *selbst* als wertvoll zu sehen und sich *selbst* zu beruhigen, wenn etwas schiefgeht.

Strategien zur Förderung einer sicheren Basis:

- *Investieren Sie in einen Beziehungs-Vertrauensfonds:* Jedes Mal, wenn Ihre Kinder Sie brauchen und Sie da sind, wächst ihr Vertrauen in die Beziehung. Sie leisten eine Einzahlung in den Beziehungs-Vertrauensfonds.
- *Vermitteln Sie Mindsight-Fähigkeiten:* Bringen Sie Ihren Kindern bei, für sich selbst da zu sein, wenn sie sich sicherer fühlen müssen. Statten Sie sie mit der Gabe der Mindsight aus, die ihnen hilft, ihren eigenen Geist und den Geist eines anderen Menschen besser zu verstehen. Mindsight-Fähigkeiten ermöglichen es ihnen, ein Leben voller Sicherheit, Sinn und Bedeutung zu führen, sowohl als Individuen als auch in Beziehung zu anderen.

DANKSAGUNGEN

Gemeinsam zu schreiben, ist eine Freude, und wir möchten unsere Dankbarkeit füreinander und für unsere Mitstreiter Scott Bryson und Caroline Welch zum Ausdruck bringen. Wir vier haben viel Spaß daran, unsere beruflichen Leidenschaften mit dem Austausch von Ideen zu verknüpfen, die aus unserem Leben als Eltern erwachsen – insgesamt haben wir fünf Kinder, ihr Alter reicht mittlerweile vom frühen Jugend- bis zum frühen Erwachsenenalter.

Wir möchten zudem Marnie Cochran und dem Team von Ballantine/Penguin Random House sowie der wunderbaren Gruppe aus Lektoren und Marketing-Profis unsere Anerkennung aussprechen, die daran arbeiten, die Ideen dieser Arbeit so klar und präzise wie möglich in die Welt hinauszutragen. Danke für all die gemeinsamen Sitzungen, die dazu dienten, diese Arbeit in die Welt zu bringen!

Es war ein Vergnügen, mit Doug Abrams und seinem Team von Idea Architects zu kooperieren. Von Anfang an arbeiteten sie mit uns daran, die richtige literarische Heimat für diesen integrativen Erziehungsansatz zu finden. Danke, Doug, für den Spaß, den wir dabei hatten. Was für eine Freude!

Beifall zollen wir unseren jeweiligen Teams am Mindsight

Institute, am Center for Connection und am Play Strong Institute, die auf unterschiedlichste Weise mit uns daran arbeiten, Geisteszustände, Gehirne und Beziehungen zu beeinflussen. Ein großer Dank an unsere Teams, die uns helfen, die Wissenschaft von Verbindung und Heilung in der Welt zu vermitteln.

Bei unserem Versuch, der interpersonellen Neurobiologie in Haushalten, Klassenzimmern und klinischen Beratungsstellen zu praktischer Anwendung zu verhelfen, arbeiten wir beide eng mit Eltern, Kindern, Pädagogen und Experten für psychische Gesundheit aus verschiedenen Bereichen zusammen. Bringen wir dabei auch vielen Menschen etwas bei, ist es uns doch eine Ehre, bei diesen pädagogischen Gesprächen selbst die Lernenden zu sein. Wir saugen die Fragen und die Weisheit von Therapeuten, Klienten, Lehrern, Eltern und Kindern auf, die uns ständig helfen, unseren Geist zu öffnen und uns neue Möglichkeiten vorzustellen, wissenschaftliche Erkenntnisse zusammenzuführen. Dies hilft uns bei der Suche nach praktischen Wegen, Menschen darin zu unterstützen, stark zu werden und Wohlbefinden in ihr persönliches Leben und ihr Beziehungsleben zu bringen. Wir empfinden tiefe Dankbarkeit gegenüber unseren Eltern und unserer erweiterten Familie, die uns auf unserem Weg unterstützt und ermutigt haben.

Schließlich möchten wir auch unseren jeweiligen Kindern danken: Ben, Luke und JP sowie Alex und Maddi. Ihr seid unsere wichtigsten Lehrer, wenn es darum geht zu lernen, wie wir uns die Macht der Präsenz in unserem gemeinsamen Leben zunutze machen können. Wir lieben euch und sind so dankbar für das Geschenk unserer Beziehungen!

ÜBER DIE AUTOREN

Daniel J. Siegel ist Arzt, Kinder-, Jugendlichen- und Erwachsenenpsychiater sowie klinischer Professor an der David Geffen UCLA School of Medicine (University of California, Los Angeles). Als Autor, Co-Autor oder Herausgeber hat er Dutzende Bücher veröffentlicht; unter anderem schrieb er *Aufruhr im Kopf: Was während der Pubertät im Gehirn unserer Kinder passiert; Mindsight – Die neue Wissenschaft der persönlichen Transformation; Mind: Eine Reise ins Herz des Menschseins; Wie wir werden, die wir sind: Neurobiologische Grundlagen subjektiven Erlebens. Die Entwicklung des Menschen in Beziehungen*. Er ist geschäftsführender Direktor des Mindsight Institute, eines Bildungszentrums für interpersonelle Neurobiologie, das sich dem besseren Verständnis der menschlichen Entwicklung und des Wohlbefindens widmet und hierfür verschiedenste Wissenschaftsbereiche in einem Rahmen vereint. Siegel hält weltweit und online Vorträge für Eltern, Fachleute und die interessierte Öffentlichkeit. Sie erreichen ihn über seine Website: DrDanSiegel.com.

Facebook.com/DrDanSiegel
Twitter: @DrDanSiegel
Instagram: @drdansiegel

Tina Payne Bryson ist Gründerin und Geschäftsführerin des Center for Connection, einer multidisziplinären klinischen Praxis, und des Play Strong Institute, eines Zentrums, das sich der Untersuchung, Erforschung und Praxis der Spieltherapie unter den Aspekten von Neuroentwicklung und Beziehung widmet. Sie ist lizenzierte klinische Sozialarbeiterin und bietet Kinder- und Jugendlichen-Psychotherapie sowie Elternberatung an. Sie hält weltweit Vorträge und leitet Workshops für Eltern, Pädagogen, Mediziner und Führungskräfte. Tina Payne Bryson promovierte an der University of Southern California und lebt mit ihrem Mann und drei Kindern in Los Angeles. Sie erreichen sie über ihre Website: TinaBryson.com.

Facebook.com/TinaPayneBrysonPhd
Twitter: @tinabryson
Instagram: @tinapaynebryson